双書 ジェンダー分析 16

# ［女性解放をめぐる
# 占領政策］

上村千賀子

勁草書房

# はしがき

　第二次世界大戦後の半世紀において日本の女性政策に最も大きな影響を与えた国際的インパクトは，連合国軍最高司令官総司令部 (General Headquarter, GHQ と表記) の日本占領政策と国際婦人年 (1975年) 以降の女性の地位向上のための国連の諸政策である。これらは日本の女性政策の改変を外発的に要請し，国内の女性をめぐる客観的条件と呼応しながら女性の地位向上を推進してきた。

　ここでとりあげる女性解放をめぐる占領政策は，アメリカの女性政策や女性運動との深いつながりのもとですすめられたことから，日本女性史とアメリカ女性史が交差した接点として位置づけることができる。しかし両者の関連については未だ十分な研究がおこなわれているとはいえない。アメリカの女性政策を模範としながらそれを超えて実施された GHQ の女性政策が第二波フェミニズム運動に先行して「女性の視点」に立脚していたことを明らかにすることは意義深いことである。

　本書は，占領政策における「女性解放」(emancipation) の目的と方法をめぐって，GHQ 上層部と具体的な政策の実施者である中・下層の女性担当者，日本政府上層部と女性指導者等との間で展開された，マクロレベルとミクロレベルの政策のズレと両者の女性観の違いから生ずる確執といった二重の絡み合いの中で，女性政策が上層部の意図を超えてすすめられた歴史事実を描きだし，その要因をジェンダーの観点から解明しようとする試みである。その方法として，日本占領政策関係資料 (*GHQ / SCAP Records*) に加え，当時の担当者の文書，日記，書簡類を解読して，従来の政策資料では明らかにされなかった政策過程，政策目的，その基底にある女性観を解明する。

　本書の特徴は主として三つ挙げられる。一つは，ご存命の日米の当時の担当官のインタビューを手がかりに，歴史の実像の掘り起こしに努めたことである。これによって，占領するものとされるものの立場を超えて形成された日米女性

の「女性政策推進ネットワーク」が戦後の女性の地位向上をめざした制度改革実現の一大要因であることが明らかにされるであろう。

　ネットワークを形成した日本女性指導者は, 民主化のための再教育を遂行する上で有用な人材としてGHQによって選び抜かれたエリートの女性たちである。彼らは, 底辺の女性労働者の問題や売春問題を短期的アジェンダの射程から退け, 問題を先送りし, 迅速かつ適切な問題解決のための対応ができなかったことも事実である。最近の研究では, 例えば男性領域に進出した労働者の要求が無視されて労基法の女性労働保護条項が成立したことを理由に, 政策主体としての「女性政策推進ネットワーク」の限界が指摘されている。しかしながら, 保護か平等かの二者択一の議論のわなに陥ることなく, 女性労働者の実際的ニーズの充足を最優先したメアリ・ビーアド(女性史家)が「女性政策推進ネットワーク」の陰の協力者として加わっていたことを想起すれば, 必ずしもそのような指摘は的を射ているとはいえない。占領期の女性政策を理解するうえで, あるいは女性のエンパワーメントのための男女共同参画政策を展望するうえで, 女性政策推進ネットワークの存在の意義を検討することは重要である。

　二つ目に, 女性政策の中心的推進者エセル・ウィードと女性史家メアリ・ビーアドの間でとり交わされた往復書簡を取り上げたことである。60通以上の書簡の分析によって, ウィードの女性政策がビーアドの主張する「女性の視点」に基づいて立案・実施されていたことが証明される。

　第三の特徴は, いままで推測で論じられてきたGHQの男女共学化政策とその含意を学校教育と社会教育の広い領域にわたって再検討し, そこに働くジェンダーの力関係を描き出していることである。

　ビーアドが生涯唱え続けた「歴史における力としての女性」は本書を貫いているテーマでもある。願わくは, 本書がバックラッシュに立ち向かう「力」のよりどころでありたいと思う。

　本書の第Ⅰ部では, 女性解放をめぐる占領政策の特質を明らかにする。

　〈第1章　アメリカ陸軍女性部隊(WAC)の成立〉は, 第二次世界大戦におけるWACの制度化とジェンダー/セクシュアリティの関係を明らかにし, 女性のエンパワーメントの限界と可能性を探る。〈第2章　エセル・ウィードと女性政策〉〈第3章　労働省婦人少年局の設立過程〉は, WACでの訓練と教育

を受けたエリート女性将校たちが，占領軍スタッフとして，日本女性の地位向上をめざす政策をどのように展開したか，なぜ日米女性の「女性政策推進ネットワーク」が形成されたか，その問いかけに答えようとしたものである。女性選挙権行使キャンペーン（第2章）と労働省婦人少年局の設立過程（第3章）に焦点を当てて解明する。〈第4章　メアリ・ビーアドの思想と行動〉では，占領下における女性政策と戦後改革の特質を把握する上で鍵となるビーアドの思想と行動，日本との関わりをあとづけ，陰の女性政策推進者としての新しいビーアド像を描き出した。

　第Ⅱ部では，占領政策と男女共学について論じる。

　まず，第5-7章は，戦時期アメリカの日本占領教育計画と学制改革期における学校教育の男女共学成立過程をジェンダーの視点から考察し，占領下の男女平等教育政策の特質を明らかにする。〈第5章　日本占領教育計画〉では，アメリカ政府の戦後教育改革構想を検討し，教育機会均等と男女共学が民主化政策の一環として位置づけられ，その達成のためには女子教育指導者の活用の必要性が指摘されていることを確認する。〈第6章　第一次アメリカ教育使節団報告書〉は，男女共学をめぐる戦後改革構想がCIE教育課，第一次アメリカ教育使節団，日本側教育家委員会によって具体的な勧告として形成される過程を女性担当官や女性団員の文書に依拠して検討し，ジェンダーの観点から報告書を分析しその意義を明らかにする。〈第7章　教育基本法「男女共学条項」〉では，条項成立にいたる過程でなされた教育刷新委員会での議論，法案をめぐるCIEと文部省の折衝に着目，そこで展開された男女共学をめぐる闘争と戦略を分析した。CIE，文部省，教育刷新委員会の三者の力のダイナミズムのもとに成立した「男女共学条項」は，男女平等教育の理念の徹底的な議論を回避したために，暗黙裏に特性教育の容認を内包した妥協の産物であった。

　〈第8章　女子高等教育制度の改革〉は，アメリカの女子高等教育顧問の仕事と女子教育観を占領政策関係資料や手紙・日記を含む個人文書に基づいて描きだした。ここでは彼らによる改革のさまざまな試みは，制度や理念上の「機会の平等」の整備をはるかに超えた「結果の平等」の達成をめざすものであったことを主張する。

　第9，10章では社会教育と男女共学の問題をとりあげる。〈第9章　婦人団

体の民主化と女性教育改革〉は，CIE 教育課の成人教育における男女共学化政策と情報課の婦人団体民主化政策に焦点を当て，二つの政策の意図と具体的な方策の相違点を明確にし，「女性を対象とする教育は差別か」という積年の問いに答えようとした。

　〈第10章　地方軍政部女性問題担当官の任務と活動〉は，従来の研究では十分な解明がなされていない地方軍政組織と任務，とりわけ，地方軍政部女性問題担当官の組織上の位置づけとその活動を明らかにし，地方軍政部女性問題担当官の活動が，地方レベルでの婦人教育活動の発生に及ぼした影響と限界を分析する。

女性解放をめぐる占領政策

目　次

はしがき

I　女性解放をめぐる占領政策の特質

# 第1章　アメリカ陸軍女性部隊（WAC）の成立 …………3
### 1　はじめに……………………………………………………3
### 2　WACの成立過程…………………………………………6
### 3　ジェンダー再構築のためのもうひとつの戦争……………10
### 4　セクシュアリティの再構築………………………………13
### 5　エンパワーメントの限界と可能性 ………………………17

# 第2章　エセル・ウィードと女性政策 ……………21
### 1　はじめに……………………………………………………21
### 2　日本占領政策と「女性解放」……………………………22
### 3　エセル・ウィードの女性政策……………………………25
### 4　選挙権行使のための情報事業……………………………32

# 第3章　労働省婦人少年局の設立過程 ……………44
### 1　はじめに……………………………………………………44
### 2　婦人少年局の設立過程……………………………………45
### 3　行政改革と婦人少年局存続運動…………………………53
### 4　メアリ・ビーアドの助言…………………………………56
### 5　ウィードの女性政策の特質………………………………61

# 第4章　メアリ・ビーアドの思想と行動……………67
### 1　はじめに……………………………………………………67
### 2　女性史家としてのビーアド………………………………67

3　著作と活動 ………………………………………… *69*
　　4　思想とその意義 …………………………………… *74*
　　5　アメリカの鏡としての日本 ……………………… *79*
　　6　「歴史における力としての女性」の今日的意義 …… *86*


Ⅱ　占領政策と男女共学
## 第5章　日本占領教育計画 ……………………………… *95*
　　1　はじめに …………………………………………… *95*
　　2　戦時期アメリカの日本教育改革構想 …………… *97*
　　　　　――男女平等教育の起点――
　　3　戦後の対日占領教育政策 ……………………… *103*
　　　　　――男女平等教育の規定――

## 第6章　第一次アメリカ教育使節団報告書 ………… *109*
　　1　はじめに ………………………………………… *109*
　　2　終戦直後の女子教育政策 ……………………… *110*
　　3　第一次アメリカ教育使節団報告書作成過程 … *115*
　　4　男女共学の勧告 ………………………………… *127*
　　5　勧告の意義 ……………………………………… *134*

## 第7章　教育基本法「男女共学条項」………………… *141*
　　1　はじめに ………………………………………… *141*
　　2　ドノヴァンの戦略 ……………………………… *141*
　　3　「男女共学条項」制定過程 …………………… *146*
　　4　男女共学パンフレットの作成 ………………… *155*
　　5　清水（小泉）郁子と男女共学 ………………… *158*

6　「男女共学条項」成立要因とその課題…………………160
　　資料　CIE「女性教育と男女共学」………………………162

## 第8章　女子高等教育制度の改革…………………168
　　1　はじめに…………………………………………………168
　　2　戦前の女子高等教育……………………………………168
　　3　占領期の女子高等教育制度の改革……………………170
　　4　女子高等教育顧問の活動と女子教育観………………172
　　5　1940年代のアメリカの女子高等教育…………………182
　　6　占領期女子高等教育制度改革の特質…………………184

## 第9章　婦人団体の民主化と女性教育改革…………190
　　1　はじめに…………………………………………………190
　　2　女性教育改革を担った人々……………………………190
　　3　占領下の婦人教育………………………………………192
　　4　婦人団体の民主化………………………………………196
　　5　ウィードのめざしたものとその軌跡…………………204
　　6　ウィードの主張と婦人団体との落差…………………207

## 第10章　地方軍政部女性問題担当官の任務と活動……213
　　1　はじめに…………………………………………………213
　　2　地方軍政組織……………………………………………213
　　3　地方軍政部女性問題担当官の活動……………………217
　　4　なぜ地方において婦人教育活動が芽生えたか………222
　　5　戦後の歴史の教訓をふまえて…………………………225

　　　　　　　　　　　　　　　　　　　　目　次

年表……………………………………………………………………*228*

参考文献…………………………………………………………*235*

あとがき…………………………………………………………*249*

索引…………………………………………………………………*253*

初出一覧

ix

凡例

1 文中の省庁名，人物に付せられた肩書きや所属，婦人教育，婦人団体などの歴史用語は当時のものである。
2 本書での Mary Beard，Charles Beard の日本語表記は引用文献を除いて，本人の指示通りに，「メアリ・ビーアド」「チャールズ・ビーアド」とする。
3 引用文中の傍点は引用者による。
4 出典が明記されていないビーアド＝ウィード往復書簡は Smith College 図書館の Sophia Smith Collection に所蔵されている。

# I　女性解放をめぐる占領政策の特質

# 第1章
## アメリカ陸軍女性部隊 (WAC) の成立

### 1　はじめに

　第二次世界大戦は1939年9月ドイツのポーランド侵攻と英仏の対独宣戦から1941年の独ソ戦，太平洋戦争を経て1945年8月の日本の降伏に至る戦争である。アメリカ史において第二次世界大戦は以下の特徴をもつ。
　第一に，日独伊枢軸国と米英仏ソ中などの連合国との基本的な対抗関係のもとに，ファシズムに対する民主主義と自由の擁護のための世界規模の戦争として位置づけられ，正義の戦争として正当化されたことである。
　第二に，第一次世界大戦時に出現した総力戦体制が一段と強化され，戦闘と軍需生産に向けて社会全体が動員されたことがあげられる。戦時協力宣伝は，人種，宗教，肌の色，性などの理由で社会から排除されてきた少数グループに対して，戦争協力という市民としての義務を果たすことを要請した。その結果，より広い層の人々が積極的に戦争遂行に参加することによって国民化が進行する。軍隊では黒人に対する差別が維持されたが，軍需産業における雇用は増大した。しかしながら他方では，日本やドイツなど敵国からの移民に対して強制収容などによる差別的待遇が強化されたことも見逃すことができない事実である。
　第三に，ジェンダーの観点から軍隊の女性化が進行したことである。技術革新にともなう軍事技術の発達により，直接の戦闘に従事する人員よりもアメリカ国内で管理的，事務的仕事に従事する人員がより多く必要となったのである。とりわけ第二次世界大戦でのアメリカの役割は戦闘よりも武器の調達であった

I 女性解放をめぐる占領政策の特質

こととも関係している。

　これらの要因と関連して，第四に，女性の役割は家庭にあるという社会の支配的な考え方が女性自身の信念の中に深く根を下ろしていたにもかかわらず，軍事的な要請が女性を公的な分野へ引き出すイデオロギーを創り出したことである。戦前のアメリカ社会では，生活のために働かなければならない場合を除いては，女性が職業をもつことは一般に認められなかったが，1940年代になると，恐慌の時代には女性の進出に批判的であった分野で労働力が不足し，女性は軍需工場での労働や事務職，専門職などの男性の分野にも進出するようになった。戦時体制に貢献しうると想定される場合には，女性の職場進出は推奨され，「女性リベット工」は愛国のシンボルとして美化された。また，戦争は市民としての女性の役割を必要としたため，全女性の2/3が赤十字社，民間防衛活動，戦争債券の販売など戦争協力のためのボランティア活動に従事し，このような伝統的な家庭の仕事がより大きな公共の目的に結びついた。さらに，特筆すべき特徴は男性の聖域である軍隊への女性の参加である。1942年に陸軍女性補助部隊（Women's Army Auxiliary Corps，略称 WAAC），1943年には陸軍女性部隊（Women's Army Corps，略称 WAC）が設置され，正規軍の女性兵士が出現する。

　戦時の女性の役割についての一般の人々の議論は，社会変化をもたらす上で次のような限界をもっていた。すなわち，公的領域での女性の役割は男性がいない間の代理であるとし，女性が進出した男性的な（masculine）分野では女性らしさ（feminine）の保持を要請し，メディアは伝統的な役割から自由になりたいという女性の意志の背後にある女らしい動機を強調したのである[1]。人々は，女性が公的な分野に進出しても，それは一時的なことであり，そこでは女性の特性を維持することが不可欠で，家庭役割が優先されなければならないと考えた。そして，女性は，夫を一日も早く家庭に戻すために，また，未来の生活を子どもたちに確保するために戦争協力を引き受けるのだとした。それゆえに，性的秩序の連続性というより大きい文脈からみれば，戦争は，伝統的な性別規範を一時的に，また部分的にゆるめて女性を戦時の労働や奉仕活動へと招いたが，しかし，その条件として，女性に「女らしさ」の行動の受容を強要し，ジェンダー規範を再構築するには至らなかった。

# 第1章　アメリカ陸軍女性部隊（WAC）の成立

　戦後多くの女性たちは家庭に帰る。戦後のイデオロギーは女性的な活動を強調し，家庭の安寧を重視した。戦後も女性の仕事が必要とされたが，社会の目標が軍事的勝利から社会的安定へと移行すると，女性は労働者としてよりも妻・母として期待されるようになった。社会科学者は家族の不安定の原因は働く母親にあるとした。戦前から戦時中にかけて，職業・技術教育を掲げた女子大学のカリキュラムは結婚準備教育へとその重点を移す。家庭は，仕事と家庭の二重負担に苦しんだ女性にとってその重圧から逃れる避難所であり，また，兵役を終えて帰ってきた男性にとっては傷を癒す場所であったのである。

　本章では，第二次世界大戦期におけるアメリカ陸軍女性補助部隊（WAAC），アメリカ陸軍女性部隊（WAC）の成立に焦点を当て，女性が軍隊に統合される過程とその要因を概観し，WAAC／WACが正規軍としての地位を得るために戦わなければならなかったジェンダーの再構築にむけたもう一つの戦争を，先行研究[2]に基づいて考察し，その過程で受容された性別秩序と性別役割観の特徴を明らかにする。結論を先取りして言うと，正規軍WACの形成は既存の人種，ジェンダー，性的システムを覆すのではないかという一般の人々の恐怖の対象となったために，陸軍の指導者は当時の「男らしさ」（masculinity）と「女らしさ」（feminity）の定義や，人種と地域による分離政策を保持しつつ，陸軍の中に女性の居場所をつくったのである。

　軍隊という最も「男性的」な制度の中に「女性兵士」という新しいカテゴリーを構築するために検討された当時の議論を分析することは，20世紀アメリカ文化におけるジェンダー，人種，セクシュアリティの相互の関係と意味を理解する上で有効である。さらに私の関心は第二次世界大戦後の対日占領政策とWACの関係に向けられる。占領機構の中で日本の女性解放を主導した女性将校エセル・ウィード中尉（在任期間1945年～52年），アイリーン・ドノヴァン大尉（在任期間1945～48年）は，WACの1,000人の志願者の中から選抜され，日本占領の開始と同時に派遣された20人の女性将校のメンバーである。彼女たちは占領組織の中で「女性政策推進ネットワーク」を形成して上層部の意図を超え，日本女性のエンパワーメントと国民化のプロジェクトに関わったのである[3]。WACの成立とジェンダーの政治の考察は，日本での占領政策と女性解放を評価するうえで重要な示唆を与えてくれるであろう。

I 女性解放をめぐる占領政策の特質

## 2 WACの成立過程

◇第一次世界大戦

　第一次世界大戦では，女性たちは陸軍とともに働いたが，陸軍の組織の中での正式な一員としてではなかった。伝統的な女性の職業である看護職については，女性部隊の組織化に対する抵抗は少なく，1901年に陸軍看護部隊，1908年海軍看護部隊が設置された。しかし，いずれも正規軍ではないため，退役軍人としての資格が認められず，恩給などの特典を受けることができなかった。看護職以外の分野では，陸軍は，フランス遠征隊に電話交換手としてフランス語を話せる女性100人を派遣したが，その地位は軍属であった。また，民間の福祉ボランティア団体は5,000人の女性を海外で使っている[4]。

　1918年，主計総監や軍需品調達部長はじめいくつかの陸軍の部門では，人員不足を解決する有効な方策として，陸軍の統制下に女性部隊を設置することを構想し，5,000人の女性隊員の徴募を要請する。民間でも，女性はさまざまな分野で疑似軍事的グループを組織するまでになっており，YWCAは，ヨーロッパ戦線に派遣される女性はイギリス陸軍女性補助部隊と同様に厳しい規律がある組織のもとで訓練されるべきであると提案する。しかし，参謀本部は賛否両論のあるこの文書を棚上げにして放置し，「現在の状況から判断して，女性で構成された軍隊組織を作ることは望ましくない」と決定したため，陸軍女性部隊の構想は具体的に進められなかった[5]。

　一方，海軍では，事務職の人員不足を補うために，1917年，初めて倉庫係として約12,000人，次いで海兵隊で305人の女性予備兵を徴募し，男性兵士と同等の資格を与えたのである[6]。

◇両大戦間の平和の時代

　両大戦間時代には，二つの女性部隊設置計画案が作成された。

　一つは，二代目アメリカ陸軍女性関係長官（Director of Women's Relations, United States Army）アニタ・フィップスの案[7]で，軍隊の中に女性部隊を設置するという最初の実施可能な女性軍隊の計画である。彼女の提案の要点は，軍

隊の中に正規の女性部隊を設置し，訓練，規律，住宅その他必要な条件を整備するとともに，各駐屯地で分隊以上の規模の女性司令官を長とするユニットを組織するというものである。この計画は，①住宅，輸送，トイレ，人事　②女性の長官　③女性のみの訓練組織という点で難点があるとして，参謀本部が反対し（1926年），日の目を見ることはなかった。

　二つ目は，参謀本部G-I局陸軍女性部隊計画主任エヴェレット・ヒューズの計画である[8]。彼は，次期大戦には女性の戦争参加は避けられないであろうと予想し，外国や危険な地域に限り女性の軍隊化を提案した。また，男女別々の組織は不経済で，混乱を招き易いので，女性を男性の軍隊に統合して，男女同一の制服と特権を与えるのがよいと考えた。彼にとって女性の軍隊化のメリットは，洗濯など男性に不人気な仕事を女性にさせることができることであり，より高度な仕事を女性に割り当てることは考えていなかった。1928年に参謀本部に送られた彼の計画は好意的に受け入れられるが，実行に移されないまま「保留」・「延期」として放置され，不幸なことにWACCの設立6ヵ月後まで紐解かれることはなかった。「そのときには陸軍省はすでに重大な過ちを犯していたのである」[9]。このようにして女性部隊の平時の計画は終わった。

## ◇第二次世界大戦とWAAC／WACの設置

　軍隊への女性の参加を可能にしたのは軍事的な需要と女性団体の圧力であった。

　1939年から40年のヨーロッパ戦線での状況は陸軍指導者に軍隊での女性の活用を考慮させるきっかけになった。その最有力推進者が1939年9月参謀本部長に就任したジョージ・マーシャル将軍である。就任1ヵ月後に彼が陸軍女性部隊設置計画の着手を命令したときには，両大戦間時代に構想されたフィップスとヒューズの二つの計画は忘れ去られていた。新計画の基本方針は，民間管理部隊（Civilian Conservative Corps）[10]をモデルとし，いかなる場合も女性に正規軍の地位を与えないというものである。そして，女性部隊には，ホステス，売店事務員，料理人，ウェイトレス，運転手，使い走り，芸人などの地位の低いサービス中心の仕事を配分することが可能であるとしている。陸軍省にとってこの計画の利点は，軍隊の正式メンバーになりたいという女性からの圧力を回

Ⅰ　女性解放をめぐる占領政策の特質

避できることにあるが，欠点は女性の保護のための特別配置など軍隊の管理上の問題が新たに生じることであった。看護部隊長ジュリア・フリッケは利点よりも欠点の方が多いとして反対する。結局この計画は国防に女性の参加を求める女性団体の圧力が表面化する1941年まで実施されることはなかった。

　軍隊が女性部隊設置の要求を正当化するために使った論理は，人的資源確保の重視である。すなわち，女性を雇用することによって，男性が非戦闘的な仕事から解放され人員不足を解消することができるし，軍隊には女性にむいている仕事があると強調する。マーシャル将軍は，市民生活で女性がおこなっている仕事を男性に割り当てるのは不便だと考えた。そのためには，配置転換や勤務時間に制限がある民間人よりも，軍隊の管理のもとに女性の補助隊員を雇用することが安全，実施，適応性の上からより効率的であるというわけである。軍隊では便宜と管理に重点が置かれ，その方針が男女共通に適用された。しかし，それゆえにとられた女性に対する男性とは異なった処遇は，女性がおこなう業務を女性の伝統的な仕事に限定することを意味した。

　婦人クラブ総連盟やアメリカ大学婦人協会などの女性団体の公的分野への参加の要求は，政府の戦争協力要請キャンペーンに呼応して，女性部隊設立のそれへと向けられる。1941年5月，女性団体の要求を受け，マサチューセッツ州選出下院議員エディス・ナース・ロジャーズはWAAC設置法案を国会に提出する。法案の内容は以下の通りである。

①軍隊の組織ではないが，軍隊とともに業務を遂行する唯一の組織（看護部隊を除く）であること

②国家防衛のために女性の能力を活用し特別訓練をおこなうことを目的とすること

③少数精鋭の熟練労働者を活用すること

　この法案は制定に至るまでにさらに1年を必要とした。ロジャーズ議員は，最初，第一次大戦中に軍隊で働き戦後医療も恩給も与えられなかった女性の差別的待遇を憂慮し，再びそのような悲劇を繰り返さないためには女性の「正規軍」の設立が必要であると考えていた。しかし，陸軍省や議会からの反対が強く，「補助部隊」の設立に譲歩せざるを得なかったのである。ロジャーズ議員は，①WAACでは軍隊の人員不足を解決する技術・機械の分野で活躍できる

第1章　アメリカ陸軍女性部隊（WAC）の成立

優れた資質をもつ女性に対して男性と同等の特典が適用されること，②女性は国家のために働くことを希望しており，平等の機会を受けるに値すると主張し，「便宜（expediency）と正義（justice）を結びつける」ことによって，法案を通過させたのである[11)12)]。

　国会でWAAC設置法案に反対した人々は，それが伝統的な性役割と家庭の聖域を破壊するものではないかという強い不安を抱いた。「女性が自分のことに没頭するようになれば，誰が料理，洗濯，子どもの世話をするのか」「WAACは軍隊でのアメリカの男らしさに対する挑戦だ」などの反対意見を出して法案の阻止をねらったが，国防については参謀本部の方針に逆らうことはできなかった。陸軍内では，1941年12月7日の真珠湾攻撃を境としてWAAC設置計画が急展開し，1942年5月15日ルーズベルト大統領の公法554号[13)]の署名をもってWAACが設立されたのである。

　WAACの補助部隊としての地位は設置当初からさまざまな問題を引き起こしてきた。WAAC当局の権限は隊員の職務命令と福利に限られており，配置転換，会計，規律などのそれは駐屯所司令官の掌中にあった。やがて陸軍内部で民間グループのWAACを陸軍が管理することは違法であるという理由から法改正の動きがもちあがるが，予算局などの反対にあう。

　WAAC設置法案成立後の1942年7月，海軍省は海軍法を改正し，11月，いち早く軍隊の一部として海軍女性予備役隊（WAVES），沿岸警備隊（SPAR）を設置する。やがて海軍と陸軍での女性補助部隊の位置づけの違いがWAACに対する人気を低下させる原因となり，WAACの新兵募集は危機的な状態に陥る。1942年10月，WAVESにならった陸軍予備役隊法を否決されたロジャーズは1943年1月WAACを陸軍の一部とする法案を議会に提出する。次いで3月におこなわれたマーシャル将軍の議会での以下の報告はWAC成立に向けて前進させるものとなった。「WAACは組織化が進み，軍隊の業務にとって女性の組織は重要な価値があると確信した。軍隊の一部となれば簡単に効率よく機能することができる。WAACの半官半民の地位は軍隊の中では障害となるばかりか，軍隊に統合されることなく軍隊と行動をともにする部隊は隊員にとって不公平であり，不正義である。隊員は高い士気をもち，そのことにより誇りが生まれる。軍隊の付加的な部署での業務からは満足感を得ることができない」[14)]。

9

Ⅰ　女性解放をめぐる占領政策の特質

結局，陸軍省は総力戦での人員確保という緊急要請の前に方針変更を余儀なくされ，1943年7月1日，正規軍としての女性部隊 WAC を設立させることになる。WAAC の隊員は90日間の猶予が与えられ，WAC への入隊か引退かを決断した。

### 3　ジェンダー再構築のためのもうひとつの戦争

◇初代長官オベタ・カルプ・ホビー大佐

　WACC の基礎を築き，補助部隊から正規軍 WAC への変更を成し遂げたのは初代長官オベタ・カルプ・ホビー大佐である。マーシャル将軍は有力な候補者の中から入念な選考を経て，ルーズベルト大統領夫人やロジャーズ下院議員が推薦するホビー大佐を抜擢した。男女の部下を持った経験があり，圧力団体に所属したことのない，健康で活動的な，30歳から50歳までの女性という当局が示した条件に照らして最適任者として認められたホビー大佐は，当時37歳，州議会議員，新聞記者，弁護士，出版業，著述業，テキサス州婦人有権者同盟会長の経歴を持ち，前テキサス州知事ウイリアム・ホビーの妻で，2児の母であった[15]。

　ホビー大佐が長官としての役割を果たす際によりどころとしたのは，1930年代アメリカ社会で地位を築いたエリート白人女性のネットワークのなかで共有された価値観である。それは，性差の論理であり，それ故に女性は社会で特別な役割を果たし，力を発揮できるという信念であった。

　戦時に女性を軍隊で使うべきだという意見のマーシャル将軍は，法律成立後は，組織と管理体制を整備し，訓練をおこない，適材適所に配置して活用すれば万事うまくいくであろうと考えていた。しかし，ホビー大佐にとって「女性」と「兵士」の統合はそんなに簡単なことではなかった。複雑な手続きと厳しい日程，軍隊での男女の交際の規則，訓練基準，地理的・人種的分割に応じた新兵の募集の割合，WAAC の「補助的」地位に付随する問題など，山積する課題に対処しなければならなかった。このような難問題を克服した例は過去にはなかったのである。

第1章　アメリカ陸軍女性部隊（WAC）の成立

◇WAAC / WAC の規則とジェンダー

　女性に対する軍隊の規則と手続きについてみてみよう。WAAC は女性を使う便宜と用心から男性とは異なった規則を採用する。その結果，男性将校は効率的な人材活用という軍隊の優先的方針を犠牲にすることになる。

　ホビー大佐をはじめ女性将校は男女平等の観点から女性に対する特別保護も不利な条件も受け入れることを望まなかった。WAAC 拡張計画（1942年-43年）のもとで，ホビー大佐が実施した5万人の兵力を確保するための新兵のリクルートと訓練では，衣料の支給の遅れによる寒さと捕虜収容所を改装した宿泊訓練施設といった劣悪な条件にもかかわらず，隊員は士気に燃え訓練に励んだ[16]。また，女性団体は，女性の海外派兵を禁止している WAAC の規則が，国防プロジェクトへのアメリカ女性の参加を制限しているということでヨーロッパで不評を買っており，撤廃すべきだと主張する。折しも前線でタイピストとしての WAAC への期待が高まる中で，陸軍は，1943年北アフリカ戦線へ初めて WAAC 女性兵士を派遣する。このような女性兵士の海外派兵許可の規則への変更は陸軍での WAAC の補助的地位の限界を露呈させる結果となった。さらに，WAVES 司令官ミルドレッド・マッカーフィ・ホートン大佐[17]は陸軍と海軍で非効率を生じさせている男性兵士からの女性上司追放の動きに反対する。議会と海軍はこの難問題に深入りすることを回避し，女性上司の命令が彼女の男性上司から発しているものであると解釈される場合に限り男性兵士はその指示に従う義務を負うという奇妙な規則をつくったのである。

　このように，ホビー大佐とマッカーフィ大佐は軍隊での男女平等を要求したが，他方で，家族との関係では女性の家庭責任を重視するという性別役割分業に従い，以下の通り男女の異なった処遇を容認する。

①既婚女性の入隊を認めるが，WAAC / WAC では14歳以下，WAVES と海兵隊では18歳以下の子どもをもつ母親の応募資格を認めない。
②男性下士官は妻子の扶養手当を受給できるが，女性下士官は，家族の主たる稼ぎ手であると認められた場合にのみ支給される。
③原則として親の介護のための退職は認めないが，やむを得ない場合には男性より女性の方が許可されることが多い。
④家庭内の夫婦関係を優先的に考慮し，夫が召集された女性兵士は除隊され

Ⅰ 女性解放をめぐる占領政策の特質

る。

◇**女性兵士のリクルートと職種**

　女性を軍隊に組織化する論理的根拠を想定すれば，軍隊での女性の業務は民間企業における性別役割分業を反映したものであったことは驚くに足りない。しかし，女性兵士のリクルートの課題はWAACに対する軍隊の方針を左右し女性の職域を広げるという結果をもたらした。WAAC拡大計画のもとに15万人兵力の割り当てが課せられると，軍務局は急遽15万人の需要に対応する女性にふさわしい業務の検討をおこなった。そして，陸軍の628職種のうち，女性に不適当だと考えられるもの（戦闘，体力を必要とする業務，労働条件や環境が女性に不適当な業務，長期訓練が必要な業務，監督・指揮）を除く406職種をリストアップする。男性兵士が非戦闘員である女性兵士から格付けされるのは合理的ではないという理由で，格付専門職や人事コンサルタントなどの専門職は女性の職種からはずされる[18]。実際には戦時中のWAAC／WACの女性兵士は運転，パラシュート，機械，写真，ラジオ，通信などさまざまな職種に進出した。さらに，アメリカ全域の陸軍駐屯地に配属され，1945年7月には17,000人がヨーロッパ，アフリカ，太平洋など海外の戦線で任務についた。ピークに達した1945年4月のWACの兵力は100,000人であった[19]。

◇**黒人女性兵士と人種差別**

　市民生活におけると同様に軍隊でも根深く存在する人種差別の偏見が，黒人女性兵士と白人女性兵士に対する処遇の差異を温存させた。

　「女性兵士」はどうあるべきかについて多くの人々が議論したが，白人フェミニストは女性の軍隊での仕事について直接的な影響を与えなかった。むしろ，女性兵士は一時的な逸脱であり，戦争が終わると女性たちは家庭に戻るであろうと考えた。しかし，黒人女性全国連盟（National Council of Negro Women, NCNW）のリーダーは，軍隊での女性の経験は戦後アメリカ社会における黒人とすべての女性の地位向上にとって重要な意味があると確信し，議会に圧力をかけて10％の黒人女性幹部候補生と黒人女性兵士の採用を確保する。ホビー大佐は，軍隊での人種差別に反対の立場にたち，WAAC設置の当初から黒人女性を採

用し，10％の黒人女性を将校訓練コースに進ませる。しかし，黒人女性の下士官兵は，陸軍の方針に従い，食堂やバラックやレクレーション施設に分離して収容され，黒人兵の部隊へ送られた。

一般に黒人女性兵士は教育程度が低いために非熟練分野でのリクルートが大部分で，WAAC / WAC の中では階級が低かった。もっとも白人女性兵士も適切な配置がなされなかったが，黒人女性兵士の場合にはその能力を活用されることはより少なかった[20]。

人権擁護団体や黒人女性団体は黒人女性兵士の平等な処遇を求めたが，海軍は，白人男性の空きポストを埋めるために WAVES を設置したので黒人女性で代替することができないとした。この方針は1944年10月，大統領命令による黒人 WAC 統合プログラムが施行されるまで続いた。しかし，残りの1年間，100人の黒人女性兵士が WAVES として活躍する。海軍における黒人女性の入隊許可は WAC より有利な条件を彼女たちに与えた。WAAC / WAC は，最初から陸軍の統制下にあり，黒人分離規則に拘束されていたため，ホビー大佐の力では黒人女性兵士の差別的処遇を変えることができなかったのである。人種差別問題はこのように先送りされることになる。

## 4　セクシュアリティの再構築

長い歴史において軍隊で働く女性に対してつくりあげられてきた，「キャンプ・フォロワーか男のような女」といった性的ステレオタイプを，WAAC / WAC はどのようにうち破り，「女性として尊敬される女らしい女性兵士」という新しいカテゴリーを創り出すかが問われた。ホビー大佐は「女性」と「兵士」を結びつけたセクシュアリティの再構築という難問題に対して「上品で純潔な」女性兵士のイメージを提示し，伝統的な女らしさの規範を脅かすものではないことを主張した。このような新しい女性像は，人々の女性兵士に対する認識，WAAC / WAC の広報，メディアによる報道，そして軍隊内での女性兵士の性的規制をめぐる闘争の過程でつくりだされたのである。

Ⅰ　女性解放をめぐる占領政策の特質

◇広報とメディア

　ホビー大佐は WACC が設置されたとき人々は自動的にそれを受け入れるとは信じていなかったので，国家の緊急事態に女性が新しい役割を果たす必要性と実利性についてニュース・メディアを通じて宣伝しなければならないと考えた。彼女は，ニュース・メディアに関して初心者ではなかった。ジャーナリストとして，陸軍省広報担当官としての経験から，戦時のタイムリーなメディアによる世論形成の重要性を熟知していたのである。ホビー大佐とそのスタッフは，メディアにむけて「威厳があり繊細な女性からなるまじめで勤勉な組織」[21]という WAAC のイメージを強調する。男性兵士と肩を並べて行進する女性兵士や女性パイロットなど非伝統的な活動を，「女性の戦争でもあるから」という理由をつけて宣伝するが，他方で， WAAC の仕事は女性の繊細な手を使った熟達した分野の仕事であり，女性の特性と結びついていることに注意を向けさせる。このように伝統的な女性の自然の特性や役割を変えるための挑戦はしなかった。

　最初の記者会見でホビー大佐は，オープンに接することによりメディアとの信頼関係を創り出そうとした。ジャーナリストの関心は応募条件，男性兵士との交際，制服に集中した。第一の応募条件についての質問の答えは簡単であったが，デートについては答えられなかった。第三の制服は重要な問題だと考えた。何故ならそれは女性の関心を WAAC に向けさせることができるテーマだからである。女性の制服は男性のそれをベースにして，随所に繊細な女らしさを表す工夫が施された，著名な服飾デザイナーによるものであった。コート，上着，スカート，シャツブラウス，帽子，ショルダー・バッグ，ストッキング，ガードル，化粧，男性に対する挨拶の仕方，武器の所持などについて，入念な準備をして慎重に答える。ホビー大佐に対するメディアの評価は高く，率直で落ち着いて誠実に問題を処理しているとされた[22]。

　しかし，メディアが最も好奇心をもった下着にまでふみこんで答える必要があったのだろうか。WAVES では，下着は個人で買うこととし，この問題にメディアを関与させなかった。ホビー大佐は WAAC がセクシュアリティを強調しない，女らしい組織として描かれることを期待したために，衣服について過敏になりすぎ下着の問題にまで調子を落としてしまった。そのため，何故女性

の軍隊が必要で，多くの女性兵士はどのような目的で入隊し，どんな仕事をしているのかといったWAACに関する中心的内容は二次的な取り扱いとなり，人々の注目を集めることができなかったのである。

　WAACが一時的な緊急要請に対応するための補助部隊であったので，メディアは女性兵士を好意的に描いた。メディアが描く女性像は女性の入隊を促進し，最初の数ヵ月は応募者が殺到した。しかし，WAACの新鮮さが失われると若い女性の関心は離れていった。

◇噂キャンペーン

　女性リーダー向け雑誌を除いて，メディアは1942年の終わりまでにWAACの報道から手を引き，雑誌の社会面に登場する女性は軍服から平服にもどる。1943年にはWAACへの関心が薄れ，リクルートが下落した。若い女性はWAACの読み物に関心を示したが，自分の働く場所であるとは思わなかった。

　1943年5月，WAAC女性兵士に汚名をきせ侮辱する事件が起き，大統領，軍幹部がWAACを公的に擁護するという事態にまで発展する。女性兵士のなかに妊娠するものが増加し堕胎しているという噂が，WAACに敵対心を持つ男性兵士から流され，メディアに取りあげられてヒットしたというものである。『ニューヨーク・デーリー・ニュース』記者のジョン・オドネルが3回にわたって，海外では妊娠をさけるために避妊具を配っていると報道した。200人の妊婦がアフリカ戦線から送り返されているという話が5,000人に膨れ上がる。実際にはその半数も外地に派遣されていなかったのである。噂は西海岸まで広がり，ホビー大佐，マーシャル将軍，スチムソン陸軍省長官（Henry Stimson）は噂取り消しの手段を講じることを決定し，徹底的な調査をおこない，女性兵士の品行を証明する。センセーショナリズムはメディアが人々の目を引くために使う方法である。見出しや挿し絵のキャプションを駆使してセンセーショナルにオドネルの噂の記事を報道したメディアは，今度はWAACに好意的なストーリーを同じ方法でセンセーショナルに取りあげたのである。その結果，新兵のリクルートは順調に回復し，7月には補助的地位のWAACから正規軍WACへの移行が実現されることになる[23]。

I 女性解放をめぐる占領政策の特質

◇セクシュアリティの規制をめぐる闘争

調査とメディア対策に加えて，噂から WAAC / WAC を護るために，陸軍当局は男性兵士とは異なったセクシュアリティに関する規律や規則を定める。

軍隊では，男性兵士の健康と戦闘意欲を保持するために，性病管理と同性愛・異人種間の交際の禁止などの性的行為に関する規制をおこなっていた。陸軍の男性指導者は，同じ規則を女性兵士にも適用すべきだとしたが，ホビー大佐はこれに反対する。異性愛を前提とした性病管理の規則を WAAC / WAC に適用するならば，「純潔な女性兵士」というイメージを壊し，新兵のリクルートに大きな影響を与えるおそれがあるという理由を挙げて，男性とは異なった規則をつくるべきだと主張した。結局，陸軍は，女性兵士に対する純潔のイメージを保つために避妊薬を女性に配布せず，コンドームを男性のみの配布とした。この方針は，性規範のダブル・スタンダードを強化し，陸・海軍の女性兵士に対する性知識・衛生に関する教育を遅らせることになった。また，デートは WAAC / WAC 内のバラックで，女性将校の管理のもとにおこなうこととし，男女の兵士が性の間違いを犯した場合は女性がより厳しく処罰された。

異性関係に対する厳しい統制と比べて，レズビアンの管理は緩やかであったが，レズビアンの傾向がみられると素早く対処した。特別な関係だけでなく，親しいと見られる場合にも処罰した。摘発の回数は少なかったが，人々の猜疑の目と，厳しい監視のもとで，女性同士親しくなることはできなかった[24]。

陸軍のセクシュアリティに関する規則は，市民生活での性規範のダブル・スタンダードの反映であるが，規則として制度化される過程で，「男のような女」と「セクシュアルな女」を排除した「繊細で純潔な」女性のセクシュアリティ規範が強化・再生産され，女性兵士を二重に拘束しダブルバインドな状態においた。女性が女らしさを保とうとすれば，無能な兵士にみられる。兵士として成功したならば，女らしさを失うか捨てて男になったと非難される。女らしさを保ち性の被害者になれば，WAAC / WAC の信用と道徳を汚したという理由で軍隊から追放される。このシナリオの中で，女らしさを捨て，性的自立を失う危険性にさらされ，レズビアンや異性との性的トラブルに陥るものが現れた。

## 5　エンパワーメントの限界と可能性

　民主主義の進展の歴史、あるいは個人や集団の社会的、政治的生活への参加の拡大についての歴史において、敷居を越えて男性の領域に入った人々はどのように迎えられるのか、彼らが組織に組み込まれる条件とはどのようなものか。彼らが作り上げるアイデンティティの条件とは何か。

　本章では、ジョーン・スコットの歴史の分析方法に依拠し[25]、このような質的な問題にアプローチするために、第二次世界大戦における陸軍女性部隊の制度化とジェンダー／セクシュアリティの関係を考察してきたが、次のようにまとめることができる。

　第一に、男性の分野である軍隊への女性の参入を可能にしたWAAC／WAC設置の要因は軍事的な要請と女性団体の圧力である。軍部の指導者はマンパワー重視の論理に基づき、女性を雇用して人員不足を解消するという「便宜」を優先した。女性団体は軍部が要請する「便宜」と「正義」を結びつけて、女性が国家のために働く同等の機会と同等の待遇を要求した。

　第二に、このような軍部の便宜主義は性差を温存させる結果となった。陸軍での女性の居場所をつくるために、WAAC／WACの女性指導者は、男性とは異なる規則を作り、女性の特別保護、女性らしさ、家庭責任を重視した。また陸軍は伝統的な女性の職種で女性を雇用したので抜本的に性別役割分業を変えることにはならなかった。

　第三に、市民生活におけると同様に軍隊に根深く存在する人種差別の偏見と規則が、WAAC／WAC女性指導者の意図に反して、「黒人女性兵士」と「白人女性兵士」に対する処遇の差異をもたらし、人種差別問題の解決を先送りすることとなる。

　第四に、女性を陸軍に参入させる過程で、「女性」と「兵士」を結びつける新しいカテゴリーの構築という難問題に、「上品で純潔な」女性兵士のイメージを提示して対処した。それは「自然な」女性の特性を強調したので、ジェンダーの再構築への決定的な挑戦とはならなかった。

　第五に、WAAC／WAC指導者を悩ませた一般の人々の否定的な考えや報道

は，女性兵士の生活と WAAC / WAC 指導者の「女性兵士」についてのイメージを規定し，男性兵士とは異なった規律や性行為に関する規則をつくることを余儀なくされた。このような規則は，「男のような女」と「セクシュアルな女」を排除した「繊細で純潔な」女性のセクシュアリティ規範を強化し，女性兵士を二重に拘束し，アイデンティティの確立を困難にすることもあった。

このように，平等を求めて軍隊に参入した女性兵士たちは，ジェンダーの差異と格闘する中で，ジェンダーとセクシュアリティの新ヴァージョンをつくり出したが，皮肉にも，それが平等を達成する上での大きな障害となったのである。

しかしながら，第二次世界大戦の経験の重要な評価の尺度は，女性兵士が軍隊での仕事から得たエンパワーメントの意識である。多くの女性兵士は，自立した個人として意思決定し，国家のプロジェクトに参加し，自分自身の力を確認した。戦後，不平等な待遇ではあるが，WAC 女性兵士の $1/2$ が1年間週20ドル，$1/3$ が大学・大学院教育のための退役軍人の給付を受け，$1/2$ が新しい仕事や軍隊で身につけた技術を生かした仕事に就いている。低利のビジネス・ローンを受けた人は喫茶店，美容院，帽子店，書店を開き，経済的自立を果たしたのである。数は少ないが，軍隊にもどり，生涯職業軍人として活躍した女性もいる。軍隊での仕事は家庭から新しい分野へと女性の活動の範囲を広げた。女性の役割からはみ出た仕事ではなかったが，男性専科の分野へと着実に進出を果たしたのである。

第2章では，WAC での教育・訓練を受けたエリート女性将校たちが，戦後日本の占領機構の中で，日本女性のエンパワーメントに向けた政策をどのように展開したかをみることにする。

注
1）Susan Hartmann, *The Home Front and Beyond: American Women in the 1940s,* Boston: Twayne Publishers, 1982, p.23.
2）「戦争と女性」をテーマとしたジェンダー理論からの研究として，Margaret Randolph Higonnet et al. eds., *Behind the Lines,* New Haven : Yale University Press, 1987 や Miriam Cook & Angela Woollacott, eds., *Gendering War Talk,* Princeton: Princeton University Press, 1993 があげられる。アメリカ合衆国の軍隊と女性に関する文献目録として，Vicki L. Friedl, *Women in the United States Military, 1901-1995 : A Research Guide and*

*Annotated Bibliography,* Westport, Connecticut: Greenwood Press, 1996 が出版されている。WAAC, WAC の成立過程とジェンダー, セクシュアリティ関係について参考にした主な先行研究は，① Mattie E. Treadwell, *U.S. Army in World War II: Special Studies. The Women's Army Corps.* Washington D.C.: Office of the Chief of Military History, Department of the Army,1954, ② Susan Hartmann, *The Home Front and Beyond: American Women in the 1940s,* Boston: Twayne Publishers, 1982, ③ Ann Allen, "The News Media and the Women's Army Auxiliary Corps: Protagonists for a Cause," *Military Affairs,* 50 (2), April 1986, pp.77-83, ④ Leisa Diane Meyer, "Creating G.I. Jane: The Regulation of Sexuality and Sexual Behavior in the Women's Army Corps during World War II," *Feminist Studies,* vol.18, no. 3, fall 1992, pp.581-601, ⑤ Leisa Diane Meyer, *Creating GI Jane: Sexuality and Power in the Women's Army Corps During World War II,* New York: Columbia University Press, 1996 である。

3) 女性政策推進ネットワークについては，以下の論文を参照されたい：①スーザン・ファー「女性の権利をめぐる政治」坂本義和・R. E. ウォード編『日本占領の研究』東京大学出版会, 1987, pp.459-504, ②上村千賀子『占領政策と婦人教育』(財) 日本女子社会教育会, 1991 (本書９章), ③上村千賀子「日本における占領政策と女性解放—労働省婦人少年局の設立過程を中心として」女性学研究会編『女性学研究』第２号, 1992 (本書第３章), ④上村千賀子「占領期日本における女子高等教育制度の改革とアメリカの女子教育者たち」『アメリカ研究』1995, pp. 95-114 (本書第８章), ⑤Yuka Tsuchiya, "Democratizing the Japanese Family: The Role of the Civil Information and Education Section in the Allied Occupation 1945-52," *The Japanese Journal of American Studies,* No.5, 1993-94, pp.137-162.

4) Mattie E.Treadwell, 1954, p.10.
5) *ibid.* p.10.
6) Vicki L. Friedl, 1996, p.11.
7) Treadwell, *op.cit.* p.11. アメリカ陸軍女性関係長官は，女性が初めて参政権を行使し，平和を守るために軍隊は不要とする平和主義の機運が強まった1920年，ベーカー国務長官によって，女性団体と軍隊との関係を保ち，軍隊は進歩的かつ人間的な制度であることを強調し，女性有権者が軍隊の解体を主張しないように求めることを目的に設置された。しかし，軍隊としての地位が付与されなかったため女性団体に対して，十分な威信を保つことができなかった。WAACのメンバーは後に民間管理部隊と類似の組織を作ったことを後悔した。何故なら，民間管理部隊は平時の組織であるが，WAACは戦時に軍隊や海外のキャンプで使われることを想定した性質が異なる組織であったからである。
8) *ibid.* pp. 13-15.
9) *ibid.* p. 14.
10) *ibid.* p.15. 民間管理部隊は，軍隊の一員ではないが，軍隊の命令系統によって管理され，陸軍省の規則に従うことが義務づけられており，軍隊式組織のユニットに分けられ，制服と階級があたえられ，給与は武官の規定に準じて適用された。
11) Hartmann, *op.cit.* p.36.
12) WAAC設置法案は1942年３月に下院を通過，５月上院で可決された。

Ⅰ　女性解放をめぐる占領政策の特質

13) Public Law 554: An Act Establishment a Women's Army Auxiliary Corps for Service with the Army of United States.
14) Treadwell, *op.cit.* pp.42-44, 113-121.
15) ホビーの経歴については以下を参照。*ibid.* pp. 28-30; Leisa Diane Meyer, 1996, pp.16-18. 航空警報隊を除くすべての女性部隊は，移動できないという理由で，学齢期の子どもを持つ母親を雇用しなかったが，ホビーの選抜では彼女が母親という理由で不利になることはなかった。ホビーはマーシャル将軍の協力を得て当面する数々の困難な問題に取り組んだ。
16) Treadwell, *ibid.* pp. 92-112.
17) 当時ウエルズリー女子大学学長。日本占領期の1946年に第一次教育使節団団員として来日し，女子高等教育について勧告した（本書第6，8章参照）。
18) *ibid.* p.92.
19) 1942年7月から1946年12月のWAAC / WACの戦力については，*ibid.* p.765参照。
20) Hartmann, *op.cit.* pp.40-41. 例えば，マサチューセッツ州フォート・デヴンスで医療技術の訓練を受けた4人の黒人女性兵は病院であてがわれた雑用の仕事を拒否した。
21) Treadwell, *op.cit.* p. 47.
22) Ann Allen, "The News Media and the Women's Army Auxiliary Corps: Protagonists for a Cause," *Military Affairs,* 50（2），April 1986, pp.79.
23) *ibid.* p.81. 外国戦線から送り返された女性兵士は3人で，一人は神経症，一人は手術，一人は既婚者で，妊娠を知らずに赴任した者であることが判明した。
24) Leisa Diane Meyer, 1992. pp.586-590.
25) ジョーン・W．スコット　荻野美穂訳『ジェンダーと歴史学』平凡社，1992, p.267.

第2章

# エセル・ウィードと女性政策

## 1　はじめに

　日本占領初期において，GHQは女性に関する広範囲な改革を実施したが，そのイニシアティブをとったのは実務担当者であるWAC所属の女性担当官たちであった。その中で最も中心的な役割を果たしたのは民間情報教育局（Civil Information & Education Section, CIEと表記）情報課女性情報担当官エセル・ウィード陸軍中尉（1906年–75年，在任期間1945年–52年）である。ウィードは女性問題に関する政策の立案，政治，経済，社会分野における女性の再教育，民主化のための啓発活動を任務とし，特に婦人団体を担当した。

　本章では，占領政策における「女性解放」の目的と方法をめぐって浮上したGHQ上層部とウィードを中心とする女性職員とのあいだの確執と，上層部の意図を超えて女性政策が進められるに至った歴史事実を明らかにし，そのような女性政策の展開を成功裏に導いた要因として，ウィードの女性団体やWACでの広報活動の経験，女性政策立案・実施の拠点としての女性問題担当室の組織的強化，政策推進のための日米の女性たちのネットワーク形成を考察する。

　ウィードは政策立案・実施にあたって，アメリカ女性史の草分けであるメアリ・ビーアド（1876年–1958年）に助言を求めた。このことは，ウィードとビーアドとの間に交わされた60通以上の往復書簡（1946年–52年）の分析から明らかである。ここでは，主として日本占領政策関係資料（*GHQ / SCAP Records*）とウィード＝ビーアド往復書簡に基づいて，ビーアドの助言が，ウィードの政策立案・実施にどのように反映されたか，またウィードはどのような意図で女性政

策を遂行したかを，女性選挙権行使キャンペーン（2章）と労働省婦人少年局の設立過程（3章）に焦点を当てて考察し，日本占領期における女性政策の特質を明らかにする[1]。

## 2　日本占領政策と「女性解放」

### ◇マッカーサーによる女性選挙権付与

「日本政府ハ，日本人民ノ間ニオケル民主主義的傾向ノ復活強化ニ対スル一切ノ障害ヲ除去スベシ」というポツダム宣言第10項後段は，日本女性が戦前から要求してきた女性参政権の実現を確信させた。

1945年8月25日，市川房枝，山高しげり，赤松常子らによって組織された「戦後対策婦人委員会」政治部はいち早く行動を開始し，日本政府の手で女性参政権を実現するようにと当時の東久邇宮稔彦総理大臣に申し入れるが，「考えてみよう」という消極的な態度であった。9月25日，市川らはさらに以下の決議をおこない，政府，政党に申し入れる[2]。

①衆議院議員選挙法の改正に際し，20歳以上の女性に選挙権，25歳以上の女性に被選挙権を与えること
②都道府県制，市制，町村制を改正して女性に公民権を与えること
③治安警察法を改正し，女性の政治結社への参加を認めること
④文官任用法を改正して，各行政機関への女性の参加を認めること

10月9日，東久邇宮稔彦内閣に代わって幣原喜重郎内閣が成立，10日の初会議で堀切善次郎内務大臣が女性選挙権付与を提案し，全閣僚の賛成で決定される。翌10月11日，マッカーサーは幣原首相との会談の後に，日本民主化のための五大改革指令を発表し，その冒頭に選挙権付与による女性解放を掲げ，民主的諸改革の中心に位置づける。ここには「国家の構成員」として，「女性は，国の福祉に直接奉仕する政府という新たな概念を日本にもたらすであろう」とその理由が述べられている。選挙権付与による女性解放は，すでにアメリカ本国での全般的な占領計画構想に部分的，断片的に包含されていたが，女性の領域を別個に独立させて占領政策の対象として検討するのは，10月11日のマッカーサーの指令以降である[3]。このことは，マッカーサーが日本女性に民主主義

第2章 エセル・ウィードと女性政策

日本の建設のための新しい担い手として大きな期待を寄せていたことを示している。

　CIEの女性情報班に配置されて以来アメリカの女性史家メアリ・ビーアドと私的な書簡を交わしてきたウィードは，ビーアドから「日本民主化の中心に女性参政権を位置づけるという決定はマッカーサー自身の考えによってなされたのか，あるいは側近の方針によるものか」という質問が投げかけられた[4]。ウィードは，上層部に問い合わせ[5]，マッカーサーの副官ウィーラー准将から公式回答を得る。その中で，マッカーサーの「日本女性の解放」の意図が次のように示されている[6]。

　　マッカーサー元帥は，アメリカの女性の政治への参画はアメリカ政治史上最も安定的出来事であると長年考えてきた。この観点から，日本占領として最初に女性解放（emancipation）を実施し，女性の自立した政治思想と行動を促進することを重点としてきた。この高邁な目的は，既に，1945年8月30日，日本へ向かうバターン号の中で同行の側近に対して明らかにされ，日本の全体的な再編のために最初に実施すべき重要政策として掲げられた。
　　マッカーサー元帥は，民主的な社会の条件に適合するように日本を再編成するために，日本の女性による自由で着実な影響力を助長することに力点を置いてきた。この政策に沿って実施された第1回衆議院議員総選挙では39名の女性議員が当選した。女性は今や家庭における補助的立場を離れ，選挙権，被選挙権を行使する1,300万人の積極的な存在となったのである。このような日本女性の革命を目の当たりにして女性の力に対する信頼を確信した。一旦機会が与えられると，日本の政治体制に女性が重要な役割を果たし，新日本の政策決定に家庭の知恵を直接反映させることになるであろう。

　この回答文から次のことが明らかになるであろう。第一に，日本社会の安定的要素として日本女性の力に期待したこと。第二に，マッカーサーが被占領国の被抑圧者である女性を解放するという強力なイメージを創出したこと。このようなアメリカによってジェンダー化された日本における女性の救世主としての演出は，マッカーサーの権力の求心力を高め，占領政策の推進に大きな効果

をもたらすこととなる。

◇選挙法改正

マッカーサーの指令を受けた日本政府は，翌々日の閣議で「20歳以上の男女に衆議院議員の選挙権を与えること」を決定，ついで10月23日の閣議で「25歳以上の男女に被選挙権を与えること」を決定して，第89臨時帝国議会に1925年の「衆議院議員選挙法」の一部改正を提出した。選挙法改正案は12月15日成立，17日に公布された。改正法は以下の五つの重要な点を含んでいた[7]。

①選挙権行使年齢を20歳に引き下げ，女性選挙権を付与
②二つの選挙区に分割された東京，北海道，大阪，兵庫，福岡，愛知，新潟を除き，各県を一選挙区とする
③不正な選挙運動の制限，腐敗防止
④官吏による不当な選挙干渉の禁止
⑤より広範な公的施設の候補者への提供

しかし日本政府の選挙法改正の真意は必ずしも民主的な意図によるものではなかった。堀切内相の議会での答弁では，選挙権の拡大を国民の普遍的権利ではなく，国家的義務に対する責任と能力の問題として説明し，戦時中国家に尽くした見返りに女性に選挙権を付与するもので，女性の投票は極端な方向にいかないであろうと述べており[8]，ポツダム宣言の内容と著しく乖離している。

◇フェミニズム運動に対する強い警戒

マッカーサーを中心とするGHQ上層部は日本女性に選挙権を認める政策を実施し，制度的に日本女性の解放をすすめるうえで画期的な役割を果たした。しかし，彼らの意図した「女性解放（women's emancipation）」は，前述の回答に示されているように，女性が家庭を足場として社会活動をおこなうという，性別役割分業を前提としており，当時の一般的なアメリカの市民的家族観の枠を超えるものではなかった。そして，彼らの日本における「女性解放」に対する態度は，個人が埋没した家・国一体の戦前の軍事的・半封建的国家を，個人主義を基盤とした非軍事的民主国家につくり変えるという占領目的に沿った政策を遂行するうえで安定要素として機能する限りにおいて認めるというものであ

った。

　1946年6月20日，マッカーサーは，戦後第1回選挙で当選した39名の女性議員と非公式に会見し，「日本の婦人たちは非常によく民主主義の要望に応えてゐる。4月10日の総選挙に参加した婦人たちの記録は世界に一つの例を示したものだ」と賞賛の言葉を与えたのち，「しかし婦人のブロックをつくって立法に影響を与えようとする誘惑には注意深くなければならない。国家の当面する緊急問題に特別の注意を払い，その解決のための責任を十分に引き受け，男子代議士と完全な平等の立場で職責を果たすべきである」[9]と警告を発している。このように，女性が女性陣営（ブロック）を形成することに対して強い警戒心をもち，「フェミニズム運動（女権拡張運動，feminism movement）」を助長することに反対であった。ここに上層部の女性解放に対する積極的側面＝光と，消極的側面＝影の両面を見ることができる。

## 3　エセル・ウィードの女性政策

### ◇エセル・ウィードと広報業務

　GHQの女性政策を推進する上で最も重要な役割を果たしたのはCIE情報課女性情報担当官エセル・ウィード中尉である。

　ウィードは，1906年ニューヨーク州シラキューズ市に生まれる。1919年オハイオ州クリーヴランド市に移り，レイクウッド高校卒業後ウェスタン・リザーヴ大学で英語学を専攻，1929年学士を取得し，卒業後8年間『クリーヴランド・プレーン・ディーラー』紙の特集記事担当記者を務める。その後，自分の事務所をもち，女性団体や市民団体の広報業務を引き受ける。

　1943年WAACは10万人の隊員募集のための実験的な広報作戦をクリーヴランド市で展開する。クリーヴランドが選ばれた理由は典型的な大都市であること，全戸数の52％が電話を備えていること，加えてクリーヴランド広報クラブが協力を申し出たことである。クリーヴランド計画の独創性は，民間団体と多数のボランティアの協力を得て大々的に実施されたことにあり，地域リーダーによる適任者の名前と住所のリストアップ，WAACリクルーターによる電話での適任者に対する面接の説得，適任者への入隊勧誘，入隊の決心がつかない

Ⅰ　女性解放をめぐる占領政策の特質

者はリストに載せ，フォローアップするという段取りでおこなわれた。この実験的計画は全国的な広報キャンペーンの支援を受けていたにもかかわらず，接触した世帯数73,589世帯，質問紙回答者36,151人，面接した候補者8,253人，応募に署名した者427人に対して，実際に入隊したのはわずか168人で，無惨な結果に終わっている。その後クリーヴランド方式は改良を重ね，全国で使用されることになる[10]。

このクリーヴランドWAAC隊員募集キャンペーンの広報を申し出たのはウィードである。ウィードは精力的にこれに協力し，やがて自らWACに志願する。同年5月，事務所を閉鎖してWACに入隊したウィードは基礎的訓練ののち，1944年8月陸軍少尉に任官され，1945年までWACの広報担当官として志願者の徴募業務に携わる。その後，ノースウェスタン大学民事要員訓練所日本研究コースで20人の女性隊員を日本占領のスタッフとして養成する計画があることを知り，これに応募し難関を突破して選抜される。1945年10月26日，占領開始ともにウィードを含む19人のWAC隊員は第一次輸送船部隊とともに横須賀港に入港する[11]。

日本で何らかの形で女性の教育に携わりたいという希望を表明したウィードは，直ちにCIE企画・実施班に設置された女性情報サブ・ユニットに配属され，女性情報担当官に任命される。以来占領終了まで，かつての新聞記者，団体やWACでの広報活動の経験をフルに生かして，女性の地位向上のための政策立案・実施，政治・経済・社会的分野の女性の再教育と民主化のための情報プログラムを作成・普及し，女性選挙権行使キャンペーン[12]，婦人団体の組織化と民主化[13]，婦人少年局の設立，民法改正[14]に尽力する。

1946年9月23日には，民主的婦人団体組織化の功績が認められて陸軍特別賞（Army Commemoration Ribbon）を授けられる。1947年に中尉に昇格後，WACの軍籍を離れたウィードは文官として占領終了まで仕事を続け，1952年4月に帰国する。その後ニューヨーク，1969年からはコネチカット州ニュートンでアジア関係の専門書店を開き，日本の紹介に専念する。占領時代から親交を続けてきた日本政府関係者や民間団体のリーダーに招かれて1971年に来日している。1975年肺炎のためニュートンで死去した。

第2章　エセル・ウィードと女性政策

◆ **女性問題担当室**

　ウィードの所属するCIE情報課女性情報担当班（通称女性問題担当室　以下通称により表記）は占領機構のなかでどのような位置にあり，どのような任務が課せられていたのであろうか。

　CIEの組織上の編成は以下の三期に分けることができる。第一期（GHQ設置から1946年5月）は，初代局長K.ダイク准将のもと，総務，教育・宗教，新聞・出版，放送，映画，企画，調査・分析の担当から出発し，46年1月，教育と宗教が分離，映画に演劇が加わり，新たに言語，図書，美術・史跡の担当が置かれた。第二期（1946年6月から48年4月）には課（ディビジョン）・班（ユニット）制度が導入され，総務，教育，宗教，情報（新聞・出版，放送，映画・演劇，図書，中央映画配給，政策・企画などの班を含む），調査・分析，美術・史跡の6課が置かれた。第三期（1948年5月から占領終了まで）は，課の下に係（ブランチ）制度が導入されたCIEの典型的組織となり，1948年後半には，総務課，教育課，宗教・文化資源課，情報課，世論・社会調査課の5課構成となる[15]。

　情報課の任務は，あらゆる公的情報メディアを通して日本人に民主的思想及び原則を普及することによって，言論・出版・集会の自由を確立することとされた。初期には労働運動の助長なども担当する。情報課には，新聞・出版係，放送係，映画・演劇係，情報センター係，企画係，中央映画配給係が置かれた。

　ウィードが最初に配属された企画班は，CIEの機構改革にともない，情報課企画係女性情報担当に名称が変わった。企画係は，A.ベアストック大尉，W.ヒックス中尉，T.塚本中尉とともに特別プロジェクトを担当して，日本人に豊富な情報を提供し，ポツダム宣言や初期占領政策に基づく非軍事化・民主化の実施に大きな役割を果たし，労働運動，農民運動，女性運動の助長に尽くしている。これは情報収集を業務とする民間諜報局とは全く機能を異にしている[16]。

　このように，ウィードが配置された女性問題担当室は，初めは一人のスタッフで占領機構の片隅に位置し，日本女性の政治，経済，社会的地位向上を支援するための関連情報の提供を任務とし，特に婦人団体を担当する。しかし，次第に，女性問題に関する政策の中心的な機能を果たすようになり，①GHQ/SCAPの他のセクションや地方軍政部の担当者，日本の政府機関，婦人団体等との連絡調整，②新聞，ラジオ，集会，展示会，図書館，公民館による地方向

け情報事業の企画，③関連資料の作成，を主な仕事とするようになる[17]。

◇ **女性政策推進ネットワーク**

　以上のように，ウィードのセクションは，女性政策推進のための連絡調整機能をもっていたことから，GHQ 内部の女性職員や日本の女性指導者と連携して「女性政策推進ネットワーク」[18] を形成し，次第に占領政策の意思決定過程において重要な役割を果たすようになる。ここでいう「女性政策推進ネットワーク」とは，日本における女性の権利確立政策の事実上の推進力となった，占領軍内部の中・下級の女性職員（男性職員も含む）と，彼らとの密接な協力のもとに政策形成に努めた指導的な日本女性のグループや行政担当者からなる非公式でゆるやかな組織である。スーザン・ファーはこれを「同盟」と命名しているが，ここでは，網目状の双方向型の組織を意味する「ネットワーク」という用語を使用する。その理由は，第一に，広辞苑によれば，「同盟」は「個人・団体もしくは国家が互いに共同の目的のために同一の行動をとることを約すること。また，その結果として成立した提携関係」とあり，その意味内容は当時の女性たちの活動の実態と乖離しているからである。第二に，最初ウィードによって形成されたネットワークは次第に網の目のように自在に形成され広がっていったことが挙げられる。後に農林省生活改善課長になった山本松代は，「自分で考えて自分の仕事をやることは以前にはなかったが，当時は自分がグループを作ってやるしかなかった。一人ではやれなかったことを上下関係ではなく横の関係でつながっていく民主社会の始まりがこの時代に芽生え，新しい力の作り方を学んだ」と証言している[19]。第三に，男女共学や女子大学の設立など女性問題の具体的な内容によっては，CIE 教育課のドノヴァンやホームズなど GHQ の他の部署の担当官が政策立案・実施のイニシアティブをとり，ネットワークを活用し拡大しているからである。

　このような女性たちのネットワークはどのようにして形成されたのであろうか。まず，ウィードの仕事に対する構えが挙げられる。ウィードはノースウェスタン大学民事要員訓練所で 6 ヵ月の日本研究コースを受講したが，日本についての知識は十分ではなく，日本語も理解できなかった。また，日米の女性参政権運動についてもほとんど知識がなかったので，日本の文化・風習から女性

運動に至るまで深い関心をもち，謙虚に学ぶ姿勢で臨んだことである。ウィードは，戦前からの婦選運動家や1920年代から30年代に活躍した女性指導者と積極的に会い，顧問や協力者となるように要請する。そして彼女たちから情報を得るとともに，熱心に陳情や意見に耳を傾けた。

　ウィードは最初に，戦前日本の産児制限運動の指導者で，人民戦線事件で投獄されたことがある加藤シヅエを女性問題の私的顧問として抜擢する。1935年にビーアドの指導のもとで著した自叙伝，*Facing Two Ways* [20] がベストセラーとなり，日本文化を理解する好書として欧米で高く評価され，加藤（当時，石本静枝）の名前は，一躍アメリカの知識人の間で広く知られるようになる。1937年の彼女の逮捕についての苦難の物語はニューヨーク・タイムズなどアメリカのメディアで大きく報道されこともあり，本書は戦時中日本研究コースの日本理解のテキストとして占領軍スタッフに広く読まれていた[21]。1941年から44年に整備された諜報機関 OSS のレポートには，本書を参照して，「反軍国主義者で，アメリカに友好的であり，軍部で利用できる人物」として加藤の名前が挙げられている[22]。このような理由で加藤が抜擢されたのである。ビーアドはウィードが加藤を女性問題顧問にしたことについて，「加藤の存在は，歴史において女性が常に抑圧されてきたというフェミニストの教義は誤りであるというわたしの主張が正しいことを証明している。加藤を女性問題顧問として協力者にしたことは重要な立場にあるあなたにとって幸運である」と述べている[23]。

　1945年11月2日，ウィードは加藤と女性選挙権行使推進方策について協議し，CIE のための「婦人諮問委員会」を組織することを決める。11月21日羽仁説子を加えて協議し，「婦人諮問委員会」のメンバーを，加藤シヅエ，羽仁説子，山本杉，佐多稲子，山室民子，赤松常子，宮本百合子，松岡洋子の8人に決定する。これらのメンバーは11月29日に会合をもち，ウィードの指導のもとに民主的女性団体の典型として評価される「婦人民主クラブ」の結成に合意する。

　11月2日，「新日本婦人同盟」の市川房枝と藤田たきに会い，戦前・戦後の婦選運動，新日本婦人同盟の活動，参政権獲得運動を目的とする団体について情報を得る。市川とウィードはその後も会合を重ね，12月17日（改正選挙法公布の日）に「新日本婦人同盟」を含む10女性団体主催による大会の開催を決めている。ウィードは，このようにして有力な女指導者と接することによって日

I　女性解放をめぐる占領政策の特質

本の女性団体の当面している課題を把握したのである。

このほか、ガントレット恒子（農村地域の女性団体，性教育），石田あや（社会教育），鷺沼登美枝（女性の政治参加推進のための新聞記者の役割），久米愛・渡辺道子・川島武宜（民法改正），山川菊栄（初代婦人少年局長）等と接触し，連携の輪を拡げていった。

GHQの側には，CIE，経済科学局（Economic and Scientific Section, 以後ESSと表記）労働課，地方軍政部などの担当官，顧問やコンサルタントとして来日した女性たちがいた。例えば、CIE情報課では，D．リンゼイ（ラジオ課），M．ミッチェル（新聞・出版課），E．スペンス（新聞・出版課），M．ストーン（女性問題・企画），M．グレラム（女性問題・企画），CIE教育課では，E．ドノヴァン（女子教育），L．ホームズ（女子高等教育顧問），D．コクレン（女性問題コンサルタント），民政局（Government Section, 以後GSと表記）のB．シロタ（憲法），ESS労働課のG．スタンダー（労働基準法），地方軍政部ではM．ギャグナー（第八軍，女性問題担当），J．スミス（東京軍政部，教育担当）などである。彼らの多くはWACの将校たちで，基礎的な軍事訓練，幹部候補生としてのリーダーシップ養成訓練，日本占領に関する基本的政策，日本研究をともに学んだ仲間である[24]。

また，加藤をウィードのところへ連れてきた情報課企画班の塚本太郎（労働運動・農民運動担当），GSのP．K．ロウスト（マッカーサー憲法人権条項起草）など女性の人権に関心をもつ男性スタッフとも連携している。

これらのGHQの担当官と日本の女性指導者を結びつける役割を果たしたのがウィードの通訳や助手，アドバイザーとして活躍した女性たち，椛島敏子，河北（伊藤）和子，島崎ちふみ，富田（高橋）展子，笠原よし子である。彼らは，日本女性の実態調査，女性問題に関する情報収集，協力者についての助言，政府機関や他の部署の担当との連絡を通して，政策の方向づけを水面下で誘導する。

彼らは中央での女性指導者とウィードとの連携に貢献しただけではなく，一般女性への橋渡しにも大きな役割を果たしている。ウィードは，自分の考えが人々にどのように受け取られるか彼らの意見を聞いて事前に検討して，地方での講演に臨んだ。1945年10月末に加藤の紹介で最初にウィードの助手となった

第2章 エセル・ウィードと女性政策

左から高橋展子，椛島敏子，ウィード，伊藤和子

椛島は当時のウィードとの仕事と人柄について次のように語っている[25]。

　女性問題担当室には後にグレラムが担当として加わり，日本人では　富田（高橋），河北（伊藤）が助手として採用された。最初の仕事は女性政策を立案するにあたって戦前からの指導者にコンタクトをとることであった。ほとんどの人選は加藤がおこなったが，椛島も提案した。

　重要な活動として，1946年2月静岡から始まった共同通信がアレンジした全国遊説がある。地方紙と連携して小規模会合や大集会がおこなわれ，団体の民主化について講演した。団体は上から指導することは間違っているといった進歩的な話の内容で，一般の女性たちにわかりやすいように話をする工夫は通訳に任された。地方遊説は次第に規模が大きくなり，CIE教育課のドノヴァン，ホームズや公衆衛生の担当官も加わり，映画など視聴覚機器を駆使して2日間にわたっておこなわれるようになった。聴衆は，はじめは上からの指示で集められた者が多かったが，1万人が参集した横浜の集会は，

Ⅰ　女性解放をめぐる占領政策の特質

自発的意志での参加が増えた。中には老人や赤ちゃんをおんぶした女性たちもいた。

　ウィードは，学者でも女性運動家でもなかった。日本の女性に少しでも多く学びたいという熱意をもった謙虚な人柄で，敗戦国の女性のために懸命に努力していることが伝わってくるような人間愛を人々は高く評価した。彼女の周りに集まった人々はまた次の人を呼び寄せるというように自然と次第に協力の輪が広がっていった。

　ウィードとのネットワークは日本の女性指導者にとって非常に大きなメリットがあると認識されていた。それは市川房枝の次の発言からうかがうことができる。「ウィードとは週に1〜2回参政権行使の方策を話合っているが，彼女は世界各国の女性運動に関する情報をもっており，素晴らしい人物である。彼女から日本女性の政治教育について数多くのアドバイス受けている」[26]。

　ウィードは，上層部に細部にわたる明確な女性政策の方針がなかったことも幸いして，上層部の意図を越えて女性政策推進ネットワークを利用して女性たちのブロックを形成し，女性選挙権行使キャンペーン，婦人団体の組織化と民主化，婦人少年局の設立，民法改正を進めたのである。

　ネットワークを形成した日本女性指導者は，民主化のための再教育を遂行する上で有用な人材としてGHQによって選び抜かれたエリートの女性たちである。彼らは，男性の分野に進出した女性労働者の問題や売春問題をアジェンダの射程から退け，迅速且つ適切な解決に対応できず，問題を先送りしたので，女性政策推進ネットワークは政策実施主体として限界があった。しかしながら，そのことによって占領期の女性政策を理解する上で女性政策推進ネットワークの存在と分析枠組みとしての意義は低められることはないであろう。

## 4　選挙権行使のための情報事業

### ◎女性を投票させるための情報プラン

　選挙制度改革に関するマッカーサーの唯一の指令は五大改革指令の冒頭に掲げられた「女性選挙権付与」である。1945年12月17日改正選挙法制定と同時に

第2章　エセル・ウィードと女性政策

全国遊説中のウィード（1946年）　エセル・ウィード（右）と椛島敏子（左）

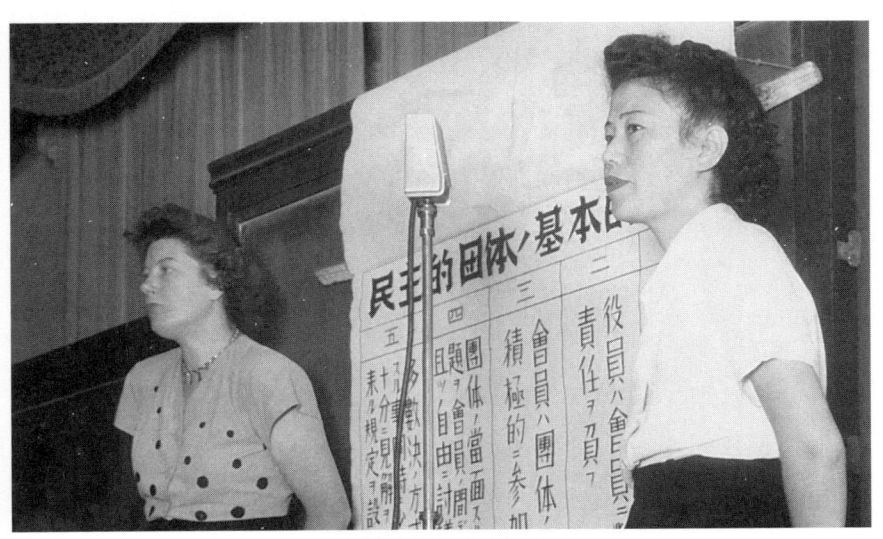

団体の民主化の講演

Ⅰ　女性解放をめぐる占領政策の特質

中央：　エセル・ウィード（左）と椛島敏子（右）

横浜市体育館　1万人参加

議会は解散され、新たな総選挙の準備が開始される。日本政府は1946年1月24日に選挙を実施する予定であったが、1月4日付連合国軍最高司令官指令(特定の政治団体の廃止、公職追放・排除、候補者の資格審査)の対処に時間がかかるため、投票日を延期して4月10日と決定する[27]。

この間選挙を普及させるための広報活動が盛んにおこなわれた。初めて選挙権を行使するという意味と行為を女性たちはどのように学んでいったのであろうか。政治教育の機会を提供したのはウィードと「婦人諸問委員会」や「新日本婦人同盟」のメンバーたちである。ウィードは女性指導者たちとの協議をもとに、下記の「女性を投票させるための情報プラン」[28]を作成する。この提案書は、選挙での女性の聡明な選挙権行使を勧告する1946年2月3日付CIEダイク局長の覚書[29]に添付してCIEの各課長に送付される。

1　目標
　①来る選挙において女性が広範に聡明な選挙権行使をすること
　②選挙を民主的な女性運動を促進させる手段として利用すること
　③日本人自身で自主的に情報・教育プログラムを実施できるよう女性指導者を訓練すること
　④女性の政治への参加は民主的社会に不可欠な要素であることを示すこと
2　指導理念
　①選挙は女性の福祉と直接的な関係がある
　②選挙権を行使し女性と民主主義の目標を助長することにより、民主主義諸国の女性の尊敬と支持を得ることができる
　③諸外国の女性と同様に日本女性も賢明な選挙権行使により地位を向上させることが可能であり、地位向上のための世界運動の一環となる
3　方法
　①CIE職員は選挙に関心のある主な女性グループと会合をもち、「情報プラン」を討議材料として提示し、各グループのプランをこれに合わせるように調整し実施するよう要請する
　②企画課女性問題担当は、内務・文部・厚生省内の関係課とプランの全体又は一部について討議し、責任をもって特別プロジェクトを実施するよう要請する

I 女性解放をめぐる占領政策の特質

新日本婦人同盟のメンバーと共にプログラムを検討中のウィード（中央）
左から2人目：田中寿美子、3人目：斉藤きえ、4人目：藤田たき

③メディア課の各責任者は，キャンペーン期間中，毎週会議を開き，全てのプロジェクトに注意を払い，時間調整をおこなうこと
④このプランは選挙に関する一般情報計画と常に調整をはかり，女性問題と他の選挙関連情報の目標とを適切に関連づけること

4　メディア・プラン（省略）

　投票は女性の日常生活と密接に関係し，民主社会と女性の地位向上に寄与することを強調し，広報手法を具体的に提示したウィードの情報プランは，GHQの各部署の了承を得て実行に移される。ウィードは，CIEの関係部署の担当と綿密な打ち合わせをおこない，ラジオ，新聞，雑誌，ポスター，映画，演劇，団体，学校などあらゆる媒体を駆使して，キャンペーンを展開する。当時は紙不足のため，特にラジオ番組の企画・制作に力が注がれる[30]。

## ◆女性選挙権は婦選運動の賜物

　キャンペーンの一環としてウィードの全国遊説が GHQ / SCAP・CIE，地方軍政部，地方教育委員会，新聞社との提携で，静岡市（1946年2月12日）から始まった。その講演内容は地方新聞で大々的に報道され[31]，女性の選挙権行使に大きな役割を果たしている。その一つ新潟日報はつぎのようなウィードのメッセージを伝えている。

　　世界の国々では今度の選挙に日本の婦人が如何なる行動をとるかと注目してをります。日本人は兎角婦人参政権はマッカーサー元帥から与えられたもので，自らの手で獲得したものでないと卑下してゐますが，選挙権は男女の別を問わず，一定の年齢に達した人間にはすべて与えられる性質のものです。日本でもずっと以前から婦選獲得の運動が続けられてをり，もし戦争が起こらなかったらとつくに議会を通過して日本婦人自らの手によって獲得されてゐたに違いありません（3月23日付新潟日報）。

　ここでは，選挙権はマッカーサーからの贈り物ではなく，日本女性の戦前からの選挙権獲得運動の賜物であり，日本女性は過去において「力」を発揮したことを認識し，自信をもって新しい社会の建設に努める責務を強調している。ウィードのこの主張は，在任期間が終わる1952年まで繰り返し表明され[32]，数多くの日本女性を勇気づけてきた[33]。

　このような努力の結果，初めて女性有権者が参加した1946年の選挙では，約2,000万人の全女性有権者中1,300万人（66％）が投票，79人の女性候補者中約半数の39人が当選し，日本はもちろん，世界の人々を驚かせたのである。

　では，ウィードはなぜ「選挙権は日本女性による婦選運動の賜物」であると主張するに至ったのであろうか。第一に，ウィードが日本の女性指導者と接して婦選運動の歴史を直接聞き学んだからであろう。第二の要因を解き明かす鍵はウィード＝ビーアド往復書簡にある。1946年2月8日付ウィード宛書簡にはビーアドの助言と激励の言葉が以下の通り記されている[34]。

　　選挙後の日本の女性運動活性化のために，アメリカの女性は何をするべき

## I　女性解放をめぐる占領政策の特質

かという質問についてわたしは真剣に考えてみた。……日本の女性に必要なことは歴史的に女性がもつ力を基盤として，現在のために創造的な知性を構築することである。……1922年から1923年にかけて日本を訪問したとき，個人的に知り合った女性たちは，民主的な未来に向けて運動を指導していた。もしも彼らに機会が与えられるならば，立派に運動を進めることができるであろう。……繊細な感覚と知性を備えたアメリカの女性が応援するならば，彼らは勇気づけられ，希望に満ち，自分たちの力を認めるようになるであろう。あなたこそが彼らを援助し激励するのに最もふさわしい人物だと思う。

1947年2月12日付書簡で，ビーアドの助言と激励に応えてウィードは次のように述べている[35]。

わたしは日本女性が今までの評価よりも遥かに国に貢献してきたと確信している。マッカーサーによってなされたことはすべて，日本女性の過去の業績の結実であり，平等機会への希求であり，男女が協力して新しい社会をつくりあげなければならないという強い意思のあらわれであるということを，これからも引き続き強調することが重要だと思う。

歴史家ビーアドが生涯を通して唱え続けてきた命題は，女性は無視されてきたが，常に社会において真の力をもち，「一つの力」として歴史を動かしてきたという主張である。ウィードは「ビーアド女史は日本での仕事を勇気づけ鼓舞してくれる大きなよりどころとなっている」と述べていることから，ビーアドの思想に共鳴し，過去の歴史において「力」を発揮した活躍を想起させて日本女性を力づけようとしたのである。

オックスフォード英語辞典（OED）では，「エンパワーメント」は，「権力，あるいは権威を法的，もしくは正式に授ける」とあり，女性のエンパワーメントは，制度への女性の参加の拡大を意味している。「女性選挙権はマッカーサーによる付与」とする言説はOEDのエンパワーメント概念に対応する。1995年の第4回世界女性会議において採択された北京行動綱領では，「エンパワーメント」は「力をつけること」と再定義され，女性の主体形成と社会変革のた

第2章　エセル・ウィードと女性政策

めの自律的組織化を重視し，女性たちの意識変革を含む下からの運動によって民主化を達成することを目的としている。「女性選挙権は戦前からの婦選運動の賜物」という言説は後者の概念に対応しているといえよう。

占領期において，日米の女性たちが女性の地位向上のために集団の力を発揮して戦後改革を推進した歴史的事実を学び，意味づけることは，60年を経過した今日，バックラッシュに立ち向かい現代史を主体的に作り上げようとしている私たちを大いに勇気づけることになるであろう。

注
1）日本占領と女性解放に関する代表的な先行研究として，以下の論文がある。依田精一「占領政策における婦人解放」中村隆英編『占領期日本の経済と政治』東京大学出版会，1979年，pp.267-300. スーザン・ファー「女性の権利をめぐる政治」坂本義和・R. E. ウォード編『日本占領の研究』東京大学出版会，1987年，pp.459-504. 山崎紫生「投票する女性―婦人参政権行使のための占領軍の政策」『高崎商科短期大学紀要』創刊号1988年12月，pp.93-115. GHQの女子労働政策に関しては，G. Mieko Nomura, "The Allied Occupation of Japan: Reform of Japanese Government Labor Policy on Women," a dissertation to the Graduate Division of the University of Hawaii in partial fulfillment of the requirements for the degree of Doctor of Philosophy in History, December 1978. があげられる。依田は，占領政策の進歩的な側面とその限界を指摘した先駆的な研究をおこない，ファーと山崎は，GHQの占領政策資料と日本女性に対するインタビュー（ファー）に基づいて，日米の女性による女性政策同盟がGHQ上層政策決定者の意図を越えて女性の地位向上をすすめるに至った政治過程を明らかにした。2，3章は，これらの研究成果をふまえ，さらに，占領期における日米の女性運動と女性政策の関連，国連の女性政策との関連を視野に入れて当時の女性政策の特質を考察する。最近の研究として，Mire Koikari, "Gender, Power, and Politics in the United States Occupation of Japan, 1945-1952," A dissertation submitted in partial fulfillment of the requirements for the degree of Doctor of Philosophy (Sociology) at the University of Wisconsin, 1997. Mariko Ogawa, "Women's Liberation under the U.S. Occupation in Japan," A thesis submitted in partial fulfillment of the requirements for the degree of Master of Science at Mankato States University, 1997. 豊田真穂「アメリカ占領下の日本における女性労働改革―保護と平等をめぐる論争を中心に」『アメリカ研究』第23号，2000年8月，pp.43-59 があげられる。これらの論文では，女性政策の特質を女性の連携に求めることの限界が示されており，これらのコメントも考慮して論じる。
2）市川房枝監修『戦後婦人の動向―婦人の民主化を中心として』婦選会館，1969年，p.2.
3）山崎，前掲論文，p.100.
4）ビーアドからウィードへの書簡（1946年8月15日付）(Sophia Smith Collection, Smith

Ⅰ　女性解放をめぐる占領政策の特質

　　　College Library 所蔵。以下同様)
　5）CIE, "Memorandum to Chief, CIE from E. Weed, 29 August 1946: Request for Information for American Historian Mrs. Mary Beard," *GHQ/SCAP Records,* Box no. 5246.
　6）CIE,"Check Sheet, 17 Sept. 1946: Request for Information for American Historian Mrs. Mary R. Beard," *ibid.* ウィードから ビーアドへの書簡（1946年10月19日）.
　7）竹前栄治・中村隆英監修，天川晃・荒敬・竹前栄治・中村隆英編集『GHQ日本占領史　10　選挙制度の改革』（小松浩解説・訳）日本図書センター，1996年, pp.11-12.
　8）歴史学研究会編『日本同時代史1　敗戦と占領』青木書店，1990年，p.103.
　9）「婦人議員39名マ元帥を訪問」（『読売報知新聞』1946年6月21日）市川房枝編『日本婦人問題資料集成』第2巻，ドメス出版，1978年，p.640.
　10）Mattie E. Treadwell, *U.S. Army in World War II: Special Studies The Women's Army Corps,* Department of the Army, 1954, pp.188-189.
　11）Donovan, *The Papers of Eileen R. Donovan,* The National Institute for Education Research of Japan, Photographed by Satow, Hideo at Tampa, Florida on 6 September 1986.
　　10月13日付モンテレー駐屯所の移動命令書（No.17）には，19人の陸軍女性部隊員の氏名が掲載されている。
　　大尉（Capt.）
　　　　257　Barr, Maxine（経済科学局）　　258　Britt, Catherine V.
　　　　259　Fallon, Frances E.（天然資源局）　260　Martinelli, Alba C.
　　　　261　Mitchell, Marian P.（民間情報教育局）262　Mosses, Hrriet N.（経済科学局）
　　　　263　Muni, Dorothy R.（統計資料局）　264　O'Brien, Gensvieve K.（統計資料局）
　　　　265　Pflaumer, Matilda（民間情報教育局）266　Reynolds, Fannie J.（経済科学局）
　　中尉（1st Lt.）
　　　　267　Crew, Glenna K.　　　　　　　　268　Donovan, Eileen R.（民間情報教育局）
　　　　269　Friend, Charlotte E.（統計資料局）270　Hyldahl, Gabrielle V.
　　　　271　Kramer, Clara E.　　　　　　　　272　Lloyd-Jones, Caroline（民政局）
　　　　273　Preble, Laura E.（経済科学局）
　　中尉（2nd Lt.）
　　　　274　Shine, Bernice C.（民間情報教育局）275　Weed, Ethel B.（民間情報教育局）
　　乗船リストには掲載されていないが，公衆衛生福祉局で看護課長を務めたオルト大尉（ALT, Grace E.）が1945年10月に就任している。オルトを含めると戦後最初に20人のWACのメンバーが日本に送られたことになる。
　12）女性選挙権行使キャンペーンについては以下の論文参照。山崎紫生「投票する女性―婦人参政権行使のための占領軍の政策」『高崎商科短期大学紀要』，創刊号1988年12月，pp.93-116.
　13）婦人団体については，9章参照。
　14）民法改正については以下の論文を参照されたい。土屋（森口）由香「アメリカの対日占領政策における民法改正―女性の法的地位をめぐって」『アメリカ研究』29，1995, pp.155-176.
　15）竹前栄治『GHQ』岩波書店，1983年, pp.116-128. 国立教育研究所『戦後教育改革資

料 2：連合国軍最高司令官総司令部民間情報教育局の人事と機構』（昭和56年度〜昭和58年度文部省科学研究費補助金総合研究（A）「連合国軍の対日教育政策に関する調査研究」報告書，研究代表者：佐藤秀夫，昭和59年3月．
16）竹前，同上書，p.125．
17）CIE, "Women's Affairs Officers," *GHQ / SCAP Records,* Box no.2879. 1948年に京都で開催された CIE 女性問題会議で女性情報担当官メリー・エレン・グレラムは女性問題担当室の目標を5項目挙げ，これらは連絡機能と継続的な女性情報プログラムによる指導によって達成されるとして，具体的取り組みを示している．
  目標
  （1）新憲法で保障された権利の啓発による再教育をする
  （2）女性の地位向上のためのあらゆる方法を情報提供し女性指導者からの支持を得る
  （3）婦人団体を再組織し，女性のための成人教育施設として，また，地域活動への集団的参加の媒体として有効なものにする
  （4）個人として，団体の一員として，女性の公的生活への参加を促進する
  （5）労働省婦人少年局の職員の威信と地位を擁護し，占領終了後も引き続き女性問題担当としての任務を果たせるようにする
  具体的な取り組み
  （1）連絡
    ①女性問題に関する地方軍政部担当官との連絡
    ②都道府県，市，男女の有力者，団体との連絡
    ③政府機関との連絡（婦人少年局，社会教育局，選ばれた女性行政官，婦人労働監督官，視学官，女性の民生委員など）
    ④民間団体（婦人団体，労働組合婦人部，政党婦人部，指導的有職女性，消費者組合，農業協同組合，PTA，男女混合の団体など）
  （2）地方の女性情報プログラム
    ①地方新聞の週間婦人欄
    ②ラジオ番組（女性及び女性問題に関する番組，女性が参加している番組，特に女性のために企画された番組）
    ③集会，討論会，女性のための訓練コース（男女向けの者も含む）
    ④女性に知らせる目的で企画された展覧会
    ⑤ポスター，パンフレット，リーフレット，紙芝居
    ⑥CIE 読書室の婦人コーナー，図書館，公民館
  （3）資料（省略）
18）女性政策推進ネットワークについて，スーザン・ファーは「女性政策同盟」と命名して以下の著書で分析している．ファー，前掲書，pp.461-462，485-499．また，山崎紫生は，占領初期に女性政策推進のための連帯関係が成立しており驚くべき効果をもたらしたことを以下の論文で指摘している．山崎紫生「占領初期（1945〜1947年）の婦人政策にみる女性の役割その1」『婦人展望』1986年7月号，pp.12-13.
19）上村による山本松代へのインタビュー（1992年2月19日，農林省生活技術研修館）

I 女性解放をめぐる占領政策の特質

20) Shizue Ishimoto, *Facing Two Ways, The Story of My Life,* New York : Farrar & Rinehart, 1935. 翻訳は以下の通り。加藤シヅエ著・船橋邦子訳『ふたつの文化のはざまから 大正デモクラシーを生きた女 FACING TWO WAYS』不二出版、1994年.
21) 上村による加藤シヅエへのインタビュー（1989年5月25日、加藤シヅエ宅）。
22) Helen M. Hopper, "Kato Shizue, Socialist Party MP, and Occupation Reforms Affecting Women, 1945-1948: A Case Study of the Formal vs. Informal Political Influence of Japanese Women," *The Occupation of Japan, Educational and Social Reform* (The Proceedings of a Symposium and Webb Center, Old Dominion University Sponsored by The MacArthur Memorial Foundation, October 16-18, 1980), Norfolk: Gatling Printing and Publishing Co., 1982, p.378.
23) 1946年2月8日付ビーアドからウィードへの書簡。
24) WACでの訓練内容については、Mattie E. Treadwell, *op.cit.* 参照。
25) 上村による椛島敏子へのインタビュー（1992年2月4日、ヒルトンホテル）。
西清子編著『占領下の日本婦人政策：その歴史と証言』ドメス出版、1985年。縫田曄子・椛島敏子「あらゆる分野への全面参加：インタビュー 占領初期の婦人対策に参集した椛島敏子さん」『婦人展望』365号、1986年、pp.12-16.
26) CIE, "Civil Education of Women (A Conversazione)" *GHQ / SCAP Records,* Box no.5250, Folder title: Politics, Political Education. 女性の選挙権行使を前にして文部省が主催した、「女性のための公民教育」について有識者の意見を聞く懇談会での発言である。出席者は市川房枝、羽仁説子、高良トミ、海後宗臣、関口泰など。
27) マッカーサーは、選挙の延期は保守主義者に再結集の機会を与え、それを強化するに過ぎないという状況を考慮して、また極東委員会の介入を避けるために、4月9日、声明を発表して、選挙のこれ以上の延期を牽制する。（竹前栄治・中村隆英監修、天川晃・荒敬・竹前栄治・中村隆英・三和良一編集『GHQ日本占領史10選挙制度の改革』日本図書センター、pp.14-15）
28) "Information Plan to Get Women to Vote"（下記のダイク局長の覚書に添付）
29) CIE, Memorandum to Division Chiefs from Ken R. Dyke, Chief CI&E Section, 3 Feb. 1946. *GHQ / SCAP Records,* Box no.5246.
30) 詳細については下記の論文参照。山崎、前掲論文、pp.108-111. 飯森彬彦「占領下における女性対象番組の系譜・1：『婦人の時間』の復活」『放送研究と調査』1990年11月号、pp.2-19.
(31) たとえば以下の新聞報道がある。
　1946年2月12日（静岡新聞）　「ウィード中尉を囲み婦人問題を懇話」
　　　　3月19日（秋田魁新聞）「婦人問題をウィード女史に聞く上」
　　　　3月20日（秋田魁新聞）「婦人問題をウィード女史に聞く下」
　　　　3月21日（新潟日報）　「平和国家の建設へ——よりよき生活は貴方達の手で、ウ中尉婦人の自覚を懇請」
　　　　3月23日（新潟日報）　「女性解放の途、候補者をよく吟味して、投票には誘い合って」
　　　　4月8日（埼玉新聞）　「ウィード中尉を囲んで、婦人参政座談を果たしまし

ょう，家庭で候補者批判会，党に入れるか個人か」
32) 1951年9月19日，戦後初めて開催された文部省主催の全国婦人教育担当者会議（福島県湯本町公民館）でウィードは，次のように述べている。「私は婦人参政権について，これは与えられたものであるから長つづきするものではないという事をきくが，これは全世界の歴史的結果として世界の婦人が政治的にも経済的にも同一権利をもつものとして必然的に生じたものであって，マッカーサー元帥の個人的計画のもとになされたものではない。日本が戦争をしなければ必然的に或いはもっと早く参政権をもったかもしれない」。
33) 日本女性学習財団「シリーズ〔戦後60＋1からのステップ①〕対談：日本女性たちは何を切り拓き，獲得してきたか（前編）―占領政策・婦人解放を起点として」『We learn ウイ・ラーン』Vol.638, 2006年1月, p.6.
34) 1946年2月8日付ビーアドからウィードへの書簡。
35) 1947年2月12日付ウィードからビーアドへの書簡。

第3章
# 労働省婦人少年局の設立過程

## 1 はじめに

　労働省婦人少年局の設立は占領期女性政策のハイライトである。本章では，1946年1月から1947年8月までの婦人少年局の設立過程と1949年の行政改革下の婦人少年局存続運動を取り上げ，これらに深く関わったウィードの意図と役割を明らかにし，占領期女性政策の特質とその歴史的な意義を考察する。

　労働省婦人少年局は，日本女性の社会的政治的地位向上を実現するために設置され，女性を局長にしたわが国で最初の政府機関である[1]。日本政府の中にこのような婦人局（Women's Bureau，のちに婦人少年局と表記）をつくるという計画は占領の初期からのもので，1946年1月9日，CIEダイク局長が「婦人諮問委員会」メンバーに意見を求め，女性たちはその提案に賛成する。選挙後，女性運動が政党レベルで組織され，社会党婦人部が中心となり，他の政党婦人部によって支持されたプロジェクトによって計画が進められる。やがて日本の女性指導者の間で，女性問題を一括して扱う婦人局の設置を要望する声が高くなると，婦人局をどこに設置するかをめぐって意見の対立が表面化する。婦人局の設置が初めて議題にのぼった1946年1月9日から，新設の労働省内に婦人少年局が設置されるに至った1947年9月1日までの1年8ヵ月間，婦人局の機構上の位置づけ，組織とその規模，機能等について，さまざまな議論が闘わされた。ここでは，この時期における労働省婦人少年局の設立過程を，①独立の婦人局設立をめぐるGHQ内部での意見の対立と譲歩（1946年5月8日〜8月27日），②日本の女性指導者内部での意見の調整（1946年12月〜47年1月），③GHQ

と日本政府間,日本政府内における意見の調整（1947年2月〜8月）の三つのステージに便宜上区分して考察する。さらに行政改革で存亡の危機に陥った婦人少年局の存続運動に対するウィードの支援を検討し，その意図と手法を解明する。結論を先取りして言うと，ウィードはGHQの上層部の方針に譲歩しつつ，さまざまな立場の意見の調整にリーダーシップを発揮して，アメリカの婦人局の機能を超えた，あらゆる女性の地位向上を目的とする婦人少年局の設置と存続を支援することに成功したのである。

## 2　婦人少年局の設立過程

### ◇ GHQ内部での意見の調整

**ウィードの婦人局内務省内設置案**

　婦人局をどこに設置するかをめぐってGHQ内部で意見の対立が表面化するのは，1946年5月8日付CIE覚書[2]がきっかけである。この覚書は，日本の女性指導者との協議と勧告に基づいてウィードを中心とするCIE女性職員によって作成され，女性の地位向上に関するあらゆる業務をおこなう婦人局を内務省内に設置することを提案した文書で，民間情報教育局長と民政局長宛に提出された。

　婦人局の内務省内設置を提案する理由として，現行の政府機構のもとでは，①各省が女性問題の一部を部分的に取り扱っており，また，重複もみられる，②女性問題を扱っている課は行政組織の下位の地位にあり実質的な権力を行使できない，③女性問題の企画の責任は，その仕事の訓練を受けていない男性職員に任されているため，女性職員の意見を反映することができない，などの点を挙げている。このような状況を改善するために，日本社会における女性の地位向上に関して全面的な責任を負う，単独の政府機関の創設を要望したのである。この機関の目的は，女性労働者，消費者，家庭主婦，家計，成人教育，農業に従事する女性，商業や専門職に従事する女性，女性公務員，職業ガイダンスなど全ての女性問題を扱う権限をもち，さらに，日本社会の中での女性の地位について，また，新たに努力すべき分野や新しい問題とその解決方法に関する研究を主導することとなっていた。すなわち，この覚書には，内政を扱う省

の中でも最も重要な省である内務省の中に特別の局を設置し、女性のイニシアティブのもとで女性の地位向上を推進すべきであるという大胆な提案が示されていた。しかし、それは8月までの3ヵ月間、GHQ上層部によって検討議題として取り上げられることなく放置されたままになっていた。

ヘレン・ミアーズの提案

1946年4月、GHQの招請によりアメリカから12人の労働問題専門家が労働諮問委員として来日し、7月29日、日本における労働問題の調査結果と勧告をまとめ最終報告書を提出する。諮問委員には唯一人の女性メンバーとして労働法と女性問題の専門家ヘレン・ミアーズが参加していた。諮問委員会が全会一致で賛成し、労働省設置を初めとする勧告案を盛り込んだ報告書の第7章「日本政府における労働業務の組織及び行政に関する勧告」には、「女子及び年少労働者の特殊問題に適切な注意を喚起するため」、「アメリカの労働省の中の婦人局（Women's Bureau）と児童局（Children's Bureau）の例にならって新設の労働省の中に婦人少年局（Women's and Children's Bureau）を設置すること」というミアーズの提案が含まれている[3]。この提案は、報告書に盛り込まれた他の勧告とともに、8月21日、GHQの公式政策として承認される。

これより1ヵ月前の6月24日、労働諮問委員会報告書とは別に、ミアーズは、「GHQ / SCAP 内に女性問題担当部門（局または課）の設置」と題する興味深い補足報告書を、一委員の勧告として、経済科学局長、W. F. マーカット少将に提出する。ミアーズは、この報告書の中で、以下の機能をもつ「女性問題部門（局あるいは課）」を GHQ / SCAP 内（民政局または設置が提案されている労働局）に置くように推奨している[4]。

①日本女性の諸問題に関して、政策、連絡、実情調査、分析、計画、指導を含む幅広い活動に責任をもち、日本女性が好機を利用し、且つ、地位を脅かす潜在的危険性を回避できるように援助すること
②女性問題に関する政策（長期的プログラムと現行の運営上の問題）について GHQ / SCAP に助言すること

「日本女性のための長期的機会」を援助する長期的プログラムとして、①政府（国会、労働省、その他の省、②労働（労働組合、労働組合法）に関するものが列挙されている。国会については、「女性が政治に関心をもち、政策決定参画

者としての潜在力を伸ばすためには総合的な計画と行動が必要であり，女性グループが団結して女性問題を確定してプログラム化するように援助することは大いに役に立つであろう」としている。労働省については，「労働諮問委員会は，GHQ / SCAP に対して，新労働省設立とともに女性問題を扱う婦人少年局の労働省内設置に同意するよう勧告したが，同局の設置は，日本女性が行政部門で働くことによって実践的な経験を積む最善の方法である」と言及している[5]。また，婦人少年局は，労働組合婦人部の発展，女性寄宿舎，女性労働者，年少労働と徒弟制度問題などを統括することとしている。さらに，教育制度の改革や民法等女性問題は他省の所掌事項と深い関連があることから，すべての省に女性の行政官を配置すべきであると進言する。

「運営上の問題」として，占領軍と日本女性の間で生じているさまざまな問題の処理を取り上げ，これらの微妙な問題についての女性問題担当部門によるアドバイスは重要であるとしている。ここでは，①占領軍宿舎で雇用されている日本女性（ウエイトレス，エレベーター係，メイド）の労働状況の監督責任，②軍人宿舎における占領軍と日本女性の接触禁止の規則が，女性担当官による日本の女性指導者との社交上あるいは仕事上の接触の障害になっており，これには異なったアプローチが必要，③売春問題についての適切なアドバイスは女性問題担当部門の責務とすることが列挙されている。

また，現行の GHQ / SCAP の機構では，各局の各部門が女性問題を部分的に担当しているが，複雑な日本女性の問題に関する継続的・体系的な分析をおこない統括する部署や GHQ の政策について助言する部署を備えた女性問題担当局の設置が望ましいとする。この時点で「局」が現実的でないならば，民政局あるいは提案されている新労働局のいずれかに「課」を設置するよう助言している。その理由は，CIE は女性の選挙権行使キャンペーンで成果を上げたが総合的な調査機能が欠けている，日本人は教育を特別の権威として捉えるので教育局によって扱われるとそれに従ってしまう，女性が当面している問題の多くは労働や政治に関する問題であるからであるとしている。

スタッフについては，局長はアメリカの社会科学の分野で経験を積んだ全米レベルの著名な女性で，GHQ / SCAP と日本人に対して，局あるいは課の重大な意図を認識させる能力を備えた人物であること，その他の人材はソーシャ

ル・ワーク，労働，教育，出版などの分野から，日本についての予備知識がある人材を集め，幾人かは日本語が話せることという厳しい条件をつけている。

### GHQ上層部による封じ込め

7月1日，経済科学局セオドーア・コーエン労働課長は，「ミアーズの提案の根拠は明確であり，慎重に検討する価値があると考える。しかしながら，女性関連施策のすべてを GHQ の一部局に集中させるべきであるとする報告書の基本的な論点には同意することができない」という労働課の見解をミアーズの報告書に添えてマーカット局長へ提出する[6]。ミアーズの提案に同意できない理由として，コーエンは，「女性問題は，日本の経済・政治問題に比べて，SCAP の活動の主要な分野を構成する問題であるとは考えられない」，「食糧の供給は生命に関わる主題で性差がないが，このような完全に性別とは無関係な基礎に立つ，女性と男性の共通の問題の多くを消去してしまう」からであるとしている。結局，日本の女性解放に特別の注意を払い，女性問題とその施策を統括して扱う女性問題担当部門を GHQ 内に設置すべきであると力説したミアーズの提案は，労働諮問委員会と GHQ 上層部の反対にあって実現されなかったのである。

さらに，労働諮問委員会報告書が GHQ の公式見解となる数日前の 8 月 17 日，民政局長特別補佐官アルフレッド・ハッシーは，手書きの覚書[7]において，内務省の中に特別の局を設置し女性主導のもとで女性の地位向上を推進するべきだとする 5 月 8 日付 CIE 覚書に対して，「女性解放（emancipation of women）と女性保護（protection of women）施策の政治的支持を促進するという CIE の計画を活発化することには反対しないが，…当然ながらこれは女性団体や他のチャンネルを通じてなされるべきであり，SCAP は日本政府に直接強制するものではない」とした上で，「内務省のなかに婦人局を設置したり，内閣府に半独立の婦人問題庁を設置したりすることは得策ではない」と回答する。反対の理由として，このような局ないし庁の創設は，①男性と女性の問題の差異を強調してその利害の対立を助長し，②不必要な紛糾を招き，③日本男性の深刻な怨念と反発を引き起こす，という三点を挙げる。

ハッシーは，女性の地位向上の必要性を認めているが，そのためのラディカルな戦略については次のように異議を唱えたのである。「確かに，重要な行政

の諸部門や，労働，福祉，教育などのあらゆる活動分野へ女性の代表が送られるべきである。国会への参加は女性としてではなく責任ある代表として推進されなければならない。しかし，女性陣営（women's bloc）の結成，または，日本における女性の権利獲得運動（feminism movement）を奨励するなどということは，避けなければならない」と[8]。この覚書の中で，ハッシーは，男性より劣った従属的な立場にある女性が団結して，「女性だけの独自の行動」で男性に攻撃をかけて窮状を打開すべきではなく，「調整と協力」によるべきであるという考えを主張している。

これらの二つの覚書において示されたイデオロギーは，コーエンやハッシーの個人的な意見ではなく，マッカーサーを初めとする GHQ 上層部に共通する見解であった。このことは，2章で述べた通り，1946年6月マッカーサーを訪問した女性議員に対して，「婦人のブロックを作って立法に影響を与えようとする誘惑には注意深くなければならない」と警告していることから明らかである。

一方，加藤シヅエを中心とした社会党女性議員は1946年の夏，「独立した内閣の省庁の設置」という CIE 覚書よりも大胆な提案をおこなっていた。ハッシーは，この提案に対しても圧力を加え，9月，加藤ら女性指導者を呼び，ウィードを出席させた上で，「この計画は行政的にみて合理的なものとはいえないので，連合国最高司令官の承認を得ることはとうていできない」と忠告している[9]。

このように，ハッシーは，ウィードや加藤を中心とする日本女性指導者を威圧して，婦人局の内務省内設置案や独立の省庁設置案を葬り去り，代わりに，GHQ の公式政策である労働省内設置に女性たちの協力を取り付けることに成功したのである。この立場は，ウィードや加藤を中心とする女性集団の連帯活動を封じ込めようとしており，GHQ が掲げる「女性解放（emancipation）」の意味とその限界を示している。

◆日本女性指導者の意見の調整

婦人局の内務省内設置や独立の省庁設置が GHQ 上層部によって認められず譲歩を余儀なくされたウィードと加藤を中心とする女性集団は，たとえ労働省

Ⅰ 女性解放をめぐる占領政策の特質

内設置に譲歩しても,婦人局を女性の社会的地位向上のための総合的な連絡調整機能をもつ強力な機関としなければならないと考えた。加藤は社会党婦人部の意見として,1946年12月,新設の労働省の中にこのような機能をもつ婦人局の設置を以下の通り提案している[10]。

　民主的な日本の建設のために,封建的な束縛からの女性の解放,女性の地位向上が必要とされることは必至である。この要請に応えるために,女性の権利のうち参政権は衆議院選挙法改正によってすでに獲得され,憲法,民法,刑法の改正が現在進行中である。次は,これを促進するために,行政機構の中に女性問題全般を所掌し,総合的に連絡調整機能をもつ強力な機関,基本的な政策立案,施設の設置,女性に影響を与える教育,労働,社会福祉,裁判,食糧に関する問題の調査研究をおこなう機関の設立が緊急に必要である。婦人局は適切な省に所属し,上記の目的を達成するための事項を所掌する。……将来,労働省が設置された場合にはその中の局とすること。

1947年1月16日付『婦人民主新聞』は,婦人局の労働省内設置を提案する加藤の意見と,働く女性の問題と男性の問題を分ける必要はないとする谷野せつ(婦人少年局初代婦人労働課長,第三代婦人少年局長)の意見を取り上げて婦人局設立をめぐる相反する立場として紹介している[11]。

戦前から唯一人の女性労働監督官であった谷野の意見は,①各省から女性に関する所掌事務を取り上げることはできない,②働く女性は若い女性に限られており,働く女性の保護のみを目的とする婦人局は,局として成立するほどの仕事がない,③男女平等が達成されても女性問題はなくならないと思うので,婦人局を設置することは良い考えであるが婦人局に管理能力を与え管轄権を決めることは難しい,④それが内閣直属の婦人関係の調査・計画機関であれば可能である,というものである。

加藤と谷野の意見が異なっていることを知ったウィードは,1947年1月25日,谷野と会見し,谷野のプランを聴くとともに,婦人局設立の方法や人材などについて協議する[12]。それと同時に,ウィードはESS労働課ゴルダ・スタンダー(在任期間:1946年9月～48年,前アメリカ合衆国連邦政府労働監督官(ニューヨ

ーク州担当), 労働基準法制定の支援) と話し合い, 日本女性からの提案について GS と協議することを決める[13]。

1947年6月3日労働課からジェムス・キレン労働課長, ロバート・エーミス, スタンダー, ミード・スミス, CIE からウィードと J.F. サリヴァンの出席のもとに, 日本女性からの提案について協議する。ウィードは多くの日本女性や女性団体との接触から, 女性に関するあらゆる事項を所掌する強力な機関の設置が必要であると主張している。労働課長はウィードの意見に賛成であるが, 労働基準法に関する問題は労働省で取り扱わなければならないので, その設置は労働省以外には考えられないと意見を述べ, 最終的には日本人自身が方針を決めて SCAP に提出すべきであるということになった[14]。このようにウィードは日本女性指導者の意見に注意深く耳を傾け, 彼らの意見を前向きに取り入れることによって, 女性陣営内の意見を調整することに成功したのである。

◇ GHQ と日本政府の意見の調整

1947年2月初旬, 吉田首相は最高司令官に労働省設置を通知し了承を得る。その後 GS, ESS 労働課, GHQ の他の関係部局と厚生省は, 労働省の機構, 組織や機能について協議を重ねる。2月10日ハッシー特別補佐官とコーエン労働課長は厚生省代表に GHQ の公式見解にしたがって労働省内に婦人少年局 (Women's and Children's Bureau) の設置を検討するように示唆する。ところが, 4月14日に厚生省から提出された修正案には, 労働基準局の中に婦人年少者部門を設置し, 次の四つの業務を担当するとあった[15]。

①婦人と年少者の労働条件, 保護, 労働規制に関すること
②年少者の雇用の禁止に関すること
③労働者の家族に関すること
④婦人と年少者に特有のその他の労働問題に関すること

ESS 労働課と GS と CIE 情報課の代表は4月19日と21日の会議で厚生省案を検討し, 以下の結論に達する。すなわち, 厚生省案は, ①婦人と年少労働者に影響を及ぼすプログラムを重視していない, ②労働基準法でカバーされない家内労働者を考慮していない, ③女性問題を扱う幅広い総合的な機能を奨励していない, という理由で決して満足なものではないとして, 婦人と年少労働者に

関する権限を労働基準局から新設の労働省へ委譲すること,家内工業,農業,家事従事者など労働基準法の対象になっていない婦人・年少労働者の労働条件の改善と保護,婦人労働者と農業婦人の家族の問題,女性の経済的社会的法的地位向上のための研究,出版,広告の事項について責任をもつ婦人少年局の設置を提案する[16]。

GHQ と日本政府との間での以上の交渉を経て,1947年5月24日,厚生省内に労働省設置準備委員会が発足し,同委員会を中心に,労働省設置法,組織令,所管事項が決定され,婦人少年局設置の準備が進められた。女性でただ一人の女性委員として参加した谷野は,のちに,「労働省設立準備委員会が発足すると同時に,婦人問題に関する婦人少年局の設置について意見がたたかわされたが,婦人問題について労働省が所管するのはおかしいではないかという意見がいっぽうにあり」,内務省,厚生省内設置案も検討された。しかし,「結局,婦人の地位向上は経済問題ないしは労働問題の解決に待たなければならない意味が大きいから,労働省で婦人問題も所管して,婦人少年局として両者の機能の充実を計るべきだという結論に達した」と述べている[17]。

1947年8月1日,婦人少年局設置法案と局の機能について,吉武恵市労政局長と女性指導者との懇談会が開催されている。女性たちからは,なぜ婦人局としないで婦人少年局なのか,一般女性の啓発と広報業務の内容,審議会の役割などについて質問が出され,教育機能についての文部省との役割分担,新局は婦人団体の組織化に積極的な役割を持つべきか否かといった問題をめぐって賛成意見と反対意見が表明された。この懇談会での議論の内容は谷野との会見によってウィードの知るところとなる[18]。

局長人事にも加藤とウィードは深く関わっている。1947年8月9日,加藤はウィードへの書簡において,局長ポストに,他の女性グループが推薦する谷野は女性労働の専門家ではあるが,女性問題一般についての知識は十分ではないので,女性労働問題を含む女性問題全般に深い洞察力がある山本杉を赤松常子の了解のもとに推薦し,GHQ の権威において支持してくれるよう依頼する[19]。ところが,19日には,山本杉の推薦を撤回し,代わりに山川菊栄を推薦する。局長は女性問題を総合的に把握し,施策を実施し,他の官僚と対等に交渉する能力をもつ人物でなければならないので山川が適任者であると,その理由を加

藤は述べている[20]。ウィードは加藤の要望を了承し，山川の詳細な履歴書を上司に示して了解を得る。山川は局長就任を承諾して女性の初代局長が誕生する。

◇ **婦人少年局とアメリカの婦人局との比較**

1947年9月1日，前述の経過を経て，新設の労働省内に婦人少年局が設置される。婦人少年局の目的および任務は，女性および年少労働者並びに一般女性の実態を調査し資料を収集すること，法令の制定・改廃の実施，諸関係官庁，労働団体，文化団体，婦人団体の連絡調整により広範な啓蒙活動をおこない，日本の民主化を徹底させることとされた。同局の中には，婦人労働課，年少労働課，婦人課の三課が設置された。前の二課は厚生省の婦人児童課，年少労働課がおのおの専門に分かれ独立したものである。

アメリカで労働省の中に婦人局が設置されたのは女性参政権が達成された直後の1920年6月である。アメリカの婦人局は，働く女性の問題を研究し，その結果を政策に反映させ，働く女性の地位や福祉の向上に貢献することを目的とし，庶務部，国際部，調査部，労働及び女性の地位に関する法規部によって構成されている。その主な任務は，①労働条件の改善，②雇用機会の改善，③女性労働の特徴や実態調査，④報告書，パンフレット，リーフレットによる啓発，⑤働く女性の福祉の向上に必要な基準や施策の提案，法律の制定，⑥施行に際しての州労働部職員の援助であり，第一義的に働く女性の問題を取り扱うのが特徴である[21]。

婦人少年局はアメリカの婦人局をモデルにして作られたわけであるが，一般女性の地位向上，関連機関・団体との連絡調整機能を任務とする婦人課[22]を設置したことにより，アメリカの婦人局よりも幅広い機能が付与されることになった。これは，当時の日本女性の劣悪な地位の改善を希求する加藤を初めとする女性指導者の意見，第4節で述べるようにウィードとビーアドの意見が反映された結果である。

## 3　行政改革と婦人少年局存続運動

1947年9月1日，労働省の発足と同時に，労働基準法が施行され，男女同一

I 女性解放をめぐる占領政策の特質

労働同一賃金の原則，女子保護規定が明文化された。1948年5月15日，労働省は婦人少年局地方職員室（52年婦人少年室に改称）を設置し，各都道府県に女性職員を配置した。同年5月30日，労働大臣の諮問機関として婦人少年問題審議会を設置し，会長藤田たき等33名の委員を委嘱する。このように，婦人少年局の整備が着々とすすめられたが，1949年1月，行政改革の一環として，各省庁に30％予算削減と行政機構の整理が義務づけられ，労働省では婦人少年局廃止問題が浮上する。

同年2月から3月にかけて反対運動が盛り上がり，民間団体，（政党婦人部，婦人団体，有識者，労働組合），婦人少年局（行政官，審議会，職員組合），GHQ（ウィード，スタンダー，スミス）の三者の連携により婦人少年局の廃止が阻止された。情報を素早く入手したウィードの適切な助言が運動を成功に導いた大きな要因のひとつである。ここでは，ウィードがどのような助言をし，廃止反対運動にどのような影響を与えたかを明らかにするために運動の過程を見てみることにする。

2月16日，各種婦人団体は婦人少年局存続のための計画を討議する。19日，赤松常子（社会党）から対策について相談を受けたウィードは，SCAPの担当官全員に請願書を提出するように助言すると同時に，何が問題になっているのか，どのような行動をしているかを逐次知らせるように求める[23]。

2月22日，社会福祉施設費増額期成同盟（婦人関係予算を要求するために，各政党婦人部，各種婦人団体，労働組合，文化人などで結成された団体）は婦人少年局存続運動をおこなうことを決定する。26日，ウィードは，笠原政江と会見し，期成同盟は廃止反対に向けて明確な行動をすること，女性に関する特別なデータに基づき，女性の立場から仕事をする婦人少年局の必要性を強調することを勧める。会見後，ウィードは「笠原氏はいわゆる"女性の立場（women's standpoint）"を十分考慮しなければならないことを理解した」と記録している[24]。

2月28日，ウィードは谷野と会見し，最も効果的なのは，民間団体の運動であるから，期成同盟に圧力団体として行動するように働きかけること，審議会の議題としてこの問題を取り上げ，コンセンサスを得ることを助言する[25]。

3月1日，近藤鶴代（自由党）との会見では，ウィードは，存続運動は自由党のイメージ・チェンジをはかり，人々に党の女性政策を知らせるよい機会で

あること，共産党を排除しないで超党派で取り組む方が効果的であること，現在の社会状況では，"女性の視点（women's angle）"にたった女性の保護措置が必要であるという意見を述べている[26]。同日，谷野は，労働大臣から，婦人少年局廃止問題は一度閣議で議論されたことがあり，廃止がほぼ決定しているが，存続を望むなら，廃止案が労働大臣に提出される前に世論形成の必要があるという情報を得る。3月3日，谷野と山川はウィードと会見，ウィードの助言にしたがって婦人少年局の存在理由を説明する声明書を労働次官へ提出し，各種女性団体，有識者，労働組合に対して廃止反対運動を起こすように働きかける予定であると報告している。婦人少年局の中には共産主義者の参加を危惧する声があるという報告を受けたウイードは，左翼と共闘すべきであり，局全体の労働者をまきこむことが最も重要であると助言している。また，吉田茂首相に最も強力な影響力をもつ近藤鶴代に頼んではどうかという質問には，個人的な力に頼るべきではないと答えている[27]。

3月4日，ウィードの助言通りに，婦人少年局は，婦人少年問題審議会を招集，建議書を作成して，労働大臣（3月5日），総理大臣・官房長官・行政管理庁長官・国務大臣（6日），GHQ担当官（7日）へ提出する[28]。8日，労働省職員組合は江口労働次官と面談し，労働省の機構の縮小をしないように申し入れ，翌9日，総理大臣をはじめ，各部局の責任者に声明文を手渡す。同日，労働大臣は谷野に婦人少年局は廃止の対象にしないことに決定した旨を伝える。谷野はこのことをウィードに報告するとともに，二人は労働省廃止反対キャンペーンを女性団体と協同で展開する必要性を確認しあった[29]。

また，政党婦人部の動きも迅速であった。5日，自由党は社会福祉施設費増額期成同盟の中に設置された婦人少年局存続問題特別委員会で決議文を作成し，7日にSCAPの全担当者及び政府機関に送付する[30]。8日，社会党中央執行委員会は，決議文を作成し，地方の支部にキャンペーンを展開するように指示すると同時に，翌9日，総理大臣に決議文を手渡す。

民間団体の動きとしては，9日，国際婦人デー代表が労働次官と内閣官房長官に面談して婦人少年局の存続を訴える。社会福祉施設費増額期成同盟は，内閣官房長官に存続を要望し，婦人少年局存続の約束をとりつけたのである[31]。

このように，ウィードの会見記録から，政党婦人部，婦人団体・労働団体な

どの民間団体，審議会・職員組合を含む婦人少年局，ウィードを中心としたGHQの担当官による緊密な連携が廃止反対運動成功の一大要因であったことは明らかである。

連携の要となったウィードの助言は次の通り要約することができる。
① 「女性の立場（women's standpoint）」にたった婦人少年局の存在理由を説明すること，現在の社会状況では「女性の視点（women's angle）」からの女性保護が必要である
② 政府やGHQの責任者に働きかけること
③ 労働省の審議会や職員組合を動かすこと
④ 一般市民の世論を喚起すること
⑤ 民間団体に圧力団体としての活動を展開するように働きかけること
⑥ 共産党や労働組合を巻き込み超党派でとりくむこと

## 4　メアリ・ビーアドの助言

ウィードはビーアドと個人的な書簡を交わし[32]，政策立案・実施について重要な助言を得た[33]。ビーアドの思想と行動については第4章で詳細に検討するので，ここでは婦人少年局に関連するビーアドの考えを述べ，それがウィードの婦人少年局設立支援にどのような影響を及ぼしたかを明らかにする。

◇母性保護論をこえて

メアリ・リッターは，1876年，インディアナ州インディアナポリスで生まれ，1897年ドゥポー大学で政治学，言語学，文学を学んだ。卒業後，1900年にチャールズ・ビーアド[34]と結婚，英国に渡り，そこで出会った労働運動と女性解放運動に全力を注ぐことになる。労働者のための成人大学，オックスフォードのラスキン・ホール設立に尽力するチャールズに協力するとともに，メアリは戦闘的な女性運動に参加し，そこでエミリン・パンクハースト（1858-1928）などの急進的な女性参政権運動家と出会い強い影響を受ける。

帰国後，ビーアドは1902年から1904年までコロンビア大学大学院で社会学を専攻するが，まもなく，アカデミズムの偏狭さを批判し自己教育（self-education）

第3章　労働省婦人少年局の設立過程

によってたつことを決意して大学院を去り，女性のための労働組合の改革と参政権運動への道に進む。

　ビーアドは，1913年，アリス・ポール（1885-1977）が戦闘的な議会連合〔(Congressional Union）後の全国女性党（National Women's Party)〕を結成すると，これに加わり，数年間アリス・ポールの盟友としてともに参政権運動に携わる。

　1920年，憲法修正第19条の批准により女性参政権が認められると，全国女性党は，憲法修正により男女平等を保障する平等権修正条項の実現を目指す闘い，シングル・イッシュ政治に向かうことになり，ビーアドの党からの決別は決定的となる。

　ビーアドがアリス・ポールの戦略に同意できなかった理由は二つある。一つには，男女平等のための憲法修正よりも働く女性の保護立法の実現を優先すべきだと考えたことである。二つには，男性がつくった基準に女性を近づけることによって男女平等の達成を目指すアリス・ポールの平等観を受け入れることはできなかったからである。

　ビーアドは次のように考えた。世界は不完全なものであるから，現在を生き延びるためには，男女が異なった社会的役割とニーズをもっていることを認識することが必要である。最終目標は何であれ，人々は一日一日を生きるのだ。労働者が搾取されている限り女性は常に犠牲者となるので，母親あるいは将来母親になる多くの働く女性と子どもの保護が社会全体の人間的な改革に向けての第一歩であると。アリス・ポールにとっては，平等と絶対的正義の原則は組織と闘争のために必要な理念であり，譲歩は究極的な成功の障害でしかなかった。そして，日々の生活のニーズに目を奪われると長期的な目標は達成できないとした[35]）。

　当時，母性保護論者は，平等権修正が男女の同一性を強調する狭い見解であるとして反対論を唱え，工業システムの中で抑圧されている女性賃金労働者を救うために保護主義を訴えていた。ビーアドはこれに共感したが，女性の活躍の場は家庭にあるとする古い女性観を否定して，家庭と同様に世界の建設者としての女性の役割を強調し，母性保護主義者のアプローチはフェミニストが提示すべき社会的リーダーシップにとって不十分であると反論した。

　ビーアドほど激しくアリス・ポールに反対するフェミニストはほとんどいな

かったが，彼女の考えは，フローレンス・ケリー（1859年–1932年）をはじめとする多くのフェミニストやメアリ・アンダソン（初代婦人局長）など労働分野の女性たちによって共感をもって受け入れられ，共有された。革新主義の時代に社会改革，女性参政権運動を経験したビーアドは，プラグマティックな政治的機知を身につけ，階級とジェンダーの重要性を深く認識するようになっていたのである。やがてビーアドは全国女性党を脱退し，徐々に活動家としての役割から離れて，女性史の著述を中心とした生活へと移ることになる。ビーアドが非妥協的フェミニストと呼んだ人々に対する率直な批判と，のちの着実な歴史家としての生涯は，この時代の革新的な政治活動を覆い隠して目立たないものにしているが，日本における婦人少年局の設立に対する助言はこのような彼女の女性運動の経験と知見に基づいていることは注目すべきである。

### ◎女性の視点からの歴史の再構築

次第に政治活動から離れ，歴史家としての生活に移行しつつあったビーアドは，歴史において無視されてきた女性に光を当てるために，『女性の理解について』（1931年），『女性の目を通してみるアメリカ』（1933年），『歴史における力としての女性』（1946年）等を著す。

ビーアドは，女性の貢献は社会にとって重要であり，生命に対する女性の第一次的な責任と漸進的な社会変化を規定する潜在力との間には直接的な関係があるという歴史観にたち，女性はただ単に歴史の中で支配され抑圧されてきたのではなく，「一つの力」として歴史を動かしてきたのであり，それがこれまでの歴史家やフェミニストたちによって理解されなかったのは，男性の活動における価値を基準にして人間の行動を見てきたからだとして，「女性の視点（through women's eye）」から歴史を再構築することを主張した。

ビーアドは次のように言う。女性が不可視の存在であるとされてきたのは，悪意をもつ男性によって歴史が書かれたから，また女性が不可視であったからだけではなく，男性と同様に，当時の専門職女性やラディカル・フェミニストの多くもまた，もっぱら男性が支配する社会に関心を向けてきたからであると。ビーアドは絶対的平等を求めるこのような単純なスローガンは，女性の集団（community）がもつ活力（power）と威力（force）をそぎ落とし，女性の文化の

存在と価値を否定することになるとして，当時の闘争的なフェミニストの主張に反対する立場をとった。

　女性は抑圧され従属の状態にある性であるという神話は誤りであるだけでなく，生産的ではない。なぜなら，女性はそのような運命や過去を受け入れるときには，集合的な女性の力は傷つけられ衰えるからである。「抑圧」という考えそのものは女性の知性を拘束し，女性を抑圧する。むしろ女性は力あふれる創造的な女性の歴史を発見し，新しい社会関係を創り出すためにその知識を使うことによって，イデオロギーの束縛から自由になることができると考えた。ビーアドは，女性史の創造という自分の知的な仕事は，あらゆる女性にまでおよび，彼女たちに，女性が過去において力をもっていたこと，将来も力をもつことができるということを信じさせようと意図した政治的な仕事であると認識していたのである。

### ◇婦人少年局への期待

　このようなビーアドの見解は，二人の間で取り交わされた往復書簡によってウィードに伝えられる。

　1946年8月27日，アメリカの例にならって新設の労働省に婦人局を設置するという労働諮問委員会の勧告案がGHQの公式政策として承認されると，ウィードは，ビーアドにアメリカ婦人局の資料の入手を依頼し，婦人局についての意見を求める。ビーアドは次のように助言している[36]。

　　アメリカの婦人局は労働省にあり第一義的に女性労働に関する実情調査を目的としている。大量生産のため生産工程が専門化され女性の器用な手が必要となったこと，戦時中の徴兵制による労働者不足の補填から女性の雇用機会が増大したことによって女性が外で働くことが一般的となり，女性の雇用労働の家庭や子供への影響を調査することが不可欠となったからである。しかし，農業労働者として扱われるべき農村女性は農業省の管轄のもとにある。また，起業家や専門職女性の収入，地位，扶養家族についての調査はこれらの女性組織によっておこなわれ，報告書はこれらの組織の事務所にある。日本で新設される婦人局は農村女性を含むすべての女性の実情調査と地位向上

Ⅰ　女性解放をめぐる占領政策の特質

を目的とすべきである。……また，「平等」の権利獲得だけではなく，男性との競争から生じる困難から女性を「保護」することが必要であり，このような改革運動に深い共感をもってすすめてきたメアリ・アンダソン前婦人局長やフレダ・ミラー婦人局長の経験を聞くことをすすめ，二人を紹介する。

　新しく設置された婦人少年局は，一般女性の地位向上と女性労働者の保護を目的としており，ビーアドの助言と合致している。ウィードは「婦人局の機能については，女性たちから，すべての女性の地位向上を目的とした婦人局の設立という提案が出され，ビーアドの助言に沿った形で進んでいる」と伝え，ビーアドの見解が日本での女性政策に活かされたことを強調している。書簡に述べられているとおり，新設の婦人少年局は当時の日本女性の実情と女性指導者の意見を反映したものであるが，同時にビーアドとウィードがアメリカの女性政策では適えられない「夢」の実現をそれに託した結果でもあるといえよう。

　当時，日本の女性指導者たちのあいだには，戦時中の女性運動の教訓から，政府主導の婦人局設立に反対する意見と将来のために設立すべきであるとする意見があった。ウィードはこの議論から一歩距離をおいてに次のように対処したと述べている[37]。

　　婦人局設立についてはできる限り女性たちの責任とイニシアティブを尊重している。設立のための仕事はすべて彼等の責任においてなされ，試行錯誤の結果となるようにしむけている。それは，私たちが直接おこなうよりも遅いが長期的にみて日本女性の利益になる唯一の着実な方法であると信じている。……私たちが教えようとしているのはそのためのテクニックである。

　これに答えて，ビーアドは，「外部からの強制によらないで，日本女性の力で婦人局をつくるように仕向けたやり方は民主主義の理論と実践に適っている」と高く評価する。また，婦人局設立のために，政府が大きな力をもつことに対する危惧は理解できるが，小さい政府を理想としたジェファーソン大統領は独立を守るために大きな政府を必要とする現実の前に後退せざるを得なかったアメリカの歴史を紹介し，ビーアド夫妻の共著，『合衆国の基本的歴史』の

要約のコピーを送っている[38]）。

　往復書簡に託されたビーアドの助言と激励は，日本の女性運動と婦人少年局設立を支援する上で，ウィードに大きな影響力を及ぼしたといえる。ウィードは，女性の集団は女性問題を話し合い，解決し，社会形成する女性の力を培う場であるというビーアドの考えを共有し，日米の女性政策推進ネットワークを形成し，政策目的を達成したのである。

## 5　ウィードの女性政策の特質

　第2章と第3章では，女性政策推進ネットワーク，選挙権行使キャンペーン，婦人少年局の設立過程に焦点を当て，GHQの女性政策の中心的推進者であるウィードの政策を検討し，ビーアドの助言が大きな影響を及ぼしていることを明らかにした。このことから日本占領におけるウィードの女性政策の特質を次のようにまとめることができる。

　第一に，ウィードが目指したのは日本における「女性解放（emancipation）」の支援であり，アメリカのフェミニズム運動の延長線上に位置づけることができる。

　民主主義国家日本の建設のための新しい担い手として日本女性に期待を寄せたGHQ上層部は，女性参政権を民主化の冒頭に掲げたが，彼等の「女性解放」に対する態度は，個人が埋没した家・国一体の戦前の軍事的全体主義国家を，個人を基盤として非軍事的民主主義国家につくりかえるという目的に沿った占領政策の安定要素として機能する限りにおいて認めるというものであり，女性がブロックを形成し，フェミニズムを助長することには反対であった。ウィードは，GHQ内部の女性職員と日本女性指導者を連携させ「女性政策推進ネットワーク」をつくりだすことによって，上層部の封じ込めを巧みにかわし，占領政策形成過程において重要な役割を果たし，当時のアメリカ社会が許容する範囲を超えて「女性解放」をすすめていったのである。

　第二に，ウィードは政策立案・実施にあたって，ビーアドに助言を求めその影響を受ける。ビーアドは，女性は単に歴史の中で支配され抑圧されてきたのではなく，一つの「力」として歴史を動かしてきたのであり，今までの歴史家

Ⅰ　女性解放をめぐる占領政策の特質

やフェミニストに理解されなかったのは，男性の活動における価値を基準にして人間の活動を見てきたからだとして，「女性の視点」から歴史を見ることを提唱した。そして女性の集団を文化的力として評価し，それが社会において発揮する女性の力を培う場であることを主張し，日本女性を援助することを勧める。

ウィードは，このようなビーアドの考えに共鳴し，女性政策に具体的に反映させた。ウィードは，女性政策推進ネットワークを形成し，女性運動を支援するとともに，あらゆる女性の地位向上を目的とする婦人少年局設立と行政改革下の婦人少年局存続運動を成功に導いたのである。

女性政策推進ネットワークの形成や婦人少年局の存続理由に共通する考え方は，「女性の視点」と「女性の力」に対する確信と信頼である。「女性の視点」を重視し，歴史における「女性の力」を発見し，女性の組織の創造を重視したビーアドの思想はウィードの政策の基本理念として共有されたのである。

このような両者に共通する女性の視点は，70年代アメリカの女性学の台頭に伴う女性史研究において再評価されることになる。70年代以降の女性史研究では，歴史を男性の価値基準で見るのではなく，別の価値基準「女性の視点」で見ることにより，女性独自の文化形成や活動領域に視野を広げ，新しい女性像を創りだしているといえる[39]。

第三に，占領期においてウィードを中心に進められたGHQの女性政策は，戦前の家庭を女性の生活の場とした良妻賢母主義（one-role ideology）から家庭を足場として社会活動や職業活動をおこなう広義の良妻賢母主義（multi‐role ideology）への移行を目指したものである[40]。これにより第一波フェミニズム運動が目指した政治・教育・労働における女性の権利の保障は法制面で整備された。

男性の分野である軍隊に参入したGHQの女性将校たちの多くは，WACがつくりだした「上品で純潔な」女性像や女性の特別保護，女らしさ，家庭責任の重視といった規範から自由ではなかったために，ジェンダーの再構築の決定的な挑戦とはならなかった。従って，1960年代以降に台頭する第二波フェミニズム運動によって提起された性別役割分業の改変は明確な形として現れていない。しかし，ビーアドの思想とウィードの政策理念に共通する「女性の視点」は第二波フェミニズム運動に先行して社会変革に向けた女性の力の源泉となっ

たといえる。

　占領初期に「女性の視点」にたって女性政策が推進された歴史的事実を明らかにしたが，このような政策が日本の社会文化的条件の中でどのように受容され，継承されたか，その連続と非連続を戦後史の中で検証することは今後の課題としたい。

　最後に男女共同参画政策との関連に言及して占領期女性政策の意義を述べる。
　1975年9月，日本政府は，閣議決定により，国際婦人年世界会議における決定事項を国内施策に取り入れ，女性に関する施策について関係行政機関相互間の事務の緊密な連絡を図るとともに，総合的かつ効果的な対策を推進するため，総理府に，内閣総理大臣を本部長とし関係10省庁の事務次官を本部員とする婦人問題企画推進本部と，庶務を所掌する婦人問題担当室を設置した。これは，国連が各政府に設置を要請した女性の地位向上を推進するためのわが国で最初の国家機関である。2001年には，政府の機構改革がおこなわれ，内閣府に男女共同参画担当大臣を議長とし，閣僚と民間有識者で構成される男女共同参画会議を設置するとともに，政府の施策の実情調査とそれが及ぼす影響調査機能により，ジェンダーの主流化を図り，政府全体を通じた男女共同参画政策の企画立案と総合調整を任務とする男女共同参画局を設置した。占領期に願望したが達成することができなかった強力な女性組織の設立という日米の女性指導者たちの夢がここに実現したのである。国内本部機構（ナショナルマシナリー）の内実の整備には未だ多くの努力が必要とされるであろうが，占領期において，女性の地位向上のために日米の女性たちが理想に燃え，女性の集団の力を発揮してバックラッシュに抵抗した歴史事実を知ることは，60年を経過した今日，現代史を主体的につくりあげようとしている女性たちを大いに勇気づけることになるであろう。

注
1）婦人少年局は，1984年，労働省組織令等の一部改正により年少労働問題を分離して婦人局，97年には女性局と名称を変更して，所管する施策も男女雇用機会均等施策，職業と家庭の両立支援施策，パート労働対策となった。2001年中央省庁の再編整備に伴い，厚生省の児童家庭局と統合され，厚生労働省雇用均等・児童家庭局となる。
2）CIE, "Memorandum to Chief of CI&E and Chief of Government Section , 8 May, 1946, enti-

I　女性解放をめぐる占領政策の特質

tled, Proposal to Establish a Women's Bureau in the Home Ministry," *GHQ / SCAP Records,* Box no.5247.

3）竹前栄治『アメリカ対日労働政策の研究』日本評論社, 1970年, p.483.
　ヘレン・ミアーズの著書と人物像については以下を参照されたい。Helen Mears, *Years of the Wild Boar: An American Woman in Japan,* Westport, Con.: Greenwood Press, 1942 ; ヘレン・ミアーズ　伊藤延司訳『アメリカの鏡・日本』メディアファクトリー, 1995年（原書 *Mirror for Americans: Japan* は1948年にアメリカで出版されるが, 翌49年にマッカーサーによって出版禁止となった著書である); 御厨貴・小塩和人『忘れられた日米関係―ヘレン・ミアーズの問い』筑摩書房, 1996年.

　ミアーズ（1900年-89年）は1935年から36年2月の2.26事件の直後まで日本各地を旅行して日常生活をつぶさに観察し, 日本の女子労働などについて鋭い分析をしたエッセイストで, 戦時中は, アメリカ太平洋問題調査会に関与し, ミシガン大学やノースウエスタン大学などで日本社会について講義し陸軍民政官の養成に関わった経歴の持ち主である。ミアーズは労働諮問委員会メンバーとして女性労働者の労働環境を視察するとともに資料収集と分析をおこない, 女性労働に関する勧告をしている。

　最終報告書では, 女性労働者の劣悪な労働条件を改善するための方策として, 女性労働者の保護立法（同一労働同一賃金の原則に基づく賃金差別の禁止, 坑内労働の禁止, 産前産後休暇の日数の増加, 妊娠中の女性の就労制限, 女性の労働時間制限）が掲げられている。

4）ESS, "Memorandum to Major General W. F. Marquat from Helen Mears, Labor Advisory Committee, 24 June, 1946, entitled, Formation of a Woman's Affairs Department （Section or Division） in GHQ / SCAP," *GHQ / SCAP Records,* Box no.6397.

5）Helen Mears, "Summary," *ibid.* p.2.

6）ESS, "Memorandum for Major General Marquat from Labor Division, Economic & Scientific Section, entitled, Report on Formation of Woman's Affairs Department in GHQ / SCAP, 1 July, 1946," *GHQ / SCAP Records,* Box no.6397.

7）GS, "Memo 1 ," initialed by Hussey, 17 August, 1946, *Papers of Alfred R. Hussey,* Asia Library, University of Michigan.

8）*ibid.*

9）GS, "Memorandum for the Record by Ruth Ellerman, dated 30 September 1946, entitled, Conference with Labor Division and Members of the Social Democratic Party Relative to Establishment of a Labor Ministry," *ibid.*

10）CIE, "Proposition for the Set up of the Women's Bureau," *GHQ / SCAP Records,* Box no.5247, この資料には, 手書きで Mrs. Kato と書き込まれている。

11）CIE, "Women's Democratic Paper," 16 Jan. 1947, *GHQ / SCAP Records,* Box no. 5247.

12）Ethel Weed, "Establishment of a Women's Bureau in the Japanese Government," 27 Jan.1947, GHQ/SCAP Records, Box no. 5250.；会見の内容は以下の資料参照：Ethel Weed, "Women's Bureau, Interview with Miss Setsuko Tanino," 25 Jan, 1947, *GHQ / SCAP Records,* Box no.5248.

13）Ethel Weed, "Miss Golda Standar, Labor Section, ESS Chief, Women's Information Branch:

Establishment of a Women's Bureau in the Japanese Government," 27 January 1947, *GHQ / SCAP Records,* Box no. 5250.
14) ESS, "Memorandum of Conference in Re: Establishment of Women's Bureau in the Japanese Government, by James Killen, 4 June, 1947, *GHQ / SCAP Records,* Box no. 5247.
15) ESS, "Memorandum for the Record, by P. L. Stanchfield, Acting Chief, Labor Division, entitled, Establishment of Women's and Children's Bureau in the Proposed Labor Ministry, dated 21 April 1947," *GHQ/SCAP Recored,* Box no. 5247. この覚書から "Women's Bureau" は "Women's and Children's（後にMinor's ）Bureau" へ表記が変更されている。なお, Women's and Children's Bureau（婦人少年局）が最初に登場するのは, 労働諮問委員会報告書でミアーズの提案である。ミアーズが婦人少年局とした理由は, 婦人局では男性官僚の同意が得られないという日本の特殊事情を配慮したからだとされている。
16) *ibid.*
17) 谷野せつ「婦人少年局・室の誕生の経緯とその任務について」全労働省労働組合『1983年 5 月17日に開かれた, 全労働第 7 回婦人少年行政組合員全国集会における記念講演の記録』1987年.
18) CIE, "Interview with Mrs. Tanino dated 2 August 1947: Report on Women's Conference on Women's Bureau Held on August 1, 1947," *GHQ / SCAP Records,* Box no.5247. 懇談会出席者は, 加藤シヅエ, 赤松常子, 奥むめお, 坂西志保, 山川菊栄, 山崎道子, 山下ハルエ, 近藤鶴代, 宮城タマヨ, 山本杉, 星野あい, 藤田たき, 植村環など。なお, この懇談会は, 7 月26日の労働課スミスとの会見で日本の女性指導者が婦人局について討議する機会を設けるべきであるとの谷野の要求を受けて開催された。
19) CIE, "To Miss Weed, CIE of SCAP from Kato Shizue, dated August 9, 1947, Subject: Concerning the selection of the Chief of the Women's and Children's Division of the Labor Ministry," *GHQ / SCAP Records,* Box no.5247, CIE（B）01721-22.
20) CIE, "To Miss Weed, CIE of SCAP from Kato Shizue, dated August 19, 1947, Subject: Concerning the selection of the Chief of the Women's and Children's Division of the Labor Ministry," *GHQ / SCAP Records,* Box no.5247, Sheet: CIE（B）01721-22 . なお, 椛島によれば, 加藤に山川の名前を示唆したのは椛島自身であると証言している（上村による椛島へのインタビュー）。
21) 労働省婦人少年局『アメリカの働く婦人』1951年 2 月, pp.17-21.
22) 婦人少年局設置と同時に出された広報のためのリーフレット『婦人局はなにをするところか』(1947年) には, 婦人課をつくった理由を次のように述べている。「婦人は生産者として重要な役割をつとめていますが, なお, 大多数は主婦として母として家庭にとどまり, 男子を働かせ, 社会を支えていく上になくてはならぬ働きをしています。それにもかかわらず, 家庭に留まる妻や娘はなにもせずに, 人に食わせてもらっているように思われがちなのは, 大変なまちがいです。家庭における婦人の地位が改まらない限り新憲法や民法の改正が規定する男女同権も描ける餅にすぎません」。
23) CIE, "Interview with Miss Akamatsu, 19 February, 1949, Subject: Women's Day, Personnel Curtailment in Government and Women Workers," *GHQ / SCAP Records* Box no. 5248.
24) CIE, "Interview with Miss Kasahara, 26 February, 1949, Subject: League of Increasement of

Social Agency Budget and Pressure Group on Administration Reform," *GHQ / SCAP Records,* Box no. 5248.
25) CIE, "Interview with Mrs. Tanino, 28 February, 1949, Subject: Women's Bureau Budget and Effect of Proposed Administration Reform," *GHQ / SCAP Records,* Box no. 5248.
26) CIE, "Interview with Mrs. Kondo, 1 March, 1949, Subject: Administration Reform, League of Increasement of Social Agency Budget and Pressure Group on Administrate," *GHQ / SCAP Records,* Box no. 5248.
27) CIE, "Interview with Mrs. Yamakawa, Mrs. Tanino and Mr. Fujimoto, 3 March, 1949, Subject: Administration Reform and Women's Day," *GHQ / SCAP Records,* Box no. 5248.
28) CIE, "Telephone Conversation with Mrs. Tomita, 7 March, 1949," *GHQ / SCAP Records,* Box no. 5248. 建議書の送付先は，Gen. MacArthur, Gen. Whitney, Gen. Marquat, Mr. Reed, Col. Nugent, Miss Stander である。
29) CIE, "Telephone Conversation with Mrs. Tanino, 9 March 1949, Subject: Administration Reform," *GHQ / SCAP Records,* Box no. 5248.
30) CIE, "Telephone Conversation with Mrs. Goto, 5 March 1949, Subject: Administration Reform," *GHQ / SCAP Records,* Box no. 5248.
31) *op.cit.* 29)
32) ウィード＝ビーアド往復書簡はスミスカレッジの Sophia Smith Collection に収められている。
33) CIE, "Memorandum to Chief CI&E from E. Weed, 29 August, 1946, Subject: Request for Information for American Historian Mrs. Mary R. Beard," *GHQ / SCAP Records,* Box no.5246. ウィードは，ビーアドとの関係について，「昨年（1945年―訳者注）10月，CIE に女性情報担当として配属されたときから，当該担当はビーアドと常に個人的書簡を交わしてきた。ビーアド女史は日本での仕事を勇気づけ鼓舞してくれ，大きなよりどころとなっている」と記述している。
34) Charles Beard, 1874-1948. 文化・社会の諸分野を含む「新しい歴史学」を提唱し，歴史学の経済的解釈を主張した。
35) Ann Lane, "Mary Ritter Beard: Woman as Force," Dale Spender ed., *Feminist Theorists: Three Centuries of Women's Intellectual Traditions,* The Women's Press, 1983, p.338.
36) 1946年9月30日付書簡：ビーアドからウィードへ
37) 1946年10月15日付書簡：ウィードからビーアドへ
38) 1946年10月31日付書簡：ビーアドからウィードへ
39) 有賀夏紀「新しい歴史の創造を求めて―アメリカ女性史研究，最近の動向」歴史学研究会編『歴史学研究』No.542，1985年．
40) スーザン・ファー「フェミニストとしての兵隊―占領下における性役割論争」国際女性学会編『国際女性学会78東京会議報告書』1978年，p.15.

第4章
# メアリ・ビーアドの思想と行動

## 1 はじめに

　GHQ女性問題担当官エセル・ウィードは，女性政策の立案・実施に当たって，アメリカ女性史の草分けであるメアリ・ビーアドと個人的な書簡を交わし助言を求めた。戦前ビーアドの招きで渡米し，その指導のもとで自叙伝，*Facing Two Ways, The Story of My Life* [1] を著した加藤シヅエは，この本が占領政策の基本テキストとして採用されたことからウィードの女性問題顧問に抜擢され，戦後日本の制度改革に重要な役割を果たすことになる。まさに，ビーアドはウィードと加藤の双方にとって偉大な師としての存在であったのである [2]。また，1953年にビーアドが加藤の翻訳で出版した『日本女性史』は，『歴史における力としての女性』の日本ヴァージョンというべき著作で，そこには過去の日本女性の活躍と進行中の占領下の女性政策の意義が述べられている。このように，ビーアドの考え方は，ウィードの政策を媒介として間接的に，『日本女性史』の執筆・刊行によって直接的に，占領政策と戦後改革に大きな影響を及ぼしたのである。本章では，占領下における女性政策と戦後改革の特質を把握する上で鍵となる，ビーアドの思想と行動 [3]，日本との関わりについて述べる。

## 2 女性史家としてのビーアド

　ビーアドは，1946年に代表作『歴史における力としての女性』を著し，女性

Ⅰ　女性解放をめぐる占領政策の特質

は男性とともに歴史を積極的に創り上げてきた存在であるという新しい見方を提示したアメリカ女性史研究のパイオニアである。革新主義時代に著名な社会改革者として活躍し，生涯を通して女性の政治的，経済的，社会的，知的向上を追求したビーアドは，当時，彼女の意見に必ずしも賛同しないフェミニストや一般のアメリカ人からも広く尊敬され名声を博していた。しかし，1970年代に女性史が新しい分野として認められるようになるまで，歴史家・フェミニストとしての業績はほとんど省みられることはなかった。伝統的な歴史家たちは，彼女を夫チャールズ・ビーアド[4]の共同研究者，一般の人々に親しみやすい歴史書の名前だけの共著者としてしか扱ってこなかった。当時のフェミニストの歴史家たちは，彼女の先駆的な役割は認めるとしても，女性抑圧史観の否定と平等権修正条項（Equal Rights Amendment, ERA）反対の立場がフェミニズムに反するとして，彼女の思想と運動における指導性を本格的に検討してこなかったのである。

　ビーアドは，その人生の多くを女性の過去を再発見することによって歴史の有用性を証明した。彼女は，女性が歴史に描かれなければ歴史は完全なものとはならない，女性は男性の協力者であるとともに「文明」の創造者であると主張する。また，歴史叙述はあらゆることが他の事柄と関連する織物であるという前提にたち，女性問題を分離して論じるのではなく歴史の全体に統合しようとした[5]。チャールズとの最初の共著『アメリカの市民権』に女性の視点をとりいれ，ついで，単著『市政における女性の仕事』，『女性の理解について』，『歴史における力としての女性』で女性を主題とした歴史を著す。ビーアド自身チャールズの陰に隠れた不可視の実例ではあったが，歴史における女性の不可視性を終焉させるために女性の過去の再構築に全力を注いだのである。

　ビーアドが人生の前半を生きた世紀転換期は，アメリカの批判的知識人が形成され，経済学のソースタイン・ヴェブレン，哲学のジョン・デューイ，歴史学のジェームス・ハーベイ・ロビンソン，アーサー・シュレジンガー，チャールズ・ビーアドによって，形式的研究方法が打破された革新主義の時代である。歴史学の分野の「新しい歴史学」の著者たちは，過去を単なる過去としてではなく，現在と関連づけて理解する現在志向的な，相対主義的・機能的な歴史研究を切り開き，経済的・社会的要因を考察することによって，軍事的・政治的

解釈を優位とする立場に挑戦し，新しい歴史観を示した。ビーアドは，この新しい歴史学を主張するグループに属し，歴史叙述の基本を提示した。彼女は，歴史において女性は中心的な存在であることを具体的に示し，そのような女性の概念を歴史叙述の主流に組み入れることが必要であると主張する。

## 3　著作と活動

　ビーアドは，チャールズの家庭における妻，2人の子どもの母である以上に著述そのものにおける一生の伴侶であった。特に女性の役割の重要性や文化・文学はビーアドの貢献である。チャールズとの共同作業は多方面で影響力をもったが，ビーアドが女性を主題として表現しようとしたことは十分に理解されたとはいえない。1920年以来アメリカの女性は何年間も参政権を行使していたが，生き生きとした女性の活動的な過去は彼女たちにとっては依然として遠いものであった。ビーアドは女性を打ちのめしている深遠な無知に立ち向かうためのプロジェクトを開始し，多くの著書を世に問うたのである。代表的な著作と女性史家としての実践的活動をみてみよう。

◇代表的著作
　『市政における女性の仕事』（1915年）では，都市における女性のさまざまな重要な役割が叙述されている。例えば，アメリカで最初の幼稚園設立，公共図書館，移民のための成人教育プログラム，職業訓練校，公衆衛生プログラム，住宅改築，ソーシャルワークなどでの女性の業績と洞察力の物語が語られ，国家の政治・外交・二大政党・組合の成立をテーマとする伝統的な歴史とは異なった光景が描かれている。
　日本，中国，ユーゴスラヴィアへの旅行ののちに著した『女性の理解について』（1931年）は，「文明（civilization）」の始まりと発展における女性の重要な力を理論的に提示した最初の著書である。女性は生命の存続と保護に対する責任を拡大して，家事を発明し，文明の発展に貢献したが，そのような女性の重要な貢献は理解されていないとする。なぜなら，歴史家は階級分化の発生の分析に傾注し，分析カテゴリーとしてのジェンダーを無視しているからである。

Ⅰ　女性解放をめぐる占領政策の特質

また，フェミニストの批判はいかに正当であろうとも，かれらの悲しみは男女の関係性に内在するのではなく，むしろ特定の時代の所与の条件を反映しており，急進的なフェミニストの性的反目は目標が達成されると存在しなくなるであろうと主張する。最後に次のように結んでいる：「全てのものの中心にある永遠の女性特有のもの（feminine），すなわち生命の保護は存続するであろう」[6]と。

ビーアドは，女性史理解の枠組みとしての女性の権利主張の意義を最小限に評価したが，歴史は女性の視点からみると異なって見えるという前提に立っていた。

ビーアドの全著作を通して二つの女性観がみられる。すなわち，愛情に満ちた世話は女性の属性であるとする考えと女性は男性と同様に善と悪を備えもつという考えである。この作品では，前者が前面に出て女性世界の同質性が強調されている。のちの著作では，後者の主張が強くなり，両性が活躍する一つの世界の存在を主張し，両性間の闘争よりも協力して歴史をつくってきたことを強調するようになる。

『女性の目を通してみるアメリカ』（1933年）では，アメリカの女性は最初から国家の全体的な発展の一部であると述べる。ビーアドの著作にみられる文明概念の要諦は共同参加による集団的協同であって個人主義と対立する。チャールズと同様にビーアドもまた，経済的，哲学的個人主義と自由放任主義に対して批判的であった。恐慌の進行とともにビーアドの中で芽生えた考え，「フェミニズム」は個人主義と同意語であり，自由放任主義的個人主義に基礎をおくフェミニズムは文明にとって基本的なものではないというテーマを引き継いでいる。

『ブリタニカ百科事典』（1941年）は，ブリタニカ百科事典に取り上げられてこなかった重要な女性の活動（尼僧による最初の病院の設立など）を例示して，古文書の新しい読み方を提示している。レポートは，数多くの事例の洞察に基づき，議会，大学，医科大学の設立が女性を排除するようになった歴史的事実を挙げ，これらの制度の発達とともに初期の伝統的な女性の力が次第に弱められたと指摘する。

70歳の時に著した『歴史における力としての女性』（1946年）は初期のアイデ

## 第4章　メアリ・ビーアドの思想と行動

ィアやテーマが発展させられ深められた代表的な著作である。ウィリアム・ブラックストーンの思想がアメリカのフェミニズムに及ぼした影響を分析して，女性抑圧の思想は19世紀のフェミニストによって定着させられたという斬新な主張を展開している。その論拠となったのはブラックストーンの「イギリス法論評」(*Commentaries on the Law of England*, 1765) である。ブラックストーンはこの論文で，結婚によって市民としての女性は消滅し，その生命と法的存在は夫の存在に統合されるとした。ビーアドは，アメリカのフェミニストが，1848年のセネカ・フォールズでフェミニスト宣言の基礎として，ブラックストーンの法的な従属理論を技術的に誤読して「女性は男性に従属してきた」という彼の断言を採用したことを指摘し，女性自身が（男性の歴史家と同様に）女性の力の真実を隠蔽してきたと批判する。そして，フェミニストによって使用されたこのフレーズの解釈に次のように挑戦している。ブラックストーンは比喩的にこれを使っているのであって，文字通りに解釈してはならない。ここでいう法律上とはイギリス法の一部である普通法を意味しており，特別裁判所で正義のもとに，普通法によって女性に認められなかった権利は衡平法によって認められることになる。また，ここでは既婚女性のみについていっており女性一般が視野に入れられていない。このほか，めったに法廷にもちこまれないが，一般的な日常の事柄を規定している男女の間の私的な約束事があるとしている[7]。

　この著書のもう一つの注目すべき特徴は，女性の歴史的な使命は「養育」ではなく「世界建設」にあると主張し，これまでの著作よりも公的な役割を強調していることである。

　ビーアドは，「フェミニズム」の意味を男性に対する敵対，矮小な個人主義として狭く解釈し，18世紀以降のフェミニズムは女性を女性のイニシアティヴではなく男性の模倣へと導いたと批判する。このように絶頂期の著作はアンチフェミニズムと呼ぶにふさわしいトーンを帯びている。この論調は，戦時中の女性の産業・軍隊・行政・専門職への華々しい進出は女性が公的生活の中心で，社会的な力を平等に管理する力があるという主張の良い例[8]であるが，他方で，それが男性をモデルにした社会進出であれば，女性による文明の創造という信念に対して決定的な打撃となるという歴史的背景に基づいていると考えられる。

　実際に，ビーアドはウィードへの書簡において，「アメリカの著名な指導者

Ⅰ　女性解放をめぐる占領政策の特質

は知的に子どもの段階にあり，しかも中産階級であるから，（日本の—引用者）農村女性が過去にも現在も力をもっていることは想像することができない。今必要なことはもっと大人になって農村女性に手をさしのべることである。男性の関心事を内容とする大学教育を受けた女性は昔から女性が力をもっていたという事実に気がつかなくなる。」[9]と述べ，「内緒の評価を口外しないでほしい」と断った上で，教育使節団員として，ギルダースリーブやウッドワードの代わりに，女性の視点に立った大学教育を提案しているバーナード・カレッジの新学長ミリセント・マッキントッシュに加わってほしかったとさえ言いきっている[10]。

◇世界女性史資料センターの設立

　ビーアドは，『女性の理解について』の序文で，「すべての事柄は歴史家に依存する」[11]，歴史を書くことは「信念の行為」であると述べ，歴史家の主観について，イタリアの思想家ベネデット・クローチェの『歴史—その理論と実践』の影響を受けていることを明らかにしている[12]。クローチェは事実と理念の違いを疑い，事実は観察者の意識の中においてのみ存在するという確信を追求し，個人の意識のみが現実であると結論づけたが，ビーアドは歴史における女性の生活の事実を発見することによってこのようなクローチェの完全主観主義を補った。過去における女性の生活が知られていないならば，真実はどのようにして創り出すことができるであろうか。女性が記録から欠落しているならば，どのようにして過去・現在・未来が結びつけられ，理解されることができるであろうか。ビーアドは，女性史のより完全な描写に女性共通の力を探し求める。

　このような問題意識から，1935年，ハンガリーの平和主義フェミニスト，ロシカ・シュワイマー（1877年–1948年）が提案した世界女性史資料センターの設立に賛同し，女性の生活について書かれた原資料を収集し，女性史情報センターとするために奮闘する。ビーアドが構想した資料センターは，古文書収集や博物館のプロジェクトだけではなく，政治的な事業が企画され，教育改革の基礎づくりの場，公的な女性の異議申し立ての場，社会的指導者が生まれる場としての機能をもつという壮大なものであった[13]。しかし，1940年，経済的，組織的，政治的問題が生じて，このプロジェクトは解散し，収集された資料は各

地の図書館に分散して収蔵されることとなる。

並行して「世界女性史エンサイクロペディア」の編纂が計画されるが，提案者であるオーストリアの哲学者アンネ・アズカナジがナチスドイツのオーストリア侵攻によって亡命の末行方不明になったためについに実現できなかった。

## ◇男女平等教育

世界女性史資料センターの運営が破綻すると，ビーアドは大学における平等教育のカリキュラム開発に力を注ぐようになる。70歳のとき講演でつぎのように述べている。「わたしは，成功者でもなければ，キャリア・ウーマンでも，博士でもない。わたしは仕事をする女性である。いったいどんな仕事か？自己教育（self-education）という仕事である。わたしは自己教育によってわたしの感情を十分に表現することができるようになった」[14]と。キャリアとは，権威ある専門家によって評価されるものであるが，女性のキャリアについてはその正当性を否定し，大学の外で女性は教育されることが可能であり，大学外でこそ自己教育ができると考えたのである。かつてチャールズは大学が大学人の想像力を硬直させたことに憤怒してコロンビア大学を去り，以来在野で研究を続けてきたが，ましてや女性はなおさらである。なぜなら男性主導の大学社会の中で女性は無視されるだけではなく主導性を削がれ知的な臆病さを深めるのである。ビーアドは，男性の価値基準にあわせて，財産，仕事，地位，キャリアを追い求めるとき，彼女たちが変革しようとした組織の落とし穴に捉えられてしまうとして，「模倣の罠」をおそれた。価値中立的とみなされている大学や専門職における男性の見解を女性へ注入することに対するビーアドの建設的な悲観論は当時のアメリカでは実に独創的であった[15]。

ビーアドは，同じ考えをもつ親しい学長や熟練した司書たちに女性の歴史的分析の重要性を説得するために大学に働きかける。また，男女平等教育の内容を学生に教え，生気を吹き込もうとした。男性が歴史によって男性の意味を考えることを教えられると同様に，女性もまた歴史的過去の中に女性を位置づけて歴史における女性の意味を学び，文明社会の建設にその力を発揮するよう教育する必要があると主張した。そしてビーアドが求めたのは女性のための分離教育ではなく，女性について男女が学ぶ新しい方法である。

I 女性解放をめぐる占領政策の特質

ビーアドは，女性の特性教育を主張するミルズ・カレッジ学長リン・ホワイトによるアメリカ大学婦人協会での演説を手厳しく批判する。ホワイトは，これからの女子高等教育は女子教育で使われている男性の知識と職業モデルを廃して，良き妻，母を養成し将来の家庭生活への準備教育を盛り込むべきだとした。ビーアドはこの考えに反対し，一貫して性差を強調せず，むしろ家庭的な仕事の訓練を女子高等教育のカリキュラムに含むべきではないとしている[16]。戦後，一般の女性は歴史的な潜在力を社会的な貢献に使わないのではないかという疑念によって，皮肉にも反フェミニスト的な批判の特徴をより強く帯びるようになっていった。

夫亡き後のビーアドは，より広い世界に興味をもち精力的に活動を展開する。とりわけ真の男女平等教育のための教育改革計画やあらゆる場所，時代，分野での男性と女性の貢献を発見し男女で討議する教育を構想し，あたかもチャールズに話しかけるように親しい友人に手紙を書き送った。ウィードへの書簡もその一つであった。ビーアドは女性の再教育は長く，ゆっくりとした，ときには空虚な仕事であるということを知っていたが，決して止めようとしなかった。彼女はたった一人で，新しい女性のイメージをつくりあげようとして，フェミニズム反対勢力と戦闘的フェミニストの両方に戦いを挑んだのである。

## 4　思想とその意義

◇ビーアドの思想

ビーアドの人生は女性の知性を追求する聖戦であった。『歴史における力としての女性』に彼女の思想を熟成させて，女性のアカデミーと勝負をし，彼女に耳を傾ける人には誰にでも話しかけた。周りのフェミニストが過去も現在も女性は力をもっていないという考えを繰り返す中で，彼女は決して女性の歴史における重要な役割に対する信念を揺るがすことはなかった。そして自分の使命を「長い歴史における女性」[17]と名づけ，忍耐強く沈黙することはない伝道者の情熱をもって訴え続け，女性を歴史の中心におき，世界が女性によってどのように変えられるか考える人生を送ってきた。晩年の数年間に現代フェミニスト学としてあらわされるこのような彼女の思想の核心となった論点をまとめ

第4章　メアリ・ビーアドの思想と行動

てみよう。

（1）女性抑圧史の否定　ビーアドは『歴史における力としての女性』で「女性の力」の豊富な具体例をあげて，歴史を通して女性は無力であったという伝統的フェミニストの言説に反論し，歴史における女性の地位の変化を証明している。すなわち，階級差が権利を規定した中世では支配階級の女性は大きな権力を行使していたから，女性の役割を叙述する一つの公式を適用することができない。女性が職業，政治，権力から追われ，階級とは関係なく性差別が一般化したのは資本主義社会になってからであり，フェミニズムが芽生えたのは女性が権力を喪失した時代においてであると[18]。このような伝統的フェミニストの歴史観に対するビーアドの反論は重要であるが，長い間ほとんど無視されてきた。今日では，実証的な研究の多くは彼女の理論を立証しているといえよう。

（2）集団的な力　著作を通して常に繰り返されているもう一つのテーマは，公式上の無力を補う女性の集団的な行動とその集団の結合力がもつ力に対する認識である[19]。初期の参政権運動や組合運動の経験から，権力の資源を利用する機会を閉ざされた人々は既存の権威から得るものとは無関係な力への手段をもっていることを熟知していた。同様に，公教育を拒絶された女性たちが，インフォーマルな手段によって実質的に教育を獲得することができるということも証明している。

（3）経験と力　力はどのようにして獲得することができるのであろうか。豊かな余暇を謳歌しているアメリカの女性はなぜ知的には最も優れた段階に到達していないのであろうか。後者の疑問について，29年の論文「アメリカ女性と出版物」[20]で，その原因は余暇にあり，「仕事と責任」が重大な知的な仕事にむかう内在的な衝動であると答えている[21]。そして，19世紀の内戦や20世紀の資本家による企業の拡大など重大な社会的闘争について熟考した女性の思想家たちを列挙し，このような「偉大な思想家，著述家は決して単なる観客ではない」ことを証明する。加えてこのような卓越した論究は「これまで彼女たちに与えられなかった経験という方法によってのみ達成されるであろう」[22]と述べ，力を創り出す経験の重要性に注意を喚起している。

（4）女性の視点　ビーアドの斜に構えた角度からの「女性の視点」はそ

Ⅰ　女性解放をめぐる占領政策の特質

れまで歴史家や社会批評家が気づかなかったことがらを斬新に見ることを可能にした。たとえば，中世の尼寺は女性の自治の避難場所（安全地帯）であったと注釈し，ゴシップのテーマは，つまらないものとして無視するのではなく，女性たちがどのようにして互いに団結したかを理解する研究対象であるとして入念な研究を推奨している。

（5）複眼的な女性観　多くの歴史家が指摘するように，ビーアドの著作を通して二つの女性観，文明の積極的創造者としての女性像と，創造と破壊，善と悪の両面をもつ多様な女性像との間にダイナミックな緊張関係がみられる。前者は単数で抽象的な女性（Woman），後者は複数でさまざまな個人の女性たち（women）である。ビーアドは，女性を Woman として固定的に解釈するのではなく，二つの女性観を歴史の場所によって使い分けて説明している。このような複眼的な女性観は彼女の知的な実践がフェミニズムの二つの世代にまたがっていることと深い関係がある。ビーアドが活動を始めた19世紀後半には，組織化された女性たちは単数で大文字の女性（Woman）の集団の結束力，愛情細やかな世話や心遣い，建設的な特徴に全面的な信頼をおいていた。また，ヴィクトリア朝時代の文化人類学の著書からの影響もあって，ビーアドは「女性の役割」というアイディアを保持したいと考えた。しかし，20世紀初頭，新たに台頭した自称フェミニズムが単数で大文字の女性 Woman を拒否し，形式主義に反対し，女性によってさまざまな運命が選択される方向を志向するようになると，ビーアドは女性を小文字の複数の多様な女性たち（women）として捉えるようになる。

　ナンシー・コットが指摘するように，女性の過去についてのビーアドの統一的見解は，女性を建設的な一つのグループとしてみる枠組みと，男性と同じように力をふるう者を含む多様なグループから成るとみる枠組みの二つをできるだけうまく調和させようとする試みとして理解することができる。おそらく彼女の歴史的な洞察は過去の女性の多様性と個性を発見することによって，できるだけ上手に譲歩して，文明を創り出す女性の仕事という最重要テーマに徹しようとしたと思われる[23]。

（6）コンシャスネス・レイジング　文明における力としての女性という構想は，女性たち自身が多種多様な人々からなるが，互いに緊密な関係の集団

であるということを理解するためのコンシャスネス・レイジングの概念でもある。晩年，ウィードへの手紙[24]の中で，「長い間私がしようとしてきたことは，女性が過去の歴史において力をもっていたことに目覚めさせ，今，何をすべきかを考えるように励ますことである」と記述している。彼女の女性像は，女性の公共的な努力に基礎をおいていたので，個人主義を足場とした自由主義的フェミニズムよりも，人種や民族を越えて女性に訴える潜在力をもっていた。

（7）公共性の再構築　　王，国家，戦争を叙述する伝統的な歴史の限界を批判し，その枠組みを広げようとした。ビーアドは家庭における女性の擁護者を文明創造の役割の原型としてみなしたが，結婚や子育ての歴史を探究しようとはしなかった。ビーアドにおける文明概念はラテン語の civis の語源に根ざし，「生活，権利，義務，市民性の節制，公的なことに対する世話」を意味し，女性が文明の中心であることは「自然な」ことであるとする。ビーアド夫妻は civis を cultus から区別して，家庭と養育は私的なことがらとして文化（culture）に位置づけたが，文明（civilization）のカテゴリーに関係づけていない[25]。

　女性がおこなうことは政治的・社会的であることを強調することによって，男性＝公共性という同一化を否定し，男性とともに女性が活躍する公的な場としての公共性の概念（女性・男性＝公共性）を再構築したのである。

（8）男性研究　　男性についても異なった見方をしている。1934年の論文「単身者の性生活」では，離婚・死別・未婚の男性単身者についての分析の重要性に注意を喚起し，家族生活の文脈の中での男性の役割を調べた[26]。ここでは，単身男性のカテゴリーとしてヒットラー親衛隊をとりあげ，彼らの運動を「本質的に未婚男性のダイナミックス」として次のように描いている。第一次世界大戦後，ヒットラーは，教育，職業，家族，公的な義務が及ぼす抑制的な力によって影響されない，サディスチックな気質の男たちに囲まれていたが，これらのひと握りの男たちはロマン主義青年運動によって支持された，暴力的な，貧しい，無職の，家庭から離れた若者たちであり，彼等は文明国家が人間的な行動のために制定した障壁を虎の激しさをもって飛び越えた。アメリカにおいてもまた，経済危機のさなかに，生計と慰みを求めて放浪者のようにさまよう一群の若い男女がおり，人類の自然の衝動の上に文明が広げた化粧板はいかに薄いかを示していると考察している。ここでビーアドが強調したかったの

は，家庭の安寧と社会の安定が維持されるためには，女性と同様に男性もまた深いきずなや家庭生活を求めているということである[27]。

### ◇ビーアドの思想の意義

抑圧をなくすための闘争は女性たちの「知性」を求める闘争であるというビーアドの信念は，今日では彼女をフェミニズムの最前線に位置づける。近年のフェミニストの著作の多くはビーアドの遺産の多くを引き継いでいるといえよう。意識変革の中心的位置づけ，非公式な集団的行動の力，女性の共同体の強さ，多くの人にとって良い結果をもたらした歴史的変化，たとえば政治的・教育的機会の拡大は，新しい機会が与えられなかった人々との間に格差を生みだすであろうという歴史的仮説，女性と同様に異なった視点から「他者」として男性を分析する力，女性の経験を文明の中心に据えることなど。

では，なぜ当時の多くのフェミニストは彼女の貢献を正当に評価しなかったのであろうか。一つには，彼女の思想は，イデオロギー闘争のために使用するには容易ではなかったことがあげられる。ビーアドが主張するように，もしも女性が力に満ちているなら，なぜ女性たちは不平を言い悲しまなければならないのか。彼女の立場は，彼女の意図とは違って，反フェミニストの調子を帯びているようにみえる。

二つ目には，ビーアドは女性たちが生きてきた苦難を熟知しており，世界が女性にとって公平な場所であるとは信じていなかったにもかかわらず，誇張して女性の従属の現実を最小限に評価しようとしたことである。しかし，重要なことは，彼女の誇張はイデオロギー上の奮闘であったことである。どの時代においても女性は一つのかたまりとして影響力（force）を構成していたが，その効力（power）を認めない人々の無知によって制限されてきたにすぎないと信じていた。女性が過去において，いかに世界の富，芸術，美，科学，技術に貢献してきたかを知ることは，単なる平等を求める叫びよりも価値のある道具を女性に与えるであろうと考え，女性の自意識，自信，自己認識の成長を阻むものは何であろうとも，きっぱり否認した。だから女性の従属という否定的な言葉を最小限に評価したのである。

三つ目の理由は，彼女の歴史の構成概念にはいくつかの重大な理論的な欠点

があることによる。たとえば，豊富な詳細なことがらの叙述を説明するための理論的なモデルを提示することに成功していない。また，書かれた歴史において，女性が私的な分野の主体であるという言説を修正するために，親密な関係の相互作用の意味，歴史性，男女のダイナミックスの考察を犠牲にして公的な世界の女性を強調している。また，彼女の歴史の叙述の多くは他の研究者の二次資料に依存していること，読みにくい文体であることが挙げられる。ビーアドは，知的に孤立していたため，討論者がいなく，批判されることはなかった。彼女の著作はありきたりのおべっかで迎えられるか，敵対的な非難か，あるいは無視された。大学のセミナーでの対話や仲間からの批判を受けていたならば，彼女の文章スタイルや内容上の不十分な点は修正できたであろうと思われる。

　しかしながら，理論的な面で，ビーアドは歴史をつくる力としての女性に光を当て，女性の目を通してみると歴史は違ってみえるという実験的な構想を提示した。女性は常に歴史を創る上で中心的な存在であるという主張は，今日われわれが使用している歴史の分析カテゴリーとしての「ジェンダー」が生みだされる基礎となったといえる。実践的な面で，未来を変えるために女性は歴史を必要としているという強い確信は，ウィードを介して戦後日本の女性政策の方向性に大きな影響を与えたのである。次節ではビーアドの日本との関わりについて検討する。

## 5　アメリカの鏡としての日本

### ◆日本との出会い

　第一次大戦終了時から昭和初期にいたる10年間は第二次世界大戦以前において日本とアメリカとの文化交流が最も盛んにおこなわれた時期である。1919年ジョン・デューイ，1922年マーガレット・サンガーに続いて，ビーアド夫妻が，当時東京市長や震災復興院総裁を務めていた後藤新平の招聘で，1922年と関東大震災後の23年の2回にわたって来日している。20世紀前半のアメリカを代表する知識人の一人であるチャールズ・ビーアドは，東京市政調査会の顧問として，市政改革についての深い知識と経験に基づき，日本での講演で市民の自覚と市政改革との繋がりを日々の暮らしの問題に即して語った。震災後は都市再

Ⅰ　女性解放をめぐる占領政策の特質

建について助言している[28]。デューイは参加型民主主義の足跡を発見することができなかった日本社会に隔たりを感じたが，チャールズ・ビーアドは当時の日本で近代化と民主主義を結びつけることができると考えた点で，寛容且つ楽観的であった。1920年代前半の日本に彼が発見したのは，アメリカの現代文明と同義の機械工業文明が花開こうとしている東京であった。来日当時の日本は民主的ではなかったが，革新的計画を進めつつあり，高邁ではあるが空虚なレトリックではない，社会的知識の技術的方法によって日本は民主化へと導かれることができると考えた[29]。

ビーアドは日本の女性労働問題と参政権運動に深い関心をもっての来日であった[30]。日本では，1919年11月24日，大阪朝日新聞社主催第1回関西婦人団体連合大会で平塚らいてうが「婦人の団結を望む」と題して講演し新婦人協会の結成を呼びかける。翌1920年3月26日，平塚らいてう，市川房枝，奥むめおを理事にむかえて結団式がおこなわれ，治安警察法第5条の改正（女子の政党加入，政談演説会の発起人や参加の自由）を求めて対議会活動を展開する。しかし，1922年4月20日，第5条2項の改正により女性に認められたのは政談演説会の発起人と傍聴のみであった。ビーアドは，9月15日，来日早々にこのような日本女性の参政権運動の状況を聞き[31]，これらの女性運動家と接触する。

1922年12月2日，ビーアドは，東京商科大学で開催された大正婦人会講演会で，「今後の文化建設に関する婦人の使命」という演題で講演をしている。この講演で，H. G. ウェルズの男性中心の歴史観を批判し，有史以来女性たちは無視されてきたが，実際には人類の文明の発展に貢献してきたことに気づく必要があると強調している。そして，世界の女性は手を携えて，女性たちが今日占めている地位の発展の歴史をたどり，過去の女性たちが今日の文明を築くのに貢献してきた歴史を理解し，少しばかり自慢できる時代が到来したと述べる[32]。

東京講演はおそらく文明社会の発展への女性の貢献に関する文化人類学の著書を読み，母権制社会が聖書時代の家父長制社会に先立って存在していたという主張を反映したと思われる[33]。原始時代と現代の関係に言及し，男性が民主的な権利を獲得するに伴い女性は次第に権利を喪失したが，現代国家が政治的な機能を超えて奉仕者としての機能にまで社会的責任を拡大したときに，社会

第 4 章　メアリ・ビーアドの思想と行動

奉仕という「女性の領域」を包含することになり，結果，政治体のメンバーとして女性の参政権が必要になったと論じている。ビーアドは『市政における女性の仕事』のこのようなアプローチを講演で展開している[34]。

　ビーアドが『市政における女性の仕事』の主張を実際に行動であらわしたのは，関東大震災の女性による救援活動の支援においてである。1923年10月に，関東大震災の救援活動を契機に，43の婦人団体が結集して東京婦人連合会が結成される。中間層の婦人団体のほか社会主義女性運動のメンバーも参加して，製作部，労務部，教育部，研究部，社会事業部などの専門分野に分かれて研究活動をした。この活動はのちの婦人参政権獲得期成同盟の結成に大きな影響を与える。震災後の2回目の来日でビーアドは，アメリカの女性参政権獲得の最大要因は社会奉仕であったとして，「市政における女性の仕事」の意義を強調し，東京婦人連合会の顧問として救援活動を支援する。東京婦人連合会は，ビーアドが提案したケース・メソッドを採用してカードに被災者の氏名・住所などの情報を記載し，区域に分けて連絡を取り合って救援活動に女性の力を発揮する[35]。11月2日の復興婦人評議会が組織された婦人市政研究会の総会で，ビーアドは女性が本来政治的であることを強調し，女性の社会的活動が市政を動かす力になっていることを理解し，その価値を広く知らせることが必要であると助言する[36]。研究会には，吉岡弥生，坂本真琴，江口愛子，新渡戸こと子，村岡花子等30人が参加しており，ビーアドはこれらの活動を通して人脈を広げる。当時の日本女性たちとの交流の経験から，ビーアドは，戦後出版された，ルース・ベネディクトの『菊と刀』での分析について，「皮相であるだけでなく古い日本について固定的な描写をしているのではないかと思う。日本史における女性の力はもっと弾力性があったことを証明することができる」[37] と厳しく批判している。

　滞日中ビーアドにとって大きな意味をもつ出来事は，サンガー夫人の影響を受けて「産児調節研究会」を設立したばかりの加藤シヅエ（当時石本静枝）との出会いである。1922年，後藤新平が，娘愛子がシヅエの叔父鶴見佑介の妻であることから，シヅエをビーアド夫妻に紹介したのが機縁で二人は親しくなる。当時46歳のビーアドは，25歳のシヅエにとって歴史の物差しでものをみる見方を教える師として大きな存在であった。1935年シヅエが自叙伝 *Facing Two*

81

*Ways* を刊行するに際して内容についての助言や出版社の紹介などさまざまな助力を惜しまなかった[38]。

1936年，中国，インド，南米，北米，フランスの研究者との世界女性史エンサイクロペディア編纂の提案に賛同したビーアドは，主唱者であるオーストリアの哲学者アンネ・アズカナジにシヅエを紹介する。日本での女性史編纂は，女性史研究者がいないことや，図書館が女性に開かれていないといった理由できわめて困難であろうと考えられたが，シヅエは，長谷川時雨，新島伊都子，三井礼子とともに4人をメンバーとする「日本女性史エンサイクロペディア編纂会」を結成し，資料収集を始める。しかし，ナチスドイツのオーストリア侵攻のためアズカナジは亡命を余儀なくされ，その後行方不明となり，計画は頓挫してしまう。日本でも全体主義体制下で女性史研究会を続行することが危険となり，1941年，英訳された資料はビーアドのもとへ送付される。これらの資料は，戦後，加藤シヅエの了解を得て，ビーアドによって『日本女性史』の原史料として使用され，その後スミス・カレッジの古文書室に所蔵されることとなる[39]。

関東大震災後の2回目の日本訪問はビーアドにとってアメリカを見直すきっかけとなる[40]。帰国後，夫との共著 *A Rise of American Civilization* の改訂に取り組み，政治，経済，文化生活の相互の接触による調和を明らかにし，彼女の統合的歴史観がここにかたちとなって現れ始める。すなわち，この著書の序文では，女性は上層から底辺まで，戦時も平時も遺産の伝達者として，芸術や科学の分野における貢献者として，人間の発展の全過程に関わってきたという前提が述べられている[41]。そして，具体的に，ヨーロッパからの移民と植民地経済の設立に女性が参加してきたことが強調して叙述されている[42]。

◎『日本女性史』の刊行

ビーアドは1922年から23年にかけての日本滞在以来，日本女性について関心をもち続けていた。とくにシヅエとの交友をあたため，1933年シカゴでの国際女性評議会の開催に合わせて彼女をアメリカに招聘し，自分史を書くように勧める。ビーアドの指導のもとで書かれた *Facing Two Ways* は欧米諸国で大きな反響を呼んだことはすでに述べたとおりである。1940年，チャールズは，第二

第4章　メアリ・ビーアドの思想と行動

次世界大戦直前に日本政府がとった処置に異議を唱え，それまで親交があった前田多門など日本の知識人に絶交の意志を伝えている[43]。そのような夫の態度に共鳴しビーアドもまたシヅエとの交際を絶つ[44]。

10年後の1945年，加藤シヅエはGHQ / SCAPの女性問題顧問となり，1946年に日本における戦後最初の選挙で国会議員に選出される。「世界女性史資料センター」の設立と「世界女性史エンサイクロペディア」の編纂を中途で断念し，意気消沈していたビーアドのもとへ加藤の消息を伝える手紙がウィードから届いたのである。これがきっかけとなりビーアドは加藤との交友関係を再開して，戦前彼女から送られた資料をもとに『日本女性史』を著すことを決心する。そして，ウィードを通じて加藤の了解を得るとともに，占領下で進行中の日本の女性解放に大きな関心をいだき，それを日本女性史の一頁に書き加えたいと考えるようになる。

ウィードにとっては，フェミニズムについてのビーアドの見識は日本での女性政策の企画・立案をすすめるうえで重要な意味をもった。ウィードはビーアドの期待に応えると同時に，アメリカ人として，日本の女性解放をどのように援助すべきかについて助言を求める。1946年から52年までの6年間に二人のあいだで交わされた60通以上の書簡[45]には，日本でのウィードの女性政策の立案と実施の具体的な課題，それに対するビーアドの見解や助言，激励が述べられており，ウィードを力づけることによって日本での女性政策の推進に大きな影響を与えたことがうかがえる。書簡のやりとりを通して二人は次第に『日本女性史』の刊行と「力としての日本女性」の実現を目指す同志として深い絆で結ばれるようになったのである[46]。婦人少年局の設立や婦人団体の民主化については2章および9章で言及するので，ここではビーアドとウィードが『日本女性史』の出版にどのような期待をいだいていたか，それは占領政策とどのような関係があるかを検証する。

1946年2月8日付書簡でビーアドは，「日本での政策推進上重要な立場にあるウィードが日本女性の果たす役割とその意味を十分に理解しており，加藤シヅエの女性史研究の成果が今や生かされようとしていることは喜ばしいことだ」と激励し，近刊の『『歴史における力としての女性』では歴史的に女性は長い間従属者であったというフェミニストの教義を論破したが，今度は，加藤

I 女性解放をめぐる占領政策の特質

シヅエのような力を発揮している人物を登場させた日本女性史を著す必要がある」と述べ,『歴史における力としての女性』の原稿のコピーをウィードと加藤へ送付する[47]。8月15日付書簡では,「憲法制定特別委員会での加藤の演説は指導者としての力と英知を証明しており,戦前送付された資料をもとに日本女性史出版の準備をする時が到来した」と決意を表明する[48]。

ウィードはビーアドの『日本女性史』刊行プロジェクトに積極的に関わる。早速加藤の了解を取りつけるとともに占領下の日本女性に関するさまざまな情報を送り続ける。また,女性史の登場人物に公職追放中の吉岡弥生と市川房枝をとりあげるという内容上の重要な提案をしている[49]。ビーアドは,「軍指導者として＜逮捕＞されたことは無視されてはならない。二人はどこにでもいる力をふるった女性と同じである。しかも,医学と選挙権獲得に貢献した彼等の活躍は日本女性史の顕著な特徴である」と意義づけたうえで,ウィードの意見に同意する。とりわけ,市川房枝の公職追放解除を求める署名運動に高い関心を示している[50]。

ビーアドの『日本女性史』刊行の意図は,日本女性に「歴史における力」を認識させることによって,民主主義社会建設への貢献に必要な尊厳と力を備えていると自覚させることであった[51]。同時に,「精神医学と精神分析の強迫観念にとらわれているために,女性の自己主張の歴史に対する知識や感性が完全に欠如している」[52]アメリカの女性の鏡となり,日本女性の価値・威厳・社会的責任を理解させることでもあった。

さらに,基礎的な要求,心理的満足についての概念,権力や虚栄に対する崇拝,宗教的感情,科学の現代的プログラムへの応用など多くの点で男女の共通性(これを現代の男性と女性の「複合的な人格 composite personality」と命名)があることをを強調し,男女の違いをつくりだしたのは歴史教育や教育に内在する価値観だとする『女性の理解について』で展開した主張を紹介し,『日本女性史』の刊行は男女の共通の考えの源と男女によってすすめられてきた長い歴史の発展の過程を理解する上で役に立つであろうと期待している[53]。ビーアドの書簡には,女性が社会形成に貢献することは「自然」なことであり,そのような「自然」であることが長い歴史においてよりよい方向へすすむようにしむけなければならない,それが平等教育の内容であると繰り返し述べられている[54]。

第4章　メアリ・ビーアドの思想と行動

　ウィードもまた『日本女性史』の出版に大きな期待を抱いている。まず，日本人からよく尋ねられる質問「アメリカ女性の日本女性に対するイメージ」に答えることができる。そして，進行中の女性たちの民主化運動は過去に蒔かれた種子が結実した要求だということを理解させることができるとしている。
　また，「日本人は自分たちの歴史を考察することによって，かつて尊敬すべきヒロインやヒーローがいたこと，そのような過去の歴史は完全に一掃されてしまったわけではないことを認識し，私たちへの質問の答えを自ら見つけだすことができるという自信を発達させる必要がある」としており[55]，いかにウィードが女性の力に対するビーアドの信念を共有しているかが窺える。この書簡に応えて，ビーアドは，アメリカの女性が見習うべき模範として，マッカーサーと加藤とウィードを日本女性史に書き加えたことを伝えている[56]。
　1949年2月に原稿はほぼ完成。ラインハート社やミネソタ大学出版などアメリカの出版社と交渉するが，天照大神が登場する『日本女性史』の出版はキリスト教の教義に反しており，読者がいないであろうという理由でことごとく断られ[57]，失意の中にあったビーアドのもとに，河出書房との出版契約成立の朗報が加藤からもたらされるのは1951年8月のことである[58]。
　『日本女性史』の序で出版の趣旨が次のように述べられている[59]。

　　現代の女性は現代の男性と同様，長い歴史が生み出したものである。……今までの男女も現代の男女と同様に，人類始まって以来の各時代々々経済的，社会的，政治的，宗教的，教育的な活動の実行家であり，思索家であった。……此の本は東洋という舞台で演じられるあらゆる大きなドラマにおける日本婦人の主役，脇役について書いてある。……私はこの物語を，私の散文的すぎる方法で最も上手に述べようとする大胆さを，次のような私の信念で弁明しようと思う。即ち歴史の面から見た今日における西洋と極東の此の地域との関係は，此の二つが国際的に接触する他の総ての関係と同様，外交的により密接になるために，婦人についての知識を含むお互いについての知識を，出来るだけ多く，しかも一日も早く，分け合うべきであるという信念である。

　最後に，マッカーサーの女性解放政策に対するビーアドの評価に言及する。

I 女性解放をめぐる占領政策の特質

　ビーアドは「女性の力を全面的に民主主義建設に参加させる日本占領の手順はドイツ軍政よりも遥かに聡明である，この点で，マッカーサーの指導性は際だって優れている」[60] と高く評価し，マッカーサーがこのような決意をするに至ったいきさつについて尋ねている[61]。ビーアドの質問は H. B. ウィーラー准将を通してマッカーサーに伝えられ，女性参政権付与の目的は，「女性の家庭の知恵を政治過程に反映させることによって政治の安定化を確保し，軍国主義化を防御する」ことにあるという回答が得られたことは2章で述べたとおりである。ついで，ビーアドは回答に示されたマッカーサーの意図について次のように論評している[62]。

　　この文書でマッカーサー元帥が提示している社会の中核としての家族，家族における保護者としての女性の概念は，さもなければ儒教思想に回帰し別の道に進まざるを得ないことを暗示している。……マッカーサー元帥は女性の家族の世話と養育を政治的民主主義に結びつけるべきであろう。それを側近からではなく彼自身の意思で決断したのであれば，彼の政治的手腕に最高の評価を与えよう。

　ビーアドの論評はウィーラー宛文書に添付されてマッカーサーに報告されていることから，マッカーサーの女性解放政策の妥当性を評価し，推進する役割を果たしたと想定される。

## 6　「歴史における力としての女性」の今日的意義

　ビーアドは初期の活動家としての時代にアメリカやイギリスのラディカルなフェミニズムと手を組んだが，次第に政治的な活動から遠ざかり知的な生活に没頭したとき，彼女の著作はもっとラディカルになった。彼女は目標を違った方向に求めた。長い重要な著作と同じく，より大きな女性のコミュニティに手を伸ばしたのである。
　かつて1920年代に訪れたことのある日本で戦後進行しつつある女性解放のための実験に夢を託した。実際にウィードの政策を介して，また，『日本女性史』

の著作によって彼女の思想は実質的な影響を及ぼし,日本女性の公共性の拡大に寄与することとなった。

女性運動からの支援も無く,うち立てるべき思想の本体も無く,見習うべきモデルもなしに,たった一人で,女性を歴史と社会の中心に据え,世界を女性の視点から見ることを主張したビーアドの力は現実的で遠大である。当時のアメリカの知識人やアカデミズムは女性の力を主張するビーアドの女性史観を否定したが,それでも世界は変化したのである。女性は,そしてビーアドの貢献もまた,書物や歴史の中では無視されてきたが,女性とビーアドの存在の効果は歴史の真実である。男女共同参画社会が喧伝される21世紀の現在においても,「歴史における力としての女性」を主張した彼女の声のこだまは決して消えることはないであろう。

注

1) Shizue Ishimoto, *Facing Two Ways, The Story of My Life,* New York: Farrar & Rinehart, 1935.（船橋邦子訳『ふたつの文化のはざまから―大正デモクラシーを生きた女』不二出版, 1985年）
2) 上村の加藤シヅエへのインタビュー（1989年5月23日,加藤氏宅にて）による。
3) メアリ・ビーアドの思想についてはビーアドの著書のほか以下の論文を参考にした。Anne Lane, "Mary Ritter Beard Woman as Force (1876–1958)," Dale Spender ed., *Feminist Theorists: Three Centuries of Women's Intellectual Traditions,* The Women's Press, 1983; Barbara K. Turoff, *Mary Beard as Force in History,* Monograph Series No.3 Dayton, Ohio: Wright State University, 1979.; Nancy F. Cott, ed. and with an introduction, *A Woman Making History Mary Ritter Beard Through Her Letters,* Yale University Press, 1991.; 武田貴子・緒方房子・岩本裕子著『アメリカ・フェミニズムのパイオニアたち 植民地時代から1920年まで』彩流社, 2001年, pp. 321-325; ナンシー・F. コット「平等権と経済的役割―1920年代における平等権修正条項をめぐる対立」, リンダ・K. カーバー, ジェーン・シェロン・ドゥハート編著 有賀夏紀・杉森長子・瀧田佳子・能登路雅子・藤田文子編訳『Women's America ウィメンズ アメリカ 論文編』ドメス出版, 2002年, pp.141-162.
4) チャールズ・ビーアド（1874-1948）は20世紀前半の米国を代表する知識人で,「新しい歴史学」の提唱者の一人。『合衆国憲法の経済的解釈』(1913)は建国の父祖である憲法制定者個人の経済的利害から接近して解釈したことで一躍注目される。彼の歴史学に対する態度は,従来の客観史学に対し,現在と過去との関連性を強く主張し,「事実」の選択行為自体一つの「思想行為」であり,自己のもつ価値観と深く結びついた「信念の行為」であることを説いた,「信念の行為としての歴史叙述」'Written

I 女性解放をめぐる占領政策の特質

History as an Act of Faith'（1933年，アメリカ学会会長就任演説）で明らかにされたように実践的な意図を持っていた。斎藤真「ビアード―歴史状況と歴史研究」チャールズ・A・ビアード著．池本幸三訳/斎藤真解説『アメリカ古典文庫11チャールズ・A・ビアード―合衆国憲法の歴史的解釈』研究社，1974年参照。
5) Mary Beard, *On Understanding Women,* New york: Longmans, Green and Co.,1931, p.33.
6) *ibid.* p.522.
7) Mary Beard, *Woman as Force in History,* New york: Macmillan, 1946, pp.88-105.
8) *ibid.* pp49-51．女性の社会進出の例として，マッカフェ・ホートンやオヴェタ・C. ホビーについても言及している。
9) 1946年2月8日付書簡　ビーアドからウィードへ
10) 1947年3月30日付書簡　ビーアドからウィードへ。ギルダースリーヴやウッドワードについては6章参照。
11) 上村の加藤シヅエへのインタビュー（1989年5月23日，加藤氏宅にて）による。
12) ビーアドは次の著書の序文でクローチェに言及している。Mary Beard, *America Through Women's Eye,* New york: Macmillan,1933, p.1.
13) Nancy Cott, ed. *op.cit.* p.47.
14) Ann J. Lane ed. & with a New Preface, *op.cit.* 1988, p.53. における引用を参照。原典は *Louisville Courier-Journal,* March 22 1946. *Beard Papers,* DePauw University.
15) Ann J. Lane, *op.cit.* 1983, p.341.
16) 1946年6月15日付書簡　ビーアドからフレダ・ミラーへ（Nancy Cott, ed. *op.cit.* p.289－291.）
17) ちなみに"Women in Long History"（タイプ印刷）がビーアドからウィードへの書簡に添付されている。
18) Mary Beard, *op.cit.* 1946, pp.245-254.
19) 1914年の論文「選挙権のない女性による立法上の影響」では，選挙権のない女性がいかに影響力を行使して集団的な意思を表明したかを調べている。cf. Ann J. Lane ed. & with a New Preface, *op.cit.* 1988, pp.89-94. 原典は"The Legislative Influence of Unenfranchised Women," *The Annals of the American Academy of Political and Social Science,* Vol.56, 1914, pp.54-61.
20) Ann J. Lane ed. & with a New Preface, *ibid.* pp.131-137. 原典は"American Women and the Printing Press," *The Annals of the American Academy of Political and Social Science,* Vols. 143-145, May, 1929, pp.105-206.
21) *ibid.* p.134.
22) *ibid.* p.137.
23) *ibid.* pp.65-66. Nancy Cott, ed. *op.cit.* p.56.
24) 1948年4月3日付書簡　ビーアドからウィードへ
25) Charles A. Beard & Mary R. Beard, *American Spirit : A Study of the Idea of Civilization in the United States,* New York : Macmillan, 1942, p.60.
26) Ann J. Lane ed. & with a New Preface, *ibid.* pp.225-239. 原典は *The Sex Life of the Unmarried Adult: An Inquiry into and an Interpretation of Current Sex Practice,* New York:

Vanguard Press, 1934, pp.155-185.
27) Ann J. Lane ed. & with a New Preface, *ibid.* pp. 227.
28) 遠藤泰生「ビアード夫妻と1920年代の日本」本間長世・亀井俊介・新川健三郎編『現代アメリカ像の再構築　政治と文化の現代史』東京大学出版会, 1998年, pp.141~157.
29) Oliver Zunz, *Why the American Century,* The University of Chicago Press, 1998, p.163.
30)「東京市政顧問として米国から来る珍客ベアード博士の面影　ニューヨーク　花田準一」(「読売新聞」1922年9月10日), 東京市政調査会『チャールズ・A・ビーアド』, 1958年, p.232. ニューヨークでの読売新聞の取材に対して, メアリは来日の抱負を以下のように語っている。「米国に於いては兎に角制度としては婦人参政権問題は解決いたしました。けれども実質に於いて, 婦人がどこまで国家の政治に貢献し得るかは, これからが本試験なのです。…日本婦人が果たして婦人参政の制度を必要として居るか何うか, この点も日本へ行って充分研究して見ませう」
31)「ビ夫人はまた参政運動の大立物：日本婦人をよく見たい」(「東京朝日新聞」1922年9月15日) 同上書, p.234.
32) "Time To Boast A Bit, Women Told–Mrs. Charles A. Beard Says Well's History Leaves Out Feminine Influence. Calls This Modern Rights Count for Nothing, However, Unless They Contribute to Civilization," *Japan Advertisement,* Tokyo, Sunday, December 3, 1922, p.1, 10. この英字新聞では講演タイトルは "Women's Share in Civilization" となっている。
33) L.H. Morgan, Lesser Ward, O.T. Mason, Anna G. Spencer からの影響については以下を参照されたい。Nancy Cott ed. *op.cit.* pp.26-27. スペンサーの考えは, ビーアドの東京講演が必要とした枠組みを与え, タイトルも「女性の文化への貢献 (Woman's Share in Culture)」と酷似のものであった。
34) *ibid.* p.27.
35)「ビアード婦人が顧問となり東京聯合婦人会が手始めの復興事業」(「報知新聞」1923年10月28日), 東京市政調査会, 前掲書, 266頁。「日本婦人の活動を褒めちぎるビ博士夫人」(「東京朝日新聞」1923年10月30日), 同上書, p.266.
36)「ビアード夫人が夫君裸足の名論」(「報知新聞」1923年11月2日), 同上書, p.267.
37) 1947年4月30日付書簡　ビーアドからウィードへ
38) 上村の加藤へのインタビューによる。
39) 同上。加藤『愛は時代を越えて』婦人画報社, 1988年, pp.97-101; 1947年6月14日付書簡　ビーアドからウィードへ
資料収集や英訳, 東大の研究室の使用等の便宜には, 遠藤元男や三島一, 三島すみ江等が協力している。
40) 1947年2月25日付書簡　ビーアドからウィードへ。ここでは次のように述べている。「関東大震災の後に私が日本を訪れたときには, 文明 civilization の基礎に基づいて原始社会から始まり封建社会, 市民戦争, 中央集権国家, 資本主義の反乱へと続く歴史のすべてのコースを学んだ。日本のステージは歴史の長いコースを描写している。農村で麦をふるいにかける姿を目にしたとき, 初期の文化では女性が労働を分担していたという生きた証明を得た。氏族文化を身につけた女性たちと交流したときには封建

Ⅰ　女性解放をめぐる占領政策の特質

主義がどのようであったかを理解した。多少とも男女同権の西洋のフェミニズムに染まった中産階級の＜現代女性＞と話したときには，自分の歴史解釈の不十分さを知った。男女の関係を分析し始めたのは日本にいたときからである」。

41) Charles Beard & Mary Beard, *The Rise of American Civilization,* (New Edition Two Volumes in one Revised and Enlarge) New York : The Macmillan Company, 1933, reprinted in 1935, pp. xii-xiii.
42) *ibid*. pp.24-28.
43) 前田多門「追憶のなかから拾い出すビーアド博士の人格・功業」東京市政調査会，『都市問題』第49巻第9号，1958年9月，pp.6-7.
44) 上村による加藤シヅエへのインタビューによる。
45) ビーアド・ウィード往復書簡は，スミス・カレッジのソフィア・スミス・コレクション，メアリ・ビーアド・コレクション（1936-1958）に所蔵されている。64通の書簡は，1946年から1952年まで，エセル・ウィードとの間で交わされたもので，主としてビーアドの著書『日本女性史』の日本語版と英語版の出版をめぐる内容である（内訳：ビーアドからウィードへ47点，ウィードからビーアドへ14点，ビーアドから加藤へ1点，ララビーからビーアドへ1点，ビーアドからブラッシュへ1点）。そのほかの書簡については下記を参照した。Nancy Cott ed. & with an Introduction, A Woman Making History: Mary Ritter Beard Through Her Letters, Yale University Press, 1991.
46) ウィードは1947年6月，ビーアドを日本に招聘して女性指導者の交流機会を企てるが，チャールズの健康上の理由で断られ実現できなかった。1948年春に一時帰国した際にウィード自身がビーアドの自宅を訪問し，親交を深める。1950年11月8日付書簡から二人の宛名がファースト・ネームの「メアリ」と「エセル」に代わり，親密の度合いが一段と深まる。
47) 1946年2月8日付書簡　ビーアドからウィードへ
48) 1946年8月15日付書簡　ビーアドからウィードへ
49) 1947年9月19日付書簡　ウィードからビーアドへ
50) 1947年9月28日付書簡　ビーアドからウィードへ
51) 1948年4月3日付書簡　ビーアドからウィードへ
52) 1947年11月5日付書簡　ビーアドからウィードへ
53) 1947年3月30日付書簡　ウィードからビーアドへ（Nancy Cott ed. *op.cit*. 1991, pp.287-289.)
54) 1947年2月25日付書簡　ビーアドからウィードへ
55) 1947年6月2日付書簡　ウィードからビーアドへ
56) 1947年6月8日付書簡　ビーアドからウィードへ
57) 1951年1月19日付書簡　ビーアドからウィードへ（Nancy Cott, ed. *op.cit*. pp.322-324.)
58) 1951年8月13日付書簡　メアリからエセルへ。なお，1951年11月21日付書簡ではビーアドは，原稿料を日本女性の歴史教育に使って欲しいとウィードに伝えている。
59) メリー・R・ビアード著加藤シヅエ訳『日本女性史』河出書房，1953年，pp.3-5.
60) 1946年7月10日付書簡　ビーアドからウィードへ
61) 1946年8月15日付書簡　ビーアドからウィードへ

62) 1946年10月31日付書簡　ビーアドからウィードへ［GHQ, "Check Sheet, Subject: Letter from Dr. Mary R. Beard, from C&IE to Col. H. Wheeler, Aide-de-Camp, 13 November 1946," RG-S: SCAP, *Official Correspondence*.（MacArthur Archives所蔵）］この書簡でビーアドは，マッカーサーの政策の論評に加えて，ウィードが想像以上に重要なポストにあり権威をもっていることに驚いたこと，この証拠資料を自分の宝として大切に保存するだけではなく，貴重な歴史資料として学会誌で紹介予定であると述べている。実際に以下の論文でマッカーサーからの回答文を引用し，家庭の知恵を民主主義社会の建設に生かして活躍している代表的な人物として加藤を紹介している。cf. Mary R. Beard, "Women's Role in Society," *Annals of the American Academy of Political and Social Sciences*, Philadelphia, May, 1947, pp.1-9.

# Ⅱ 占領政策と男女共学

# 第5章
# 日本占領教育計画

## 1 はじめに

　明治以来，少数の革新的な教育論者や文部省当局によってしばしば計画され，討議されてきた教育機会の平準化，女子に対する大学の開放や女子大学の設置等は，戦後の新学制の実施によって制度的に一挙に実現された。第Ⅱ部第5，6，7章は，戦時期アメリカの日本占領教育計画と学制改革期における学校教育の男女共学政策立案過程をジェンダーの視点から考察し，占領下の男女平等教育政策の特質を明らかにする。

　占領期の学校教育における男女共学化政策に焦点をあてた先行研究を概観してみよう。わが国では，1970年から80年代の女性学の台頭や1975年の「国際婦人年」を契機に，ジェンダーの視点から男女平等教育を検討する研究に対する関心が高まり，女子教育史研究がさかんにおこなわれるようになった。「女子に対するあらゆる形態の差別の撤廃に関する条約」が批准・発効された1980年以降に発表された男女共学化をめぐる諸研究によれば，占領期の男女共学の理念とは男女の教育機会の均等を意味しており，そこには特性教育が内包され，性差別を解消するという理念は欠落していたとする点で基本的に一致している。

　例えば，安川寿之助は，教育基本法第5条に掲げられた「教育上男女の共学は認められなければならない」という条文は男女共学を自明の原理として認めていない点で不徹底であるといい，次のような見解を示している。この条文に落ち着いた要因は，文部省や教育刷新委員会が第一次アメリカ教育使節団とCIEの女性担当官の意向に抑え込まれて男女共学の規定を教育基本法に導入し

たことにある。しかも，CIE が依拠した第一次アメリカ教育使節団報告書の内容は，古典的＝18世紀的民主主義の原理を前提とした第一波フェミニズム運動の成果のレベルであったこと，CIE の男女共学論者は同時に女子大学存続論を擁護する立場にたっており，その主張が男女平等教育の理念と矛盾していることを自覚し得ない時代的制約のもとにあったと。したがって，「第5条の不徹底性は，当時の日本の特殊的な歴史事情によるものというよりは，近代社会そのものの性差別的女子教育論に本質的に規定されていた」と結論づける[1]。

広瀬裕子は，教育基本法第5条に集約された当時の男女共学の理念は，性の違いによって教育機会を差別しないということであるが，その理念を現実的な財政的節約の必要という視点から構想した制度が男女共学制であり，今日の学校教育に見られる特性教育は戦後学制改革期に提示された男女共学化の路線上に位置づくものであるとする。その論拠として以下をあげている。共学化の現実的理由である財政的節約は教育における男女差別の問題を包摂する概念ではないために共学化への直接の原動力となりえなかったこと，理念的理由である教育の機会均等は制度面における男女の同等の取り扱いと同一の教育内容を保障するものではあるが，実質的な内容を問うものではなく形式的原則であること，さらに，女子に対する教育観も地域の人々の生活の中に根付いている特性に基づいた女子教育観から大きな影響を受けたことの三点である[2]。

橋本紀子は，これらの議論は，男女共学を教育の機会均等，教科課程の問題としてのみとらえていると反論する。すなわち，戦後の男女共学制採用に際しては，良妻賢母を指導理念とする女性差別の「女子教育」を打破する方向性を提示した小泉郁子などの戦前日本の共学運動が関わっていたが，男女共学制はそのことの意味を議論することなく実施されたために，法的平等は達成されても，戦後新設された家庭科や社会科が社会的な男女不平等を科学的に認識し，克服する教科として機能しなかったと主張する[3]。

広瀬や橋本の研究にみられるように，男女共学を歴史的に検討した研究は，教育基本法第5条の成立過程や，共学の実施状況，そこでの問題点を考察したものがほとんどであり，多少の違いがあっても男女共学の実現を教育上の性差別からの解放ととらえ，その歴史的意義を評価するという視点にたっている。

これに対して，小山静子は，男女共学が実現された今日においても性差別は

解消されていない現状をふまえ，教育刷新委員会の審議記録をもとに，男女共学をめぐる当時の人々の認識枠組みをジェンダーの視点から分析し，男女共学の教育や男女共学論に潜むジェンダーのありようを明らかにする。すなわち，男女共学は民主主義の原理であると考えていたGHQに対して，日本側にとって男女共学の優先課題は教育機会と教育水準の男性並み化であったこと，男女の特性を認めた上で共学こそがそれらを学ぶ場であるとしたこと，このようなジェンダー観を継承しつつ共学教育を実施していくには，女子には「平等教育」と「女子向きの教育」が必要であり，共学教育は，あるいは男女「平等」教育は，その発足当初において，ジェンダーとは無関係で中立的なものであるようにされながら，実は男子を主眼において構成された，男子生徒により親和性があるものであったとする[4]。

　管見では，占領期における学制改革と男女共学に言及したこれらの研究の多くは，主として，日本側の資料に基づいておこなわれており，占領政策については憶測の域を脱していない[5]。本書では，戦時中からアメリカ政府内で検討されてきた占領教育政策文書，男女共学を勧告した第一次アメリカ教育使節団報告書と女性団員の文書，CIE教育課の女子教育担当官の文書に基づいて，男女共学がGHQの占領教育政策の一環として位置づけられるに至った要因，政策立案・実施の基礎となった女子教育観，CIEの文部省に対する指導と文部省の対応を明らかにし，占領期日本における女子教育改革・男女共学政策の成立過程の解明に新たな光を当てることにする。

　本章では，戦時期から戦後に至るアメリカ合衆国における占領教育改革計画立案過程を検討し，教育機会の男女平等・男女共学が占領教育政策としてどのように位置づけられていたかを明らかにする。

## 2　戦時期アメリカの日本教育改革構想
―― 男女平等教育の起点 ――

　1945年から46年に実施されたアメリカの初期の占領教育改革計画は，日本における軍国主義を除去し自由で民主的傾向を助長するという戦時中の考え方をもとに発展したものであり，ナチズムの破壊的・攻撃的なイデオロギーに対し

て永久的な安全を達成するための方策に関するアメリカ政府内でおこなわれた議論と密接な関連をもっていた。したがって，この計画は，日本人のイデオロギー的な再方向づけを目的として，①日本の学校と教育行政機関の改革，②民主主義思想を普及するためのメディアの報道と表現の管理，③生徒と教師だけではなく一般の成人の再教育を内容としていた。しかも，ここでの教育と再教育は，巧妙に分離しておこなわれ，自由主義的・民主主義的な意見をもった日本人を活用することを基本方針とした，実際には，被占領国日本における民主主義思想による思想統制の一形態であったといえる[6]。アメリカ政府の教育情報計画とその背景となる基本的な考え方を熟知していたマッカーサーは，占領が開始された1945年の秋に，いち早くCIEを設立して，これらの計画を実行に移したのである。

では，GHQの男女平等教育政策はいつ，どのような目的で構想されたのであろうか。なぜ男女共学が占領教育政策の一環として位置づけられたのか。男女平等教育政策のルーツを探るために，戦時期アメリカ政府内における教育改革構想の展開をみていく。

◇ 初期の日本教育研究

日本占領下における教育改革計画は，戦時中から，アメリカ政府内でさまざまな形で構想されていた。すでに1943年から44年にかけて，戦時情報局（Office of War Information, OWI）では，占領計画ではないが，日本軍の兵士の士気を評価する目的で，日本の教育に関する最初の包括的な文書「日本における教育：その全般的背景」（1943年11月30日）と「日本における教育：教育課程と教育方法」（1944年1月10日）が，T.A.ミヤカワによって作成されていた。この文書は，日本の小学校では，その教育課程や教育内容が文部省によって管理され，大衆心理によって支配されやすい個人をつくり上げていることを指摘するとともに，男女共学がおこなわれているのは初等教育のみであることに言及している[7]。

ほぼ同時期に，教育計画として最初の報告書『日本の行政・文部省』（1944年3月6日）が，戦略局（Office of Strategic Services, OSS）調査分析部（Research and Analysis Branch, R&A）によってまとめられた。戦略局は，1942年に，陸軍

省と統合参謀本部に貢献する目的で設立された秘密諜報機関で，日本の政府機構に関する組織的分析を進めていた。極東通の若い女性研究者F．A．ガリック[8]が執筆し，上司の承認を得たこの報告書は，「文部省活動の重要性」，「行政機構」，「占領下の教育統制」の3部から構成されており，戦前日本の教育行政と文部省の役割を分析したのちに，中央集権化された文部省の行政機構を利用することが占領政策を遂行する上で効果的であると提案している。1944年6月23日に，報告書の第3部「占領下の教育統制」を削除した残りの全文が，陸軍省民事部によって，『民事ハンドブック　日本：第15　教育』として編集され，占領を担当する軍政要員用の教科書として，また，占領政策の基礎的な資料として広く活用されることとなる[9]。

　ここでは，女子に対する教育はどのように取り扱われていたであろうか。『民事ハンドブック　日本：第15　教育』を読んでみると，教育の非軍事化・民主主義化の方針は掲げられているが，女子教育改革についての言及はどこにも見あたらない。ところが，同じ『民事ハンドブック』の「日本：第1　地理的社会的背景」では，「文化的特徴」の章で，戦前の男女の差別的な関係が次のように記述されている。すなわち，日本人が男性支配に固執するのは家族制度の産物であり，このような封建的伝統の中で日本女性が最も強く要求されるのは従順さである。時にはアメリカの母親のように日本の母親が子どもに強い道徳的な影響を及ぼすことがあっても，それは性格によるものであって権威によってではない[10]。教育制度に関しては，男子生徒と女子生徒は別々の学校に通っており，実験的に共学制がとられている少数の学校でも男女は同じ教室で授業を受けることはない。さらに，7歳のときから男女は厳格に分けられており，日本人にとって男女共学など男女が一緒に行動することは危険な状況をつくりだすものであるとされ，保守的な人々には不道徳とみなされるとしている[11]。このように，アメリカとは異なった戦前日本の男女の差別的関係性に言及し，学校教育の別学制を特徴としてあげているが，それを変えるための教育制度の改革を提案するというアイディアは教育政策立案者の頭にまだ浮かんではいなかったことを示している[12]。

Ⅱ 占領政策と男女共学

### ◇国務省の教育計画案「日本・軍政下の教育制度」

このように,アメリカ政府部内のさまざまな部署で戦後日本の教育改革について検討がおこなわれていたが,対日教育政策立案の中心となったのは国務省である。1943年10月20日,国務省内に関連部局間の意見調整をはかるため,部局間極東地域委員会 [Inter-divisional Area Committee on the Far East, 極東地域委員会 (Far East Area Committee, FEAC) ともいわれ,部局間国及び地域委員会 (Country and Area Committee, CAC) のひとつ] が,さらに44年1月,国務省の最高立案機関として戦後計画委員会 (Post-War Programs Committee, PWC) が設立され,ヒリス・ローリーの草案「日本・軍政下の教育制度」(1944年7月1日提出) について審議が重ねられた[13]。10月,そこに,クエーカー教宣教師の息子として東京生まれの人類学者で,後にアメリカ教育使節団でも重要な役割を果たすことになる国務省文化協力課のゴードン・T・ボールスが,日本教育問題専門家として議論に加わることになる。11月,戦後計画委員会 (PWC) は軍政下における教育改革の是非をめぐる根本的な問題を議論し,日本の教育制度の永続的・全般的改革は日本人によっておこなわれなければならないこと,強制は最小限にとどめることが望ましい,とする占領政策の基本となる提案をまとめた。

### ◇国務・陸軍・海軍三省調整委員会の占領教育政策

ボールス草案「日本教育制度」　　前述のように,国務省が部局間極東地域委員会 (FEAC) や戦後計画委員会 (PWC) で対日教育政策を検討する一方で,陸軍省と海軍省は,統合参謀本部 (JCS) の統合戦後委員会 (Joint Postwar Committee) において政策検討の作業を進めていたが,戦争が終末に近づくにつれ,三省間の調整体制の確立が要望されるようになった。そこで,1944年12月,国務省・陸軍省・海軍省の三省の意見を統合する国務・陸軍・海軍三省調整委員会 (State-War-Navy Coordinating Committee, SWNCC) が米国の最高政策決定機関として設置され,その下部機関である極東小委員会 (Subcommittee for the Far East, SFE) が対日占領政策を担当することになった。

SWNCCは,1945年4月18日,「極東における政治的・軍事的諸問題,降伏後の日本帝国の軍政・教育制度 (SWNCC-108)」を承認し,国務省に対して,軍政は日本教育制度の包括的な改革を実施すべきか,あるいは改革に責任を負う

ことができる自由主義的な日本人の出現を待つべきかという主題に関して対日教育改革文書の起草を命じたのである[14]。

これを受けて，国務省は，ボールスの担当のもとに，教育改革の草案づくりをすすめ，期限の1945年7月30日に極東地域委員会に提出した。ボールス草案「日本教育制度」(PR-24 Preliminary, SWNCC)[15]は，基本的には，日本に潜在する自由主義者の存在を重視する国務省地域委員会の初期の文書を引き継いでいるが，以前の勧告にはなかった，性別・階層に関係のない平等な教育機会の拡大が，教職員の追放，教育行政の地方分権化，中等・高等教育の拡大等の方針とともに新たにつけ加えられた。その意味で，男女の教育機会の平等を教育政策のひとつとして取り上げた最初の文書として注目に値する。すなわち，草案の第3部「軍政下における教育制度改革の開始」に，「軍政によって着手される特定の諸改革」として，「すべてに対する教育機会の均等：民主主義的制度の発展を奨励するために，軍政は，両性にたいする同一の教育機会への要求を創り出す努力をすべきである」[16]との記述がある。

このときにはすでにポツダム宣言が発表されており，また予想以上に早く日本が降伏したため，ボールス草案の検討は戦争終結後の9月21日の地域委員会まで留保されることとなった。その後，ボールス草案は日本人の再教育に関する特別委員会での修正を経て，基本的な重要文書，「SWNCC-108シリーズ」（「日本教育制度の改訂のための政策」）として形成される。10月23日付の修正された文書「日本における教育：結論」には，「現存の教育制度『変更（modification）』のための勧告」のほかに，「より広範囲の『改革（reform）』の勧告」が付け加えられた。そこには，「男女の教育機会の均等の増大」「女性教員への信頼の重視」「高等学校及び大学における男女共学」といった教育機会の男女平等と男女共学の方策が掲げられている[17]。

加えて，文書には，著名な教育者集団が早い段階に日本を訪問し，日本の教育改革の立案と実施に関してCIEに助言すべきであると明記されている[18]。この勧告は1946年3月の第一次アメリカ教育使節団の来日として具体的に実現されることになる。

1945年12月6日，上記特別委員会の委員長ヒュー・ボートンは「日本の教育改革起草委員会」事務局のマーチン宛に，間接統治を前提にした「オフィス・

Ⅱ　占領政策と男女共学

メモランダム」(1945年12月6日)[19]を提出している。このメモにある「日本における教育システム」はボールス草案を継承した文書であるが，そこには「男女の教育機会の均等」と「男女共学および教育体系全体における女性の雇用の増大」が掲げられており，「日本における教育：結論」では提案されていなかった，教育のあらゆる分野に女性教員を登用するといったより積極的な方針が明示されている点で注目すべき文書である。

**ボールス草案とドイツ再教育計画案**　周知のように，1945年5月8日，連合国軍に対して無条件降伏したドイツは，「ヤルタ会談」の決定に基づいて，米，英，仏，ソ連の4ヵ国に分割され，各地区の占領政策の調整のために設置された連合国管理理事会（Allied Control Council）によって統治されていた。10月1日には，連合国管理理事会の統治機構のアメリカ代表として，またアメリカ占領地区の軍政管理を監視する目的で，ドイツ占領軍政部（Office of Military Government for Germany）が設置された。この間，国務省は，民間人の協力を得て，諮問委員会（Advisory Committee on German Re-education）を発足させ（1945年5月），アメリカ占領地区におけるドイツ人の再教育に関する政策指令案づくりをおこなっている。その諮問委員会に，日本人の再教育に関する同種の委員会を設置するために，ボールスを非公式の資格で参加させていた。6月2日，諮問委員会は，のちにアメリカ政府のドイツに対する教育政策の基本方針となる草案をアーチボルド・マックリッシュ国務次官補に提出した。この草案には，「永久的なドイツ文化の改革がドイツ人自身によって展開され，維持されてはじめて達成できるものである」[20]としたうえで，ナチズムによって抑圧された家族，とりわけ女性，教会，労働組合，福祉団体のメンバーがその担い手となりうるとしている。再教育の権限を行使する責任あるドイツ人として，「女性」が明記されたのである。

　このようなドイツ人再教育諮問委員会のアプローチは，ボールス草案の第三部の内容と類似している。しかも，後述の通り，ボールス草案が審議過程を経て，「日本教育制度改定のための政策」として形成される段階で，女性が再教育の「対象」として明示されるだけではなく，再教育の「担い手」として重要であることを強調した文案に書きかえられている。このことから，ボールスが日本の女子教育改革を発案した背景には，ドイツ人再教育諮問委員会に参加し

た経験があり，そこでの議論を踏襲したものと推測される[21]。

「日本人の再方向づけのための積極政策」　SWNCCの極東小委員会（SFE）は，1945年6月11日，対日初期占領政策の第一次案「降伏後における米国の初期対日方針」をまとめ，日本の軍国主義・超国家主義を排除するための日本の教育制度に対する管理の確立を要求している。その方策として軍事教育の禁止と民主主義的観念の発達を可能にする政策が含まれているが，教育に関してはこれだけの簡単な表明にとどまっていた[22]。

これを不満として，ボールス草案が提出される直前の7月19日，SWNCC海軍省代表A．L．ゲーツは「日本人の再方向づけのための積極政策」（SWNCC-162/D）[23]を提出する。ゲーツはこの文書において，日本占領の中心的な課題は，日本が国際的な安全に対する脅威にならないようにすることであり，日本人の一定のイデオロギーや精神構造を変化させるための再教育の総合的な計画を作成することが必要であると提案し，学校教育を越えた日本人全体の再教育に教育の概念を拡大して再構成し，あらゆる媒体を通して宣伝心理戦争を平時に継続することを主張する。このようなコンテクストにおいて，ゲーツは男女の教育機会の均等の保障を新しい要素として再教育計画に付け加えることを提案している。この文書は国務省の極東地域委員会の審議に付され，ここに表明されているゲーツの考えは価値あるものだが，軍政にあまりにも重点が置かれ，自由主義的な日本人に委ねるという国務省の基本的な改革方式をはるかに超えているという理由で，実行するには野心的すぎるという結論になった。その後，ゲーツの文書の改訂がボートンとボールスによってなされ，SWNCCの極東小委員会に提出される。しかし，その時点では審議されることはなく，日本のポツダム宣言受諾の動向が明らかになるまで延期される。

## 3　戦後の対日占領教育政策
―― 男女平等教育の規定 ――

◇「日本人の再方向づけのための積極政策」の審議

日本のポツダム宣言受諾が予想外に早かったことから，戦争終結後にマッカーサーに通達された「降伏後における米国の初期の対日方針」（SWNCC-150/3）

(1945年8月22日）に基づき，占領方式が直接統治から間接統治に変更される。これにともない，8月31日のSWNCCの会議で，間接統治に適合する，日本人の再方向づけに関する包括的な報告書の作成が極東小委員会に委ねられ，この問題に関して政府内外の有力者の見解を求めることとなった。この決定をうけて極東小委員会は，日本人の再方向づけに関する特別省庁間委員会を発足させ，ライシャワーなどの著名な日本人専門家を招いて審議を継続する。

　1946年1月7日，SWNCCでは極東小委員会から提出された「日本人の再方向づけ」（SFE-116/6）に基づいて「日本人の再方向づけのための積極政策」（SWNCC-162シリーズ）の審議を再開，1月8日これを承認し（SWNCC-162/2），2月13日アメリカ政府の正式な政策として決定した（SWNCC-162/4）。その内容は，ゲーツの覚書を踏襲して，日本人の再方向づけは，定型化された教育あるいは教育制度の単なる改革に限定されるべきではないとしている。そして，以下の三点を述べている。まず，日本人の心にまで影響を及ぼし，民主主義的な心性を創出するために，SCAPはあらゆる分野における信頼しうる日本人（女性を含む）を通じて，間接的に日本人民に接近すべきであり，そのような日本人にはこれらの目的を達成するにふさわしい地位と助言，援助，指導が与えられるべきである。また，SCAPはすべての情報媒体を利用し，その方法は教訓的であるというよりはむしろ説得的でなければならない。さらに再方向づけには，情報，教育，宗教の情報路を通じておこなわれるべきである，と[24]。

◇「日本教育制度の改訂のための政策」

　一方，留保されたボールス文書「日本の教育制度」は1年近くSWNCCにおいて審議されることはなかった。それは前述の「日本人の再方向づけのための積極政策」（SWNCC-162）文書に優先性が与えられてきたためである。作業グループによって作成された「日本教育制度の改訂のための政策」（SFE-135）が極東小委員会（SFE）で検討され，修正後SWNCCに提出されたのは翌年の1946年8月27日で，SWNCCはこれを9月5日に承認した（SWNCC-108/1）。

　重要なことは，教育制度の改訂の政策立案が，日本人再教育計画の一部分として位置づけられたことである。すなわち，参照すべき先行政策文書は「日本人の再方向づけのための積極政策」であり，その具体的指針は第一次アメリカ

教育使節団報告書である。そして,「日本教育制度の改訂のための政策」は,アメリカ教育使節団報告書に基づいて SCAP が進めている教育改革を正当化していくという性格をもった文書である。

ジェンダーの観点から注目すべきことは,「日本人の再方向づけのための積極政策」と「日本教育制度の改訂のための政策」のいずれの文書も,教育の受け手としてだけではなく,担い手としての女性の役割の重要性について言及していることである。このことから,女子教育指導者の支援による男女平等教育の振興が再教育と民主化政策の一環としてアメリカの対日教育政策の基本に位置づけられていたことが明らかである。

では,修正された「日本教育制度の改訂のための政策」文書の中で教育機会の男女平等と男女共学振興政策はどのように扱われているか見てみよう[25]。

まず,戦前の教育制度の欠陥の一つとして女子の低い知的水準が取り上げられ,その原因は高等女学校の教育水準の低さと良妻賢母を目的とした教育にあり,女性は社会的に高い地位につく機会をもたなかったと指摘する。戦後の教育政策では,男女共学がアジェンダの一つに掲げられ,女子に対する大学開放と,男子の大学と同レベルの女子大学の創設計画が進行中であるが,このように性別や社会的地位に関係なく平等な教育機会がすべての人々に与えられることが政策の第一の目標であり,そのための財政援助が必要であると結んでいる。

この文書は,第一次アメリカ教育使節団報告書とともに,この時点でのアメリカ政府の SCAP に対する政策指令として,教育改革の方向を明示した重要文書である。

本章では,アメリカ合衆国の戦後教育改革構想の形成過程をたどってきたが,ここからは日本人の再教育のための教育改革の必要性が強く意識されていたこと,軍国主義・国家主義教育の除去と教育の民主化が基本方針として掲げられ,具体的な政策プランや手引書にしたがって軍事要員が養成されていたこと,その担い手として女性を含む日本に潜在する民主的勢力の活用が意図されていたことが明らかになった。そして,戦前の日本における男女の差別的な関係や教育機会の不均衡が軍国主義を生み出す原因の一つであり,民主主義に反するという認識が政策立案者によって受容され,男女の教育機会の均等と男女共学の

Ⅱ　占領政策と男女共学

方針が日本人の民主化のための再教育政策と結びつき包含されることになったのである。


注
1 ）安川寿之助「男女平等教育と日本の教育学研究」日本教育学会編『教育学研究』第49巻3号, 1982年9月, pp.244-254.
2 ）広瀬裕子「戦後学制改革期における男女共学化に関する一考察」同上書, pp.296-304.
3 ）橋本紀子「1930年代日本の男女共学論と共学制度実現運動」同上書, pp.275-285；『男女共学の史的研究』大月書店, 1992年.
4 ）小山静子「男女共学論の地平」藤田英典・黒崎勲・片桐芳雄・佐藤学編『教育学年報7　ジェンダーと教育』世織書房, 1999年, pp.219-242.
5 ）GHQ の占領政策資料に基づいて GHQ の女子教育政策を明らかにした研究には次のものがある。

　　家庭科教育では, ①酒井はるみ『教科書が書いた家族と女性の戦後50年』, 労働教育センター, 1995年；同「家庭科創設期の『家族関係』」『家族研究年報』no. 10, 家族問題研究会, 1985年；同「『家族』(教科書)にみる文部省と CIE 」『人間発達研究』第14号, お茶の水女子大学心理・教育研究会, 1989年　②朴木佳緒留「アメリカ側資料よりみた家庭科の成立過程（一）（二）（三）（四）」『日本家庭科教育学会誌』第30巻3号・1987年第31巻1号・2号・1988年；同『ジェンダー文化と学習』明治図書, 1996年.

　　アメリカの占領教育政策とジェンダーについては, 土屋由香「アメリカの対日占領政策における女子高等教育政策―二人の女子高等教育顧問に焦点を当てて」『地域文化研究』20号, 1994年, pp.123-153；同「再教育とジェンダー―アメリカの対日占領政策における女子教育改革計画の起源」『地域文化研究　広島大学総合科学部紀要Ⅰ』第24号, 1998年, pp.145-171がある。
6 ）Marlene J. Mayo, "Psychological Disarmament: American Wartime Planning for the Education and Re-education of Defeated Japan, 1943-1945," *The Occupation of Japan: Education and Social Reform, The Proceedings of a Symposium Sponsored by the MacArthur Memorial,* Old Dominion University, The MacArthur Memorial Foundation, 16-18 October 1980, p.22.
7 ）*ibid.* pp.26-27, p.97.
8 ）F. A. ガリックは上海アメリカンスクール校長の娘として中国で生まれ, 日本で布教活動をしていた宣教師ガリックと結婚, フレッチャー大学法律外交学部で東アジア専門家のブレックスリー教授に師事, 同大学院修士課程修了後国務省に入り, 対日教育文書作成に携わった。
9 ）*ibid.* pp.27-29.
10）Research & Analysis Branch, Office of Strategic Services, ed., *Army Service Forces Manual: Civil Affairs Handbook, Japan Section 1: Geographical and Social Background,* Headquarters, Army Service Forces, 1944, p.68.

第5章　日本占領教育計画

11) *ibid.* p.70.
12) 土屋前掲書, 1998年, pp.147-148.
13) 詳細については, 久保義三『対日占領政策と戦後教育改革』三省堂, 1984年, pp.13-36, 鈴木英一『日本占領と教育改革』勁草書房, 1983年, pp.11-15を参照されたい。ヒリス・ローリーは国際関係と政治学の修士号を持ち, 1925年から29年に北海道帝国大学で教えた後, スタンフォード大学などで政治学を教授し, 1944年にスタンフォード大学極東地域民事訓練校に雇用された教育者である。国務省への転身はジョセフ・グルーの推薦による。1920年代の「良き大正」を30年代の「悪しき昭和」と対比して, 戦後の改革を民主的な日本人にゆだねるべきだと主張した。
14) 鈴木, 同上書, pp.23-24.
15) PR-24 Preliminary, SWNCC, "Politico-Military Problems in the Far East: The Post-Surrender Military Government of the Japanese Empire: Measure to Abolish Militarism and Strengthen Democratic Process: The Educational System, 30 July 1945," *Post World War II Foreign Policy Planning: State Department Records of Harley A. Notter,* Notter File, Box 119. 国立国会図書館憲政資料室マイクロフィッシュ。
16) 久保, 前掲書, pp.66-67;鈴木, 前掲書, pp.26-27.
17) M. J. Mayo, *ibid.* p.71. 久保, 同上書, p.71.
18) 久保, 同上書, pp.70-72.
19) "Educational System in Japan" (December 6, 1945) *Records of SFE/SWNCC.* 竹前栄治「戦後教育改革序説（上）—アメリカの初期対日教育改革構想（竹前）」『東京経済大学学会誌』第105号, 1978年2月, p.152を参照のこと。
20) 土持ゲーリー法一『米国教育使節団の研究』玉川大学出版部, 1991年, p.225.
21) 土屋, 前掲書, pp.149-150.
22) 久保, 前掲書, pp.45-46.
23) M. J. Mayo, *ibid.* pp.77-79, ゲーツの覚書の日本語訳は, 久保, 同上書, pp.46-51参照。
24) 久保, 同上書, pp.90-91.
25) 久保, 同上書, pp.94-102.「日本教育制度の改訂のための政策」文書は,「討論」「結論」「勧告」の三部から構成されている。ここでは, 男女平等教育に関する部分のみを抜粋する。
討論
（1）教育制度に関する全般的説明
　ロ, 教育制度の主要な欠陥と反動的哲学
　　①女子の低い知的水準
　　　小学校後の高等女学校における低水準および"良妻賢母"になる訓練に主要な力点を置くために, 女子たちは, 高級官吏や民間企業の高級な地位に就く機会を, 実際にはもたなかったのである。
　　③男女両性に対する教育は, 官憲主義的であって, 自由主義的ではなかった。あるいは, 政府目的や命令に従って, 規定された範囲に限られる個人主義と結びつく民主主義的なものではなかった。
（2）日本の降伏以後の教育における主要な発展

Ⅱ　占領政策と男女共学

　　ホ，男女共学の拡張
　　　女子は男子と平等の基礎にもとづいて，大学に入学を許可され，そしてすべての学校段階で，教育機会を平等にし，そして共学の大学に加えて，男子の大学と同等の独立の女子大学を創設するプランが作られつつある。
　　結論
　　ニ，教員の数を増加させたり，学級の生徒数を縮小したり，義務教育の期間を拡大したり，また適切なところでは，共学を促進したりして，教育の質を改善する努力がなされるべきである。
　　ヘ，性別，社会的地位に関係なく，平等な教育機会がすべてのものに与えられることが，第一の目標であるべきである。この目的を達成するために，政府や民間の個人の両者は，受けるに値する学生に最大の財政援助を提供することが奨励されるべきである。
　　勧告
　　　この文書は，SWNCCによって承認されたあと，国務省によって極東委員会FECの合衆国代表に送達されること。その際，この文書の内容が，この主題に関する政策決定に導入される目的で，FECに提案される，という訓令がなされること。

第6章
# 第一次アメリカ教育使節団報告書

## 1 はじめに

　1945年から46年にかけてのアメリカの初期教育改革は，日本における軍国主義の除去と自由主義的・民主主義的傾向の助長という，戦時期にアメリカ政府内で形成された戦後教育改革計画に基づいておこなわれた。日本の教育の民主化という一大事業を遂行するために，マッカーサーは，1946年1月，GHQと日本の教育者に助言を与えることができるアメリカの専門家からなる教育使節団の派遣をアメリカ政府に要請すると同時に，日本政府に対して，「日本側教育家委員会」の設置と委員の任命を指令した。戦後教育改革はこのような日米の共同作業によってスタートし，3月30日に報告書が提出される。前章では，アメリカ政府の戦後教育改革構想に男女の教育機会の均等と男女共学が民主化政策の一環として位置づけられ，その達成のために女子教育指導者の活用の必要性が指摘されていることを明らかにした。本章では，このような男女共学をめぐる戦後改革構想がCIE教育課，第一次アメリカ教育使節団，日本側教育家委員会によって具体的な勧告として形成されるにいたる過程を女性職員や女性団員の文書に基づいて明らかにするとともに，報告書の内容をジェンダーの観点から分析しその意義を明らかにする。

## 2 終戦直後の女子教育政策

### ◇日本政府の女子教育政策

1945年8月15日、日本はポツダム宣言を受諾し戦争は終了した。ポツダム宣言には「日本国政府ハ日本国民ノ間ニ於ケル民主主義的傾向ノ復活強化ニ対スル一切ノ障碍ヲ除去スベシ」とあり、国際法上日本は教育を民主化する義務を負った。

戦後日本の教育政策は、1945年9月15日、「新日本建設ノ教育方針」により示されたが、これには女子教育改革は触れられていない。10月9日、幣原内閣の文部大臣前田多門は、東京都内の主な女子教育関係者を文部省に招いて、将来の女子教育のあり方について懇談会を開く。

10月11日、マッカーサーは、日本民主化のための五大改革指令（選挙権付与による日本女性の解放、労働組合結成の促進、学校教育の民主化、秘密審問司法制度の撤廃、経済組織の民主化）を発令し、その冒頭に選挙権付与による日本女性の解放を掲げた。GHQの指令を受けて、10月15・16日「新日本建設ノ教育方針」の趣旨を徹底させるために開催された新教育方針中央講習会で、前田多門文部大臣は、全国教員養成学校長と地方視学官に対して教育改革案の一つとして「女子教育の水準の向上」を示唆する。11月2日の都道府県知事との対談では、文部省が志向する教育改革案の概要にふれ、「女子の政治参加を実現させる前提として、女子教育のレベルの向上も考えていきたい」と述べる[1]。

11月末には、東京女子高等師範学校から文部省に対して「女子帝国大学」としての大学設置申請書が提出されるなど女子専門学校の大学昇格の動きが活発化した[2]。12月1日、民間教育団体である新日本教育研究調査会は「新日本教育ニ関スル意見」を発表し、その中で女子教育の改革の必要性をあげている。このように戦後のあわただしい動きの中で文部省と教育家たちとの会合が重ねられた。

日本政府が本格的に打ち出した最初の女子教育政策は、12月4日に閣議了解された「女子教育刷新要綱」である。その内容は以下の通りである。

一　方針
　男女間ニ於ケル教育ノ機会均等及教育内容ノ平準化竝ニ男女ノ相互尊重ノ風ヲ促進スルコトヲ目途トシテ女子教育ノ刷新ヲ図ラントス
二　要領
　差当リ女子ニ対スル高等教育機関ノ開放竝ニ女子中等学校教科ノ男子中等学校ニ対スル平準化ヲ図リ且ツ大学教育ニ於ケル共学制ノ採用ヲ目途トシテ左ノ措置ヲナサントス

　これにより，戦前から女子教育関係者が渇望していた，男女の教育の機会均等，教育内容の平準化，高等教育の女子への開放と共学の実施，女子大学の認可が戦後の女子教育の基本的方向として決められる。
　このように，文部省は，女子教育が水準においても内容においても男子教育より劣っているという認識のもとに，女子教育の改革計画を系統的に立案し，その実施にとりかかった。CIE は報告書で，「連合国軍最高司令官はこの問題に関して特別に日本政府に指令を出すようなことはしていない」[3] としているが，マッカーサーの選挙権付与による女性解放指令は戦前からの女子教育改革の動きを加速させたのである。

## ◈ GHQ の女子教育政策

　1945年 8 月29日，「降伏後における米国の初期の対日方針」において，軍政による直接統治から日本政府を通した間接統治への変更が伝達されると，マッカーサーは，9 月22日，アメリカ合衆国太平洋陸軍総司令部（GHQ / USAFPAC）に，軍政局から独立した新しい機構として，民間情報教育局（CIE）を設置した。10月2日，連合国軍最高司令官総司令部（GHQ / SCAP）が設立され，CIEの組織と職員の大半は GHQ / SCAP に移されたが，日本の教育を監督する権限と責任をもち，公的情報，教育，宗教，その他の社会文化的諸問題に関する政策を連合国軍最高司令官に助言するといった CIE の目的には変化はなかった。
　SCAP の CIE は，発足当初，K. R. ダイク局長の総括のもとに，計画・運営課，教育・宗教課，新聞・出版課，ラジオ課，映画・視覚メディア課，写真・美術課の構成であったが，11月末に機構再編がおこなわれて宗教課と教育課がそれ

## Ⅱ 占領政策と男女共学

それ独立した課として設置された[4]。CIE が正式に活動を開始した46年1月には教育課の人員は，軍人18人，民間人11人，計29人で，ドナルド・R.ニュージェント課長のもとに，主要なスタッフとして，エドワード・ファー陸軍少佐（行政官），ロイ・アロウッド陸軍少佐（連絡官），ロバート・マッカレン陸軍少佐（男子中等学校），ジョン・ノルヴィエル陸軍少佐（男子教育），マーク・オア陸軍少佐（メディア），H. ワンダリック海軍中佐（計画・政策班長），ジョン・バーナード陸軍大尉（教員養成），ハリー・グリフィス陸軍大尉（師範学校），R．K．ホール海軍少佐（教育再組織），デル・レ顧問（高等教育），そして女子教育と女子中等学校担当のアイリーン・ドノヴァン陸軍中尉が配置されている[5]。ジェンダーの観点からみると，戦前から戦後において軍国主義を鼓吹し教練の場となっていた中学校や男子体育の実態を調査しその再組織化を任務とする男子中等学校担当や男子教育担当と並んで女子教育・女子中等教育担当が置かれており，女子教育担当のみが特設されたわけではないことが注目される。

前章で述べたように，GHQ の教育政策には次の二つの方策があった。一つは，民主主義思想に基づく改革を実施する上で障害となる戦前の思想を排除することを重点としたものである。教育に関する四つの指令［「日本教育制度ニ対スル管理政策」（1945年10月22日），「教員及教育関係官ノ調査，除外，認可ニ関スル件」（10月30日），「国家神道，神社神道ニ対スル政府ノ保証，支援，保全，監督並ニ公布ノ廃止ニ関スル件」（12月15日），「修身，日本歴史及ビ地理停止ニ関スル件」（12月31日）］に示された消極策で，これらの否定的な指令は1945年12月末で完了した。あと一つは積極的な教育民主化の方策で，日本の教育家たちの教育観と相呼応し，戦後の教育理念・教育体制をつくりあげていくことになる。女子教育改革・男女共学は後者に属する方策の一つである。

CIE 設置当初から1948年6月まで教育課の主要スタッフとして女子教育を担当したドノヴァンは，15年ボストンで生まれ，ボストン教育大学卒業後，ドナルド・マックケイ校やボストンの高等学校で歴史と経済の講師を5年間務めた教育歴の持ち主である。その後，43年1月，WAAC に入隊し5ヵ月後に早くも中尉に昇進した。44年暮れ，日本占領に備え1,000人以上の応募者の中から選抜された20人の WAC 兵士の一人としてバージニア大学陸軍軍政学校に入学，優秀な成績で修了した後，ミシガン大学民事要員訓練所，モントレー民事要員駐

屯所を経て，45年9月11日付の特別命令により来日，10月30日にCIEに着任した[6]。当初教育課で唯一人の女性スタッフであったドノヴァンは，最初の6ヵ月間，女性教育のすべての分野をカバーしなければならなかった。

その中でも，彼女が最初に手がけたのは，文部省の法令研究，日本の女子教育についての歴史と現状分析である。ドノヴァンは，「女子教育刷新要綱」が閣議了解されると，教育・宗教課の教育班長ホール海軍大尉宛メモランダムで，GHQから日本政府に発せられた教育に関する第一指令「日本教育制度ニ対スル管理政策」[7]に基づき，女子学生に対する差別撤廃と教育機会平等の確立を提案する。そのために，第一に文部省の女子教育に関する法律・規則・通達等法令の調査，第二に「女子教育刷新要綱」の研究：要綱実施のための特別計画の決定と手続き（たとえば，①男子校への女子学生の入学を規制する法律の改廃，②女子専門学校卒業生に対する大学入学資格の付与，③女子高等女学校卒業生に対する大学予科入学資格検査のための妥当な方法の採用，④十分な資格を備えた女子高等教育機関の大学への昇格）の承認，不承認，見直しの示唆に関する検討，特別計画の優先順位と日程の検討，第三に，カリキュラム研究と文部省による実施計画の評価，手続きなどの調査をおこなうことを提案する。そして，女子教育に関する概括的提案として，以下の項目を掲げ，女子教育に対する差別の撤廃に取り組む意欲を表明している[8]。

①あらゆる高等教育機関を女子に開放するとともに，女子大学の設立を阻止している政令を改正すること
②高等女学校の教育水準を中学校のそれと同等にすること
③大学での男女共学を認めること
④特別学生として女子に対して大学や専門学校での講義の聴講を認めること
　女子の教養向上，政治教育，科学教育に関する拡張講座を提供すること
⑤男子と同等の学問的地位にある女子に対して平等の「承認」を与えること
　ドノヴァンのもとへ数多くの女子教育改革に対する期待や要望が寄せられた。その中のひとつ，日本女子大学校長井上秀からの大学昇格要求に高い関心をもち，12月19日，ドナルド・R.ニュージェント教育課長同席のもとで井上から事情を聴取する。井上は，「文部省は家政学部を大学の学部として認め難いという理由で日本女子大学校の大学昇格を許可できないとしている。しかし，家政

*113*

## Ⅱ　占領政策と男女共学

学部は，化学，生物学，児童心理学，教育心理学など大学レベルの科目で構成され，しかも女子大学の存在意義にかかわる重要な学部であることから，学部名を変更する意志はない」と訴えた。ドノヴァンはこの問題は慎重に検討すべき重要課題であり，CIE 教育課として，女子専門学校の大学昇格基準の検討をおこなうことを提案する[9]。これを契機にドノヴァンは女子大学へ昇格をめざす女子専門学校関係者の支援に乗り出していく。

ドノヴァンは，調査研究結果に基づき，日本の女子教育が良妻賢母主義に規定されているとして，その特質を『日本の教育』にまとめている[10]。

　　日本の教育を通して一貫している女子教育に対する基本的な考え方は，「よき妻，よき母」になることであった。女性も学問をすべきであり，家庭以外の人生に関する知識を獲得すべきであるという信念は一般的ではなかった。明治維新以後になると，いくつかの優れた女子専門学校や多くの優秀な高等女学校および傑出したミッション系学校などに於いてこうした考え方に反対する機運が出てきた。しかしながら，一般には男性は女性より重要であり，妻はまず両親に従い次に夫に従うべきだという考え方が，日本に於ける女子教育の支配的方針であった。

ついで，中等教育における教科内容と教育水準の男女差と女子の大学入学制限など具体例を挙げて日本の女子教育政策を厳しく批判している。

つぎに連合国軍による日本の教育管理下では，高等教育における女性の法的差別が全面的に撤廃されようとしているが，「大学以下の諸学校での男女共学の問題は，とりあえずは既存の女子校の水準の引き上げを計るということで，実現が見送られた」こと，「女子校の教員の中には，往々にして，『君達は女なんだからこの程度でよいだろう』といった態度がみられ，男子校へ転任することは栄転であるとする考え方が支配的である」等女子中等教育改革の課題を挙げ，「日本の女子教育の根底に横たわる問題は，日本の社会における女子の地位向上の必要性であり，さらには女子の能力の認知と学習への意欲と権利の尊重である」としめくくる。ここには，ドノヴァンの女子中等教育に対する鋭い洞察と男女共学への強い信念が示されている。

## 3 第一次アメリカ教育使節団報告書作成過程

### ◇教育使節団の編成と女性団員

　1946年1月4日，マッカーサーは陸軍省民事部を経由して国務省に対して教育に関する使節団員の人選と派遣を依頼した。日本への教育使節団派遣のニュースがニューヨーク・タイムズ紙に掲載されると，全米で大きな反響を呼び，問い合わせが殺到，国務省における団員の人選は難航した。カトリック教育団体やアメリカ教員組合と並んで女性団体も教育使節団の派遣に高い関心を示した。ニュージャージー女子大学歴史学教授で，戦争防止のための平和問題国際委員会に女性の参加を提唱していた「女性と世界問題に関する委員会」議長のエミリー・ヒックマンは，候補者名簿に女性が2人しか含まれていないことを不服として，女性団員の比率がアメリカと日本の教育者に占める女性の比率よりも遥かに小さいことを理由に，成人教育と幼児教育の分野の女性団員を加えるようにトルーマン大統領や関係部署に要望する。国務省ではボールスが中心となって人選の最終調整を担当し，最終的に4人の女性が団員として認められる[11]。

　このような人選の過程を経て組織された教育使節団は，ジョージ・D.ストッダードを団長として大学の学長・教授，教育行政官，教育学者，心理学者等27人の専門家によって構成された。4人の女性団員の肩書きと役割は以下の通りである。

　バージニア・C.ギルダースリーブ（バーナード大学学部長，一般教育・女子高等教育）

　ミルドレッド・マッカーフィ・ホートン（ウェルズリー大学学長，高等教育・女子教育）

　パール・A.ワナメーカー（ワシントン州公立学校教育長，府県レベルの教育組織と教育行政）

　エミリー・ウッドワード（ジョージア州教育局員，公民館・成人教育）

　ギルダースリーブ（1877年-1965年）はニューヨーク州に生まれ，バーナード大学卒業後コロンビア大学大学院で博士号を取得し，1910年からバーナード大

Ⅱ 占領政策と男女共学

学学部長として女子教育の充実に努める傍ら,国際大学婦人連盟を設立(1919年),同連盟会長,アメリカ女子大学理事長を歴任,戦時中は,アメリカ海軍女性予備役隊教育顧問委員会議長(1942年-45年)を務めた経験をもつ。戦後は,国際連合サンフランシスコ会議に唯一人の女性代表として参加し,世界平和と人類の安寧を目的とした国際連合憲章の起草に寄与した。ワシントン州立大学女子学生部長ルル・ホームズがCIEの女子高等教育顧問として来日するにあたり,日本の女子教育向上について助言している。

ホートン(1900年-94年)はミズーリ州で生まれ,ウェルズリー大学卒業後シカゴ大学大学院で修士号を取得,ウェルズリー大学学長(1936年-49年),アメリカ海軍女性予備役隊長海軍少佐(1942年),女性初の海軍大佐(1943年-46年)を歴任したアメリカ女子教育界の中心的人物である。戦後は国際基督教大学の設立に貢献している。

ワナメーカー(1899年-1984年)はワシントン州で生まれ,ワシントン大学卒業,1941年からワシントン州公立学校教育長を務める。戦後は,ユネスコ総会米国代表団顧問(1946年),全米教育協会会長(1946年-47年)を歴任,第二次アメリカ教育使節団団員として再び来日した。

ウッドワード(1885年-1970年)はジョージア州生まれ,ゴードン・インスティテュートー卒業後ジョージア大学大学院で文学博士号を取得,1928年にジョージア州新聞協会会長,ジョージア州ニューディール成人教育計画・フォーラムズ実施責任者(1938年-40年),第二次世界大戦中はアメリカ戦時情報局,イギリス情報省顧問として活躍した。

4人の経歴を概観すると,いずれも高学歴で男女共学の大学で学んだ経験をもっており,このことが報告書の男女共学の勧告に大きな影響を与えたであろうことが推察できる。また,ワナメーカーを除いて全員が戦時中海軍女性部隊の幹部や戦時情報局員として重要な地位にあったことは,軍部への女性の進出と女子高等教育が密接な関連があったことを示唆している。このことについては第8章で詳述する。

GHQは,教育使節団派遣を本国へ依頼した数日後の1月9日,日本政府に対して,教育使節団への協力を任務とする日本側教育家委員会の設置を要請した。2月2日,日本政府は南原繁委員長(東京帝国大学総長)のもとに29人の

委員を任命する。そのメンバーには，河井道（恵泉女子農業専門学校長），星野あい（津田塾専門学校長）の2人の女性委員が含まれている。河井・星野両委員はのちに設置される教育刷新委員会委員として引き続き活躍する。河井道はキリスト教を信仰する各種学校関係者，星野あいは英語教育を専門とする女子専門学校長として選ばれ，2人とも渡米経験を有する。このように，その人選は，CIE 側の意向に添ったものである[12]。1945年10月8日に文部省は教育使節団の相談相手として羽仁説子（自由学園長），井上秀（日本女子大学校長）を含む12人の委員をCIEへ推薦していたが，そのメンバーを大幅に変更して，戦前渡米経験があるリベラルな知識人，キリスト教信仰者，国民学校・青年学校・農業学校など各種の学校関係者や戦前の教育改革運動関係者を日本側教育家委員会の委員に加えている。

　教育使節団の活動日程は，1946年3月5日に来日，3月7日から14日まで，総会・委員会の開催，CIE 職員による講義，15日から19日まで京都・奈良視察旅行，20日から報告書の検討，25日に日本側教育家委員会報告，30日にGHQへの報告書提出で，GHQによる使節団報告書公表がおこなわれたのは4月7日である。

　公式日程開始後3日目の3月11日，教育使節団では，報告書起草のために，四つの委員会と二つの特別委員会（言語に関する特別委員会，起草特別委員会）が設けられ，それぞれの団員の役割が決められた。4人の女性団員と2人の女性日本側教育家委員会委員の配属は，次の通りである。

　　第一委員会「カリキュラムと教科書」河井道
　　第二委員会「教員養成と方法論」エミリー・ウッドワード
　　第三委員会「教育組織と行政」パール・A. ワナメーカー
　　第四委員会「高等教育」バージニア・C. ギルダースリーブ，ミルドレッ
　　　　　　　ド・マッカーフィ・ホートン，星野あい
　　起草特別委員会　パール・ワナメーカー
国務省から派遣されたボールスは二つの特別委員会に所属し，ストッダード委員長とともに全体を総括した。

　一方，CIE 教育課はこれらの委員会の編成に応じて，職員を割り当てて対応するとともに，教育使節団に対して1時間の講義を準備するように職員に予め

Ⅱ　占領政策と男女共学

指示していた。ドノヴァンが担当したのは，第三委員会と第四委員会である。

◇ドノヴァンの講義「女子教育」

ドノヴァンの「女子教育」の講義は8日目の3月14日におこなわれた。この会議には，男性の教育使節団員（氏名の記載なし――筆者），4人の女性教育使節団員，日本側教育家委員会委員（河井道，星野あい），傍聴者として，日本の女性教育指導者，文部省関係者が出席した。会議はドノヴァンの司会で進められ，ドノヴァンの講義，河井と星野のスピーチ，質疑応答の順におこなわれた[13]。そののち開かれた昼食会には，戦前アメリカの大学を卒業した日本の女子教育指導者約30人が出席し，女子教育の実情について意見交換している[14]。

ドノヴァンの講義[15]は教育使節団用に作成されたテキスト『日本の教育』に基づいておこなわれた。彼女は，最初に，戦前の女子教育の理想は「良妻賢母」で，女学校は中学校と比べると教育水準が低かったことを歴史的に指摘し，女子教育の重要性を日本の民主化との関連で次のように力説している。

　　日本女性の教育は最も重要な問題である。なぜなら日本の女性は投票権行使など自由社会の建設を担うにたる基本的な知識をもっていないからである。女性の地位と民主主義の達成度は相関関係にあることは世界の歴史の示すところであるが，日本の女子教育は非常に低い水準にある。それは，封建時代から女大学の三従の教えが女子教育に大きな影響を与えてきたからである。……日本人が世界で自立した威厳のある考え方や生き方ができるように水準を高めることは教育制度の変革によってのみ可能である。

ついで，文部省が女子教育刷新要綱のなかで，中等教育の男女平等を謳っているが，文部省には女子教育について助言できる地位に女性はおらず，女性視学官が一人いるだけであると述べ，女性の教育政策参加の必要性を示唆する。また，戦時中抑圧されたキリスト教系私立女学校が担ってきた重要な役割に言及して，その復権に寄与する報告をしている。

さらに，戦前の女子の高等教育の差別の実態を具体的に述べ，戦後文部省はこのような差別を撤廃するために，法律を改正して女子大学の設立と男子大学

の男女共学化の実現に向けて準備しているが,「文部省と学長は『実現』が難しいと難色を示している」と文部省の消極的な姿勢を指摘する。

　レポートには短い講義時間内では十分ふれることができなかったその他の女子教育問題として以下の四つの質問をなげかけている。

①女子校の教師にみられる「女子だからこれでいいだろう」という態度や,男性教師や校長が女子校から中学校へ移りたがる傾向

②男女共学は生徒とりわけ女子生徒の関心事であるが公の問題になっていないこと

③公民教育や社会教育における母親学級のような種類の教育

④文部省の基本計画の焦点になっている女子教育は男子教育を手本とすべきか否か

　最後に,これらの諸問題の根底にある四つの課題をあげている。第一に女性の重要性と地位に関する態度の変化,第二に女性の資質に対する認識,第三に女性の学習の権利の尊重,第四に未来の社会と子どもたちのために女性が市民としての役割を果たす広義の「良妻賢母」の重要性。

　ここに列挙されている問題は,男女共同参画社会の構築が進行しつつある現在も課題として引き続き議論されている論点である。ドノヴァンの指摘は,時代を超えてジェンダーの視点からの鋭い問題提起を私たちに向けてなげかけているといえよう。

　続いて河井道はドノヴァンの問題提起に呼応してつぎのように述べている[16]。

　　日本では女子は幼いときから男子と比べ知的な面で劣っていると考えられ,男子より低い教育しか受けることができなかった。これからは,女子の教育水準が男子と対等になり,男女が一緒に同じ教科書で教えられることが望ましい。

　　女子を良妻賢母へと導くことは正しいことではあるが,文化的に遅れた女性は妻としても母としても尊敬されないので,過去の女子教育は失敗ではなかったか十分な検討が必要である。(中略)

　　男性が働き,女性が掃除をするという時代は過ぎ去った。今や,私たちは,男性も女性もともに働き,掃除しなければならない。女性は男性と協力し,

Ⅱ　占領政策と男女共学

日本再建の責任を対等に果たすことができる。また，女性は，青年や子どもたちの教師となり，日本の平和を実現するために貢献しなければならない。

　河井は，ドノヴァンによって提案された広義の良妻賢母教育は女子教育の向上と男女共学により可能であり，性別役割分業は廃止されるべきであると明言する。そして，家庭や学校における女性の教育者としての役割が日本の再建と平和にとって重要であると強調している。加えて，河井が，「日本女性を対象としたアメリカの教育の導入がチューインガムをかむという習慣をもたらすことにならないことを望む」と話したときは，アメリカの教育者たちから熱狂的な応答がかえってきた。
　次に，星野あいは，英語教育について次のように抱負を語っている[17]。

　　わたしたちは，あなた方の力を借りて，若い人たちに，国を愛する良い日本人であると同時に国際社会の市民となるための教育をすることができる。戦争中も津田塾専門学校では英語教育が行われたが，英語を専攻する学生の数は少なく，彼らは常に疑いの目で見られて，しばしば英語の本に涙を流した。しかし，今では，英語を使ってさまざまな仕事に就いている。

　講義に出席した団員の一人であるウィラード・ギヴンスの日記には，「ドノヴァンの講義は河井と星野の協力を得ておこなわれ，率直でしかもよく調べ上げられた活気のあるものであった」と記されている[18]。また，ギルダースリーブがのちに女子高等教育顧問として赴任することになるルル・ホームズに宛てた手紙には「CIEにはドノヴァンが女子教育について研究しており，非常に有能である」[19]とドノヴァンに対する高い評価が示されている。質疑応答の時間には，傍聴していた日本の女子教育指導者と教育使節団員との間ですべての教育段階の女子教育について活発な意見が交わされた。
　このように「女子教育」の講義では，広義の良妻賢母教育，男女共学，女性教育者の積極的登用等が日本の女子教育の具体的な状況をふまえて提起されており，教育使節団はその重要性を理解した上で報告書を作成したといえる。日本の女子教育者の役割については今まで十分に明らかにされてこなかったが，

河井の発言にみるように，男女共学の要望や性役割流動化を視野に入れた女子教育改革への積極的な意見が教育使節団員に伝えられたことは重要な意味をもつものと注目される。ドノヴァンの講義とそれに協力した河井と星野の歴史・現状分析と改革への提言は，教育使節団報告書に決定的な影響を与えたとみてよいであろう。

◆第二委員会・第三委員会と男女共学の提案

ウッドワードの第二委員会「教員養成と方法論」とワナメーカーの第三委員会「教育組織と行政」は，それぞれ報告書を作成している。そこには男女の教育についてどのような勧告がなされていたのだろうか。

第二委員会報告書の第二章「民主的教育における教授実践」第一節「よい教授の特徴」では，知力における性差と男女共学について以下の記述がある[20]。

> 民主的な学校では男女の知力の差は実際に存在しないのであるから，共に成長するという経験が少年と少女にとって自然であり有用であるという信念のもとに男女は一緒に教育されること。そして，スポーツ，体育教育，希望によってある種の手を使った活動等においては別学でもよい。

第三委員会報告書では，最初に，基本的な教育原理として，「教育の機会は，性別，人種，信条，皮膚の色のいかんにかかわらず，個人の能力に応じて，すべての人に平等に与えられなければならない」[21]と教育の機会均等を謳ったうえで，初等・中等学校段階の日本の学校制度の再組織化のために必要な調整として，民主的な傾向を促進するように学校制度の形態と機構が変更されるべきであるとして，男女共学制を提案している[22]。

> われわれは少女が少年と知能的に同じであると確信する。それゆえ，われわれは学校は共学を基礎に行われるべきであると勧告する。われわれは五年制中学校が共学制となり，すべての少女と少年に容易に役立つようにし，そこでの子どもにかかる一切の授業料は無償とならなければならないと勧告する。最初の三年間はすべてのこどもの就学は義務でなけれなならないと勧告

する。

　両委員会報告書に共通しているのは，知的能力における性差の否定と男女共学に対する確信という進歩的な教育観である。しかしながら，第一委員会報告書では，スポーツや体育など身体的性差に関わる授業では別学を容認しているのが注目される。これらの論点は教育使節団報告書に引き継がれており，その意味については3節で検討する。第三委員会報告書では，初等学校（6年制）と中等学校（5年制）を通してすべての学校段階での共学の必要性が明記されており[23]，後述の教育使節団報告書よりも論理的に一貫性がある。

◇ **第四委員会とジェンダーをめぐる議論**
　高等教育を検討した第四委員会では，ジェンダーの問題が最重要課題として取り上げられ，議論の過程で女子高等教育観について日米の教育者の間に大きな相違があることが明らかにされる。
　高等教育にジェンダーの問題を持ち込んだのはホートンである。アメリカ海軍予備部隊長で女性初の海軍大佐とウェルズリー女子大学学長の職を兼務していたホートンは，教育使節団員として日本へ派遣されることが決定すると，いち早くウェルズリー女子大学卒業生のネットワークを利用して植村環など卒業生たちと連絡をとり合い，日本の女子教育について情報を得て，女子高等教育改革の構想を練る。
　第四委員会で女子高等教育についてどのような議論がおこなわれたかをホートン文書に収められている「第四委員会の議論の概要」[24]に基づいて検討する。
　3月9日午後，委員会ごとに会議が開かれる。委員会を構成したCIEと日本側教育家委員会および教育使節団は，それぞれ次のような異なった目的をもって委員会に臨んでいた。CIEは用意周到に討議題を準備し，教育使節団の関心が指令の効果と新しい可能な指令の提案にあると確信しており，日本側教育家委員会は教育使節団がいかにアメリカの教育が下から組織されているかを話してくれるであろうと信じ，そのような計画を強要してほしいと期待していた。これに対して，教育使節団は，政策の特定の諸問題を議論したうえでアメリカ側から付随的な提案をするという意図を明らかにし，結局，委員会は教育使節

第6章　第一次アメリカ教育使節団報告書

団側の方針にもとづいて進められる。まず討議題についての議論があり，公立大学と私立大学の問題や高等教育の目的と自由が取り上げられることになる。これらのテーマに加えて，女性の高等教育の可能性について活発な討論がなされたが，合意に達することができず，この日の委員会は男性と女性の双方にとって有用な一般教育のあり方にわれわれは関心をもっているという申し合わせをおこなって終了している。夕方，使節団員は今後の討議の焦点となる12項目からなる質問状を作成し，日本側教育家委員会に回答を検討するように依頼する[25]。12項目の質問は高等教育の多方面にわたる問題を含んでいるが，質問の第一と第二にジェンダーの問題が取り上げられ，議論の最大の焦点がジェンダー問題にあることがわかる。

<u>①一般教育は高等教育機関における男子学生と女子学生の双方に対して広く利用できるようになされるべきか</u>
<u>②社会的，産業的，公務上の指導的な地位は，さまざまな高等教育機関出身の男性と女性の両方に与えられるべきか</u>

　3月11日に開催された第2回委員会では高木八尺委員からこれらの質問に対する回答をしたためた書簡（3月10日付）が提出され，会議の席上，W. M. コンプトン委員長が病気のため出席できなかった高木の代わりにそれを読みあげた[26]。
　高木は，第一の質問について，「私は平等な条件で男性と女性の両方に高等教養教育を受けさせることに基本的に賛成である」と答えている。つづいて，彼は自分の娘の体験に基づいてその理由をつぎのよう述べる。3人の娘を東京女子大学の英文科に進ませ，専門の英文学だけではなく，宗教や文明の思想を学ばせた。そのおかげで，娘たちは緊急事態に適応する力を発揮して，力を合わせて自らの意志で進んで病気の母のために主婦・料理人・メイド・看護婦の役割を立派に果たしている。このことから，「女子の高等教養教育は，適切な指導があれば，女子の家庭人としての資質を損なうことはなく，むしろ確実に高めることができると確信している」と述べ，最後に，「これからは男女共学という困難な問題に取り組むことになるが，国・公立の大学において女子の高

Ⅱ　占領政策と男女共学

等教養教育に向けた革新的な取り組みがおこなわれるのを目にすることができるのは幸いである」と結んでいる。書簡には，第二の質問である大学教育による女性指導者の育成についての言及はない。

　高木は，自分の娘たちが高等教育を受けたことによって，家庭における女性の役割を十全にこなすことができるようになった実例を根拠に，女子の高等教育の有効性を主張する。高木の回答は，女子の高等教育に消極的な委員たちを説得することができる内容であるが，高等教育の一般教育のカリキュラムに男女差をもうけるか否かを問うホートンの質問の意図からはずれている。ホートンはじめアメリカの女性委員たちは，高等教育で男女に共通の一般教育が教授され，家庭役割を超えて社会で活躍する女性の人材養成が必要であると考えており，高木の書簡はこのようなアメリカ側の女子高等教育観との差異を浮き彫りにした興味深い事例である。

　同様に，日本側教育家委員会が提出した回答にもアメリカの委員との意見の相違を確認することができる。ギルダースリーブ文書には，3月20日付で，日本側教育家委員会が文部省を通して提出した回答文がファイルされている。そのなかの①と②の質問への回答文を見てみよう[27]。

①一般教育を「一般教養（general culture）」を含む教育と想定して回答する。……日本ではこのような教育を実施すべきであるということで全員の意見が一致した。……専門学校に入り専門的な科目を集中して学んでも人間として市民として完成されるとは言えない。一般教育はこのような状況をなくすための緊急なニーズである。

②指導的な地位は，さまざまな高等教育機関出身の男性と女性の双方に与えられるべきであると信じている。これまでは，ほんの一握りの女性だけが高等教育を受けたにすぎなかったから，ほとんどの分野で男性が支配的な地位を占めてきたが，教育機会の男女平等が達成された今日では，多様な分野での指導的地位が女性に開かれるであろうし，われわれはこのような機会を女性に与えるよう一層の努力をしなければならない。

　②の回答では，女性が高等教育を受けて指導的な地位につくことについてそ

第6章　第一次アメリカ教育使節団報告書

の必要性を認めている。しかし、①については、人間、市民として完成するための一般教育の必要性が述べられているが、男性と女性の双方が学ぶべきか、一般教育の内容は男女共通か否かという問いの答えは記されていない。文部省も日本側教育家委員会も大学における男女共通の一般教育のあり方に関しては反応が鈍く積極的に考える姿勢ができていなかったことを示している。

「第四委員会における討議の概要」には、11日の委員会で高等教育とジェンダーの問題についてさらに議論が深められたという記述はない。むしろ教育の意味に関する一般的な問題で議論が長引き会議は延長しておこなわれている。ちなみに、この日の委員会に出席した日本側教育家委員は、小宮豊隆主査、鳥養利三郎、清水金次、柿沼昊作で、星野あいは出席していない。

## ◇ホートンの女子教育改革案

3月12日に開かれた第3回委員会では、コンプトン委員長が使節団員に対してそれぞれ特別研究を課し、ホートンは男女共学を含む女子教育、ギルダースリーブは平和問題、R. J. デフェラリは公立・私立大学等制度問題、D. H. スティーヴンスは専門的地位や学問の自由など個人の問題、コンプトンは科学や技術などを担当することになった。

ホートンの特別研究の結果は委員会に提出された手書きのメモ「高等教育と女性の地位」（日付不詳）にみることができる。その中でホートンは女子高等教育を向上させるために以下の提案をおこなっている[28]。

①女子学生のための奨学金制度と予備校を設立することにより女子の大学への進学を促進すること
②女子に特有の科目に費やされる時間の削減
③少数の女子大学の設立を認可すること
④文部省官僚への女性の登用
⑤あらゆる教育レベルでの女性教員の登用
⑥イギリス・カナダ・オーストラリア・アメリカなどから女性教員の短期招聘を奨励すること
⑦女子に対する教育への関心を高めるために専門学校卒業生の組織化を奨励

Ⅱ　占領政策と男女共学

　すること
⑧日本大学婦人協会の設立を奨励すること
⑨外国人アドバイザー（できれば日本の事情に精通しているアメリカの女性教育者）を文部省に配置すること
男女共学（傍線　ホートン）


　ホートンの提案は，男女共学について具体的な記述はなく，必ずしも十分に練り上げられたものとはいえない。ホートン自身，戦後のアメリカで高まりつつある女性の社会進出に対する逆風の中で，女子高等教育の目的と内容をめぐって交わされる議論に関心をもって耳を傾けており，性別分離の強固な異文化日本での男女共学の強制を躊躇したと考えられる。また，3月14日（女子教育の講義）までの諸会議に出席した後，津田塾専門学校，自由学園，東京女子大学校等を訪問して女子教育者と意見交換するが，3月21日，本国での本務に従事するため急遽帰国し[29]，女子高等教育の内容について議論を深めることも報告書作成に寄与することもできなかったからである。しかしながら，ここに掲げられた諸提案は男女平等教育に関する勧告の核心部分となっている。
　「第四委員会における討議の概要」は，各委員の日程と仕事の調整のためにCIE職員との会議がおこなわれた3月13日の記録で終わっている。
　なお，ホートン文書には，アメリカ国務省の日本占領教育政策の方針を示した「教育使節団に対する提言」と題する文書がファイルされている[30]。そこには，軍政の主な目的は民主主義に沿った日本人の再教育であり，現行の教育制度を通して改革すること，民主的な日本人指導者の自発的協力を得ること，キリスト教系教育機関の再建に力を注ぐこと，中等教育における男女の教育の平準化など14項目が列挙されており，教育使節団員は忠実にその方針にそって勧告したことがみてとれる。


◇日本側教育家の提案

　教育使節団団員は，15日から19日まで京都・奈良視察旅行をおこない，京都女子専門学校，平安女子専門学校，同志社女子専門学校，奈良女子高等師範学校等を視察して女子教育関係者と懇談した。3月21日午後には，三井ビルにお

いて，井上秀日本女子大学校長，藤本萬治東京女子高等師範学校長，伊藤大和学園長，近藤津田塾専門学校教授，吉岡弥生東京女子医学専門学校長，石原謙東京女子大学校長，宮田東京私立学校長協会長，マザー・メイヤー聖心女子学院長等東京の女子教育者と意見交換している[31)]。

　3月22日には，南原繁東京帝国大学総長・日本側教育家委員会委員長からストッダードアメリカ教育使節団団長に特別報告書（3月21日付）が提出される。そこには，六・三・三制の提案とともに，専門学校を男女共学の大学とすることが掲げられ，「改革が計画されていたが，文部省はこの改革案に対して躊躇している（傍線　原文）。私はこれらの計画はきわめて重大であると考えている」[32)]と記されており，日本側から教育使節団へ大学の男女共学化の提案が報告書に盛り込まれるよう積極的な働きかけがあったことがわかる。

　このようにさまざまなレベルの日本の教育者たちと接することによって得られた情報や要望をふまえて，教育使節団が報告書作成の作業に入るのは3月22日以降である。

## 4　男女共学の勧告

　教育使節団報告書は3月30日にマッカーサーに提出され，4月7日に公表される。各委員会の報告書に基づき最終的に調整された本報告書は「はじめに」「序論」「日本における教育の目的と内容」「言語改革」「初等学校および中等学校における教育行政」「授業教育活動と教師養成教育」「成人教育」「高等教育」「報告書の要約」から構成され，男女共学に基づく男女平等教育の勧告という画期的な内容となっている。そこでは，小学校と下級中等学校は男女共学を基礎として運営されること，上級中等学校では男女共学が財政的節約になるだけではなく，男女平等を確立する助けとなるであろうが，過渡期においては，教育機会の均等の原則を保障するという条件付きで，男女別学の学校があってもよい，上級中等学校は授業料を徴収せず，ゆくゆくは男女共学にし，教育を継続したいと思う者すべてに多様な機会を与えるものとすべきであると勧告している。本節では，男女共学に基づく男女平等教育に関わる提言を取り上げ，それらがいかなる女子教育観に基づいているかを明らかにし，報告書の意義を考

察する。なお，ギルダースリーブ文書に収められている英文報告書，国立教育研究所『戦後教育資料10　米国対日教育使節団に関する総合的研究』の訳文と村井実訳『アメリカ教育使節団報告書』に基づいて検討する。

**女性教育顧問の配置と教育の機会均等**　　最初に，国務省ボールズ草案に示された，女性の教育顧問の配置と基本方針としての教育の機会均等が掲げられる。すなわち，「はじめに」で，CIE が日本人と協力しながら，最も効果的な方法で教育改革を遂行するために，専門教育において高い地位にある民間人の顧問を職員に就けるよう提案し，「新しい日本の教育制度において，女性の地位が認められなければならないから，若干の顧問は女性であることが望ましい」[33]とする。「序論」では，民主的教育の新しい方向性として教育の機会均等を挙げ，「性別を問わず，若者すべてに門戸を開放した，新しい教育体系をうみだすであろう」[34]と，期待をこめて述べる。

**教育の目的**　　「教育の目的」では，民主主義の生活にふさわしい教育制度では個人の価値と尊厳に基礎をおくという教育哲学の根本を示し，個人とは男性と女性を含むことを明示する[35]。

　　教育は，個人が責任を重んじかつ協調性のある，社会の成員となるように準備をするべきもので……「個人」ということばは，男子や女子にも男性や女性にも等しくあてはまるということもまた理解されなければならない。

ジャン＝ジャック・ルソーはその著書『エミール』において，神の前に平等であるためには「人間」は教育によって理性をもつようにならなければならないとしているが，女性が学ぶことは実践と結びついたことであると説いている[36]。ルソーの教育論において理性を身につけるように教育されるのは男性であり，女性は「人間」から排除されていることを看破したのは同時代人のメアリ・ウルストンクラーフトである[37]。しかし，彼女の批判は長い間顧みられることなく，近代教育においては「人間」・「個人」は男性であるという暗黙の了解が一般的であった。1940年代のアメリカでは，マーガレット・ミードやメアリ・ビーアドによって女性を無化する従来の考え方に対して異議申し立てがなされ，女性の視点から「人間」＝男性・女性であるというフェミニズムの思想が主張

され，女性の社会進出の論拠となった。そして，この思想は1960〜70年代の第二波フェミニズムに継承され，女性学の誕生の契機となる。その意味では，女性を顕在化させるこのような表現が報告書全般にわたっていたるところで使用されていることは当時としては画期的なことであり，18世紀的＝古典的民主主義の原理を前提とした第一波女性解放運動の成果のレベルを超えているといえよう。

**教育の内容**　「教育内容」として，まず，責任ある社会形成主体としての男女の教育の重要性が掲げられ，広義の「良妻賢母教育」が提案されている[38]。

> 女性は，「良」妻になるためには，自らが良くなければならず，「賢」母になるためには，自らが賢くなければならないことを悟らなければならない。良さは偏狭さからは芽吹かないし，知恵は温室の植物ではない。それは広い社会経験と政治的実践によって育つのである。

ここには，民主化を阻む要因としての「良妻賢母教育」から，広義の「良妻賢母教育」への転換を求めたドノヴァンと河井の意見が反映されている。ホートンは，アメリカ労働省婦人局宛の手紙（1947年2月12日）[39]で，「日本女性の教育上の分離はアメリカ人にとって理解しがたいことであり，伝統的な性のパターンに基づかない，知的な市民としての要求に応える第一級の教育機会を女子に与える教育の再組織化が必要である」と記していることから，女性の社会的主体形成が女子教育改革の最優先事項であったといえる。

ついで，女子の体育の強化が掲げられている。家庭や路地でもできるスポーツやゲームを盛んにし，できれば，「男女一緒に行える（co-educational play）ようにする」こと，「女子の体育活動を担当する女性教師をもっと増やし，活動とプログラムをさらに改善するような措置がとられるべきである」[40]とある。この提案は，男子中心の戦前の体育教育のジェンダーバイアスを是正し，女子の体育活動を強化するという意味で積極的差別是正策であるといえよう。

結論として，「教育制度というものは，各個人が，少年であれ少女であれ，知的で責任感が強く協力を惜しまない，社会の一員としての能力を全面的に発展させることを助長するように整えられなければならない」[41]とまとめられている。

Ⅱ　占領政策と男女共学

**初等・中等学校の男女共学制**　　初等・中等学校の教育行政では,「必要な調整」の一環として男女共学制の導入が次のように勧告されている[42]。

①小学校は義務教育で無償とし,教育計画は子どもたちがもって生まれた能力を発達させ,健康で,能動的な思索的市民になるように準備し,「小学校は男女共学を基礎として運営されるよう勧告する」。

②下級中等学校（小学校に続く義務教育の3年間）は,個人的な要求に応ずるために必要な調整を加える余地を残して,基本的にはすべての生徒に同一のカリキュラムが用意され,「条件が整い次第早急に,男女共学にすべきである」。

③下級中等学校の上に授業料無償のすべての希望者に開かれた上級中等学校が設置されること,「ここでもまた,男女共学によって多くの財政的節約が可能になり,男女の平等を確立する助けとなるであろう。しかし,過渡期に於いては,教育機会の均等の原則を保障するという条件付きで,この段階では男女別学の学校が使われてもよい」。

　報告書では,第三委員会での六・五制の提言が,日本側の要望に配慮して六・三・三制に変更されたことにともない,五年制中等学校とその後の高等学校を男女共学にすべきであるとした第三委員会の勧告は,過渡期においては上級中等学校での男女別学校の使用を認めるという内容に修正される。この間どのようなやりとりがあったかは不明であるが,これもまた日本側の意見が大きな影響を及ぼした結果であろう。土持ゲーリー法一のワナメーカーへのインタビューによれば,委員会では,学校制度を六・五制にするか六・三・三制にするかといった教育制度の問題よりも,どのように民主化するかという内容に重点がおかれたと答えている[43]。このことから,男女共学制についても同じようなスタンスで,「教育機会の均等の原則を保障するという条件付きで」この段階での別学を認めたのではないかと想定される。

　引用文③下線部については,国立教育研究所の訳は,「別学がおこなわれてもよい」,村井訳は,「別学の学校があってもよい」とあるが,原文では,"separate schools might be used" となっているので,ここでは「別学の学校が

使われてもよい」と訳す。制度よりも内容を重視したというワナメーカーの証言から判断して，教育使節団が日本における財政事情を考慮して譲歩したのは，別学のカリキュラムではなくむしろ学校施設の物理的な使用であろう。

**知力における性差の否定と授業の男女共学**　知的能力の性差を否定して授業の男女共学を推奨すると共に，特定科目では別学の授業を認める第二委員会の提案がそのまま継承されている。

最初に，平等は機械的な画一性を意味するものではないので，異なった知的能力の生徒にはその教育水準にあわせた教育計画が必要であるという基本的な考え方を提示したうえで，男女共学のもとでは性別による能力差はないと明言し，民主主義の本体としての男女共学を推奨する[44]。

> 性別による知力の差は，少年少女が同じ教室で教育を受けている所では，事実上存在しないことが知られている。男女が一緒に成長することの経験は，自然でもあり有益でもあると信じられている。

ドノヴァンの第四委員会関係資料には，上記の言説を科学的に裏付ける資料が保存されている。それは，イギリスの共学と別学の中等学校教師4,000人を対象とした教師と生徒の男女共学に対する態度に関するアンケート調査の分析で，興味深い結果が示されている[45]。すなわち，共学の経験は異性に対して相互によい影響を及ぼすが，別学の経験は異性との関係において有害であるという意見が多数を占め，総体的に共学に好意的な傾向が認められる。一方，共学反対者は，男女は異なっているので一緒に教えることができない，男性の教師が女子に女性らしさを，女性の教師が男子に男性らしさを教えることは不可能であるなど，性差を理由に反対しているが，下記の性差研究の結果から，性差は共学を阻むほどの大きな差ではないと分析している。

①性差は環境によってつくられることが多いので，教育訓練によってなくすことができる
②男女の違いより個人差の方が大きい
③人間は誰でも男らしさと女らしさを兼ね備えている
④知的能力の男女差はない

Ⅱ　占領政策と男女共学

⑤性差の大部分は気質，関心，趣味などである

　教育使節団員は男女共学の大学で学んだ経験から，共学のメリットを熟知していたが，このように科学的に立証された調査結果にもとづいて，確信をもって男女共学を勧告したといえる。

**授業における男女別教育**　　他方で，「スポーツや体育のような活動，あるいはある種の手仕事についての学校内での男女別の処遇は，それがいったん標準的な慣習となってしまえば，それほど難しい問題とはならないものである」[46]としており，体育など身体的性差に関連深い授業での別学教育は差別とは見なされていない。女子差別撤廃条約に照らせば，生物学的な「差異があるから」別学は平等に抵触しないという見解は，ジェンダーを容認する「性別役割分業論」の上に立つ見解である。さらに1990年代以降のジェンダー論は生物学的な性差もまた社会的構築物であるとする知見を提示している。

　教育使節団報告書は一方で特性教育を容認していたのであろうか。第二委員会報告書の原案作成者であるウッドワードがどのような女子教育観に基づいていたかを，彼女の論文「教育における女性の役割」を検討することによってそのヒントをみいだすことができる。ウッドワードは，教育における女性の役割の重要性を強調して次のように言う[47]。

　　ハイウエイの建設は男性，教育は女性。必ずしもこの役割を女性が果たしていないのが問題である。女性が築く教育の基礎は文明の中枢であり，これほど真正な責任ある仕事はない。女性は人間（男性）の母親なのである。……
　　今では，女性はパンの稼ぎ手としての責任を男性と分かち合いながら市民としての責任を引き受け始めている。このことによって，おそらく男性は，このすばらしい仕事（教育）のパートナーとなる時間を見つけるであろう。

　すなわち，女性は，家庭で教育者としての役割を十全に果たすことによって人間（男性）を変え，さらに社会で職業人・市民としての役割を男性とともに担うことによって男性の教育への関心を喚起する可能性を示唆する。

　また，教育使節団団員としての任務を終えて帰国後執筆した評論『日本では再教育が必要』では，改善すべき日本の教育の欠点として，教師の社会・経済的

地位の低さとならんで教育界の男性支配と女性に対する差別的な良妻賢母教育をあげ，その原因となっている男性の意識や態度を変える再教育が必要であり，それを担うのは自由を獲得した知的で勇気ある女性たちであるとしている[48]。

このようにウッドワードは，教育者としての女性の役割の重要性を強調しつつ，それによってもたらされる性役割を超えた未来社会の到来を展望していることから，特性教育論とは無縁な進歩主義的，プラグマティックな女子教育観に立って提言しているといえる。

**教員養成**　授業やその他の教育実務に関する教員養成にあたっては，男女の差別を禁止し，男女ともすべての教育水準における教育実務の資格を取得できるようにすることが必要であり，「そのための最も経済的な方法は，男女とも同一の学校に入れることであろう」[49]と，ここでも財政的観点から男女共学のメリットに言及して推奨している。

**高等教育**　「高等教育」では，大学が果たすべき三つの機能として，学問の自由，男女の指導者の養成，男女に対する職業教育・訓練が提示される[50]。男女の指導者養成機能は，第四委員会での日本側教育家委員会による肯定的な回答が反映されている。女性の職業教育・訓練機能は，女性の経済的自立には不可欠な要件であり，以前の女子教育では明示されていなかった画期的な勧告である。この機能は今日に引き続く日本の女子高等教育の重要課題である。

また，「自分の資力で学問することが不可能な才能ある男女に対して，適切な機関への入学を積極的に保証してやるよう財政的援助が与えられるべきである」として，奨学金による財政援助が勧告されている[51]。

> もっとも有能な学生を援助するというこの義務は，女性の権利について最近表明された立場によって大いに増大している。この大胆でしかも賞賛すべき運動は，男女同権の問題を原理上解決した。いまや，この原理を行動によって確認することが必要である。男女平等が実際に真実となりうるためには，早い時期に女子にも男子と同様に健全且つ徹底した教育を保証するような措置が必要である。そうすれば，予備的な学校での訓練のための良い下地のおかげで彼女たちは最高の大学に入学しようとするに当たっても男子と全く同じ条件に置かれることになるであろう。

女子が男子と平等に高等教育を受けるようになるためには，女子がそれ以前の教育段階で男子と同等の教育がおこなわれること，優秀な女子に対する奨学金によって女子の高等教育へのアクセスを可能にすること，というホートン提案の積極的差別是正策はこのような形で成文化される。

## 5　勧告の意義

では，教育使節団報告書に示された男女平等教育の勧告はジェンダーの視点からどのような意義があるのであろうか。

第一に，民主主義の一環としての男女共学制に対する強い信念と社会的構築物としての性差の理論に立脚していることである。

男女は本質的に異なるものであり，したがって教育も男女の違いに対応すべきだとする特性教育論は戦前の伝統的な教育観である。そのような言説は性差心理学の成果を援用し，男女の違いを「科学的」に示し，個人差を重視しない。すなわち，戦前の教育は良妻賢母主義に代表されるイデオロギー教育とは別に，「科学的」踏査に基づいた男女別教育論に支えられていた[52]。

教育使節団報告書では，心理学や文化人類学の新しい知見に基づいて，性差を「科学的」に否定し，男女共学のもとでは能力差は生じないと明言する。ここでは，特性教育論は影を潜め，個人差が重視される。

第二に，社会形成主体としての女性の教育を強調して，古い良妻賢母教育から新しい良妻賢母教育への転換を推奨していることである。前節でみたように，教育の目的と内容は，男女ともに積極的且つ協力を惜しまない，社会の一員としての能力を養成するように変更されなければならないと述べられている。とりわけ女性に対してはこれまでの偏狭な良妻賢母教育を改め，社会形成の主体となる能力を養うことが強調されている。

ホートンは前述の婦人局宛の手紙で「ちょっと会っての個人的な印象ですが，日本の女子教育者はいわれているよりずっと自立していて有能です」と評価したのちに，社会形成主体としての女性の教育の重要性を強調し，「日本人の再教育に最も必要なのは，彼女たちが西洋世界と接触することです」[53]と述べ，

第6章　第一次アメリカ教育使節団報告書

市民的役割を果たしているアメリカの女性との文化交流を推奨している。この提案はのちに日本女性のアメリカ派遣事業として実現される。

　第三に、教育者としての女性の役割に対する大きな期待があったことである。そしてそれは戦時期アメリカ政府の日本教育改革構想で提示されていたことでもある。報告書をまとめたストッダード団長は、「私たちは幾人かの教育界の指導的立場の女性たちに出会って、そのすばらしい能力に見合った職権と社会的な地位が彼女たちに与えられるという希望を共有することができた」と日本女性の社会進出にエールを送っている[54]。また、ホートンとストッダード団長の手紙には、社会形成主体としての女性の教育の重要性が強調され、日本の女子教育者にはその能力が備わっていると信頼が示されている。

　第四に、高等教育では、女子大学と男女共学の大学の並存によって女性の教育レベルを向上させるという教育観である。高等教育における第四委員会で平和問題を担当し、ストッダード団長やボールス団員等とともに特別起草委員として最終報告書の作成にたずさわったギルダースリーブは、のちに、女子高等教育顧問として着任するホームズ宛の手紙に女子大学の必要性を強調して次のように記す[55]。

　　ホートンと私は、学校における女子教育のレベルを上げることが最も大切であると考えました。そのためには高等教育機関に入る前の教育内容を男子と同等にすること、これが第一の段階です。次（高等教育―引用者）の段階では、私たちは、女子のための分離された教育機関が必要であり、望ましいと考えています。したがって、アメリカ人は日本（の高等教育―引用者）に完全な男女共学を強制すべきではありません。

　手紙から明らかなように、高等教育においては女子大学と男女共学の大学の並存による男女の教育機会の平等化が提案されていたのである。女子高等教育制度の成立過程については8章で詳しく検討する。

　本章では、教育使節団報告書が、社会・文化的構築物としての性差観に立ち、男女共学制の勧告、広義の良妻賢母教育、教育者としての女性の役割の強調、

Ⅱ　占領政策と男女共学

奨学金や予備校設立などの積極的差別是正策，男女共学大学と女子大学の並立を提案して，女性が男性と共に市民的・職業的役割を担える民主的な平等社会を展望していることを明らかにした。ここから，報告書が描く男女平等社会到達への鍵は，何より先ず，家庭や学校における教育者としての女性の努力にかかっている。そして，女子教育の向上という当面する女性の実際的ニーズを充たしつつ，男女共学の導入によって，性役割を超え性差別の撤廃という戦略的ニーズの充足をめざしており，それが可能であると信じられていた。このようなプラグマティックな男女平等教育観は，女性の社会進出のプル要因としての社会的条件，プッシュ要因としてのフェミニズム運動だけではなく，当時のアメリカの教育界で主流となっていたジョン・デューイの経験主義教育論からも大きな影響を受けていたと考えられる。

　教育使節団報告書の提言は，特性教育に与しないで，それまでの差別的な男女別学制を共学制に変更することによって制度上の平等化を目指すことに重きをおいているという点で，画期的である。加えて，それが，教育使節団員とCIE 教育課職員と日本の女性教育者の三者による共同作業によって形成されたことを私たちは忘れてはならない。

　　注
　1）林太郎「新制女子大学と家政学部の創設事情」『東京家政学院大学紀要10』1970年, p.20.
　2）舘かおる「東京女子高等師範学校の大学昇格運動—戦前日本の女子大学構想」『お茶の水女子大学人文科学紀要』第31巻，1978年，p73.
　3）Mitsuo Kodama, ed. *CIE（15 February 1946）Education in Japan, Educational Documents of Occupied Japan* vol. I, Meisei University Press, 1983, pp.85-87.（児玉三夫訳『日本の教育：連合国軍占領政策資料』明星大学出版部，1989年，pp.166-169）。この資料はGHQ 教育担当者必携のテキスト，第一次アメリカ教育使節団が報告書をまとめるに当たっての手引書として作成された。「女子教育」はドノヴァンの執筆による。
　4）CIE の組織と人事については，鈴木英一『日本占領と教育改革』勁草書房，1983年，pp.33-34参照。
　5）同上書，p.35；国立教育研究所『戦後教育改革資料2　連合国軍最高司令官総司令部民間情報教育局の人事と機構 |昭和56年度—昭和58年度文部省科学研究費補助金総合研究（A）「連合国軍の対日教育政策に関する調査研究」報告書| 研究代表者佐藤秀夫』昭和59年3月, p.117.
　　　電話帳から組織を解明した後者の資料では，1月にはバーナード陸軍大尉の名前はなく，4月にはじめて登場する。なお，1月付のCIE の電話帳では，ドノヴァン大尉

と同じ WAC 所属のウィード中尉が計画課，ミッチェル大尉，シャイン中尉，ローゼンブルーム中尉が新聞・出版課に配置されている。
6) Donovan, *The Papers of Eileen R. Donovan,* The National Institute for Education Research of Japan, Photographed by Hideo Satow, at Tampa, Florida on 6 September 1986.
　　上記文書には，ドノヴァンの経歴や占領初期に第一陣として任命された GHQ 女性スタッフのリストが含まれている。この資料の解読により，彼女たちがどのような経路をたどって WAC から GHQ 職員として日本に赴任したかが解明される。ここでは，ドノヴァンの経歴を記す。
　　1943年9月1日付で WAC の創設に伴い，WAAC の 3rd Officer から WAC の 2nd Lt. へ昇格。44年8月25日付（特別命令204号）2nd Lt. から 1st Lt. へ昇格。
　　1945年1月7日付（特別命令6号）ミシガン大学民事要員訓練所へ移動命令。添付リストにはのちの教育課長オア少佐や WAC のフロマー大佐，エヴァンス中尉，クルー中尉の氏名も含まれている。ドノヴァン文書には，ミシガン大学民事要員訓練所でのハントレー講師による「日本の教育」の講義要旨がファイルされており，5月7日の日付とともに随所にドノヴァンによる手書きの書き込みがなされている。レジュメから判断して，ドノヴァンが受けた講義の内容は，戦前の日本の教育行政と文部省の役割，教育行政機構となっており，『民事ハンドブック　日本：第15教育』に基づいていると考えられる。
　　1945年8月18日，同訓練所緊急訓練学科修了。45年7月24日付（特別命令176号）ミシガン大学民事要員訓練所からモントレー民事要員駐屯所へ移動命令。
　　1945年9月11日付（特別命令198号），45年9月29日付，10月5日付で，19人の WAC 兵士を含む275人にサンフランシスコから日本への移動命令が発令される。45年10月17日アメリカを出国。10月26日横須賀港に入港。1945年10月30日，CIE に着任。
　　1946年7月27日，日本の女性教育に関する政策立案と実施において顕著な専門的スキルとイニシアティヴを発揮し，性に基づく教育差別の撤廃と文部省の官僚の女子教育に対する態度変更の功績が認められ，陸軍特別賞（The Army Commemoration Ribbon）が授与される。46年，外交官試験合格。Manpower Act により，女性初の国務省の外交官となる。49年9月，教育交流調査団の一員として来日し報告書をまとめる。後にバルバドス島のアメリカ大使として活躍する。
7) この指令は，教育内容および教職追放についての基本方針，文部省に対する占領軍との連絡の指示，教育関係者による本指令の遵守を命じたものである。
8) CIE, "Memorandum to Lieut. Hall attn: Major Orr, from Eileen Donovan, Dec.1945, Subject: Women's Education in Japan," in Reform, *GHQ / SCAP Records,* Box no.5445.
9) CIE, "Memorandum to Major Orr from Eileen Donovan, Dec. 20, 1945, Subject: Conference for Weekly Report, " in Reform, *GHQ / SCAP Records,* Box no.5445.「井上秀校長の GHQ 訪問―日本女子大学校の大学昇格についての陳情」，「井上秀校長が GHQ に提出した日本女子大学校大学概要」『日本女子大学史資料集第六　新制日本女子大学成立関係資料― GHQ / SCAP 文書を中心に』2000年，pp.227-230.
10) Kodama, ed. *op.cit.* 1983, pp.42-46, 85-89. / 児玉訳,前掲書，1983年，pp.90-95, 166-169.
11) 土持ゲーリー法一『米国教育使節団の研究』玉川大学出版部，1991年，pp.60-61.

Ⅱ　占領政策と男女共学

「女性と世界問題に関する委員会（Committee on Women in World Affairs）」議長エミリー・ヒックマンについては以下参照。Mary Beard, *Women as Force in History: A Study in Traditions and Realities,* Octagon Books, New York, 1976, pp. 52-53. メアリ・ビーアドによれば，ヒックマンは，「外交専門家たちは国家間の覇権を争って世界戦争を闘うが，本能的に平和を愛する女性たちはそれとは別の戦争，すなわち平和のための戦争を闘うと強調し，44年の大統領選挙に際して，大統領候補者はこのことを無視しないようにと繰り返し訴えていた」としている。

12) 鈴木，前掲書，1983, pp.127-128; 土持，前掲書，pp.132-133. 井上秀が教育者会議委員に任命されなかったいきさつについては，ドノヴァンからニュージェント課長宛「井上秀校長と日本女子大学校に関する調査報告」『新制日本女子大学成立関係資料―GHQ / SCAP 文書を中心に』pp.230-232参照。CIE では，井上秀が戦時中大日本青少年団副団長の職に就いていたことが1月23日に判明したため，24日に予定されていた「女子教育」の放送中止を決定するにいたったことが報告されており，別途調査中であった教育者会議の委員としての資格も認められなかったものと推察される。

13) CIE Education Division, Peer Club, "Memo to: Members of Education Mission, 14 March 1946, Subject: Women's Education, ," *Virginia C. Gildersleeve Papers,* vol. 2.

14) GHQ US AFPAC PRO, "Press Release（19:30, 14 Mar. 1946）:Subject: Japanese Women Educators Discuss Their Teaching Shortcomings," in Reform, *GHQ / SCAP Records,* Box no.5445. 傍聴者が卒業したアメリカの大学は，カリフォルニア大学，ブリンマー・カレッジ，ウェルズリー・カレッジ，コロンビア教員養成大学，ヴァッサー・カレッジ，スワースモア・カレッジ，メイン大学，ウェルズ・カレッジ，マウント・ホリオーク・カレッジ，ウェスタン・メリーランド・カレッジ，ペンシルベニア・ホーティカルチャー校，オベリン・カレッジ，フィリップ大学，セント・ローレンス大学，ゴーチャー・カレッジ等である。

15) Eileen Donovan, "Women's Education," *The Paper of Eileen R. Donovan,* vol.1.

16) GHQ US AFPAC PRO, "Press Release,（19:30, 14 Mar. 1946）" *op.cit.*

17) *ibid.*

18) Willard E. Givens, "Tokyo and Return," *Virginia C. Gildersleeve Papers* vol.3 , p.6.；土持，前掲書，p.369.

19) 1946年4月12日付ギルダースリーブからホームズへの手紙（*Virginia C. Gildersleeve Papers*）

20) United States Education Mission to Japan, "Report of Committee II of USEMJ, Teaching and the Education of Teachers," 国立教育研究所『戦後教育改革資料10　米国対日教育使節団に関する総合的研究』1991年3月，p.151.

21) United States Education Mission to Japan, "Report of Committee III of USEMJ, Administration of Education in Japan at Elementary and Secondary Levels," 同上書，p.175.

22) 同上書，pp.181-182; *ibid.* pp.8-9. 土持訳「米国教育使節団第三委員会報告書―初等学校及び中等学校における教育行政」土持，前掲書，1991年，pp.311-312.

23) 第三委員会では戦前の教育制度六・五制に基づいて勧告がなされたが，その後日本側の強い要望を取り入れて，米国教育使節団報告書では，六・三・三制に変更された。

第6章　第一次アメリカ教育使節団報告書

そのいきさつについては，土持，同上書，1991年，pp.162-180参照。
24) "Digest of Discussions of Committee IV," *Mildred McAfee Horton Papers*, vol. I. この資料は8頁目が欠落しており，3月12日の議論の概要は一部不明である。
25) *ibid.* pp.2-3.
26) *ibid.* pp.4-5.
27) 大日本帝国政府，"ANSWERS – COMMITTEE 4," *Virginia C. Gildersleeve Papers*, pp.1-2.
28) Mildred McAfee Horton, "Higher Education and Status of Women," *Mildred McAfee Horton Papers*；土屋，前掲論文，1998年，p.159.
29) United States Education Mission to Japan, "Draft report of the subcommittee on higher education in Japan" 国立教育研究所，前掲書，1991年，p.209.
　この資料では，"Miss McAfee, ・・・who sat in only one brief session before the early departure on a chartered Navy plane, ・・・." となっている。しかし，ホートン文書にある植村環からホートンへの3月21日付手紙には，「来客のため，今朝（21日）ホートンを見送ることができなくて残念である」と書かれているので，3月21日に離日したと考えられる。従って，22日以降開かれた報告書作成会議には出席していない。
30) 国立教育研究所『戦後教育改革資料6海外学術研究：報告書，占領期日本教育に関する在米資料の調査研究』1988年，p.80. "Suggestions for the Educational Commission to Japan," *Mildred McAfee Horton Papers*.
31) "Schedule: Education Mission to Kyoto," *Virginia C. Gildersleeve Papers*, vol.3.
32) 土持，前掲書，1991年，p.328.
33) The United States Education Mission to Japan, "The Report of the United States Education Mission to Japan submitted to the Supreme Commander for the Allied Powers ," Tokyo, 30 March 1946, *Virginia C. Gildersleeve Papers* p. iv；国立教育研究所，前掲書，1991年，p.24頁；村井訳，前掲書，1979年，p.18.
34) The United States Education Mission to Japan, *ibid.* p. 3；国立教育研究所，同上書，p.28；村井，同上書，p.25.
35) The United States Education Mission to Japan, *ibid.* p. 5；国立教育研究所，同上書，p.34；村井，同上書，p.31.
36) ジャン＝ジャック・ルソー著，梅根悟・勝田守一監修，長尾十三二・原聰介・永治日出雄・桑原敏明訳『世界教育学撰集　エミール3』明治図書出版，1971年。
37) メアリ・ウルストンクラーフト著・白井堯子訳『女性の権利の擁護』未来社，1980年，pp.80-81.
38) The United States Education Mission to Japan, *op.cit.* p. 8；国立教育研究所，前掲書，p.38；村井訳，前掲書，p.39-40.
39) ホートンからアメリカ婦人局へ（1947年2月12日付手紙），*MacAfee Horton Papers*.
40) The United States Education Mission to Japan, *op.cit.* p.11；国立教育研究所，前掲書，p.43；村井訳，前掲書，p.49.
41) *ibid.* p.12；国立教育研究所，同上書，p.44；村井訳，同上書，p.51.
42) The United States Education Mission to Japan, *ibid.* p18；国立教育研究所，同上書，pp.56-57；村井訳，同上書，pp.63-64.

43）土持，前掲書，p.164
44）The United States Education Mission to Japan, *op.cit.* p24；国立教育研究所，前掲書，p.69；村井訳，前掲書，p.78.
45）Folder title: Committee IV-Women's Higher Education/no.（11）, *GHQ / SCAP Records,* Box no.5651, この調査のフルテキストは，Folder Title: Co-education /no.（9）*ibid.* 参照。
46）The United States Education Mission to Japan, *op.cit.* p24；国立教育研究所，p.70；村井訳，前掲書，p.78.
47）Emily Woodward, "Woman's Part in Education," pp.1-6, *Emily Woodward Papers,* Box no.3, folder 42, item no.4.
48）Emily Woodward, "Re-education Needs in Japan," *The Democratic Digest,* May 1946, p. 10, *Emily Woodward Papers,* Box no.6, folder 78, item no. 28. なお，ウッドワードの別の評論「歴史はパンツを失いつつある」(Emily Woodward, "History losing the Pants," *ibid.*) には，男性受講者の減少により，歴史学が女性によって占められつつある当時のアメリカの大学教育の危機的状況を憂い，男性が歴史学を学ばなければ，未来を展望し構築する力を養うことができないと警告し，専攻分野による性の偏りを是正すべきであると主張している。
49）The United States Education Mission to Japan, *op.cit.* p30；国立教育研究所，前掲書，p.78；村井，前掲書，p.95.
50）The United States Education Mission to Japan, *ibid.* p35；国立教育研究所，同上書，p.89；村井訳，同上書，p.106.
51）The United States Education Mission to Japan, *ibid.* p38；国立教育研究所，同上書，pp.92-93；村井訳，同上書，pp.114-115.
52）朴木佳緒留『ジェンダー文化と学習　理論と方法』明治図書，1999年，p.109.
53）ホートンから婦人局宛の手紙（1947年2月12日付），*Mildred McAfee Horton Papers.*
54）ストッダードからアレキサンダーへの手紙（1946年5月21日付），Virginia *Gildersleeve Papers* Vol. 1.
55）Gildersleeve から Homes への手紙（1946年7月8日付），*ibid.*

# 第7章
## 教育基本法「男女共学条項」

### 1 はじめに

　男女共学は，教育基本法「第五条（男女共学）男女は，互いに敬重し，協力し合わなければならないものであって，教育上男女の共学は，認められなければならない」に規定されている。しかし，その解釈と対応についてはCIEと文部省の間に大きな差異があったことはよく知られている。本章では，CIEの男女共学導入戦略，教育刷新委員会での議論，法案をめぐるCIEと文部省の折衝，男女共学パンフレット作成過程を検討することによって，CIEと文部省間，それぞれの組織内部での男女共学をめぐる闘争と戦略を考察する。そして，条文後段の消極的な規定は，男女の特性を認めた上での「女子教育」の向上に固執する文部省が，教育的に相互の特性を伸ばすことができる「男女共学」であれば受け入れることができるという教育刷新委員会の議論をふまえ，さらに，民主主義の観点から全国一律に強制するものではないという言質をCIEから取り付けることによって成立したものであることを明らかする。

### 2 ドノヴァンの戦略

　CIE教育課女子教育担当官ドノヴァンは，アメリカ教育使節団報告書に示された男女共学の勧告を日本の教育制度に導入するために数多くの困難を乗り越えなければならなかった。まずスタッフ・スタディとして男女共学を阻む法制度を検討し男女共学導入計画を作成する。つぎに，計画を実行に移すために

Ⅱ　占領政策と男女共学

CIE 教育課の男女共学賛同者の協力のもとに課の方針としての合意を形成し，文部省に強力に働きかける。さらにウィードのもとに形成された女性政策推進ネットワークのアジェンダに男女共学問題を掲げるとともに，自ら男女共学を広く一般の人々に知らせる広報活動を開始する。

### ◇男女共学導入計画

　日本側教育家委員会は，アメリカ教育使節団の調査研究に協力しつつも，独自に全六編からなる「アメリカ教育使節団に協力すべき日本側教育家委員会報告書」を作成し，教育使節団報告書が公表されたほぼ同時期の1946年 4 月上旬に，委員長南原繁から文部大臣安倍能成宛に提出した。しかし，この報告書が文部省から CIE に提出されたのはようやく 6 月になってからである。これは CIE からみると SCAP 覚書「日本教育家ノ委員会ニ関スル件」に対する違反行為であった。そこには「委員会ハ使節団ノ退去後第三項（教育使節団の報告書内容）ニ記述セル問題ノ研究ヲ継続シ文部省ハ民間情報教育班ニ対シテ研究ノ結果並ニ献策ニツキ定期報告ヲナスベキコト」とあったからである[1]。しかも，この報告書は，教育使節団報告書と共通の課題について提言しているが，教育勅語に関する意見，教権確立問題に関する意見，学校体系に関する意見，教育協会または教育連盟に関する意見，教育方法問題に関する意見，国語国字問題に関する意見といった章別構成から明らかなように，総合性・革新性という点で使節団報告書よりはるかに貧弱である。さらに，そこには，学校教育への男女共学の導入は明記されていない。

　いち早くこのことに気づいた CIE 女子教育担当官ドノヴァンは，文部省との折衝や会議の折にふれ，省内の男女共学についての意見を聴取する。そして，基本的には男女共学の原理そのものにたいする反対意見はないが，導入の実際的な方法に関して不安やおそれが存在していると理解し，そのような不安解消のために男女共学導入計画作成にとりかかる[2]。

　ドノヴァンにとって最初の課題は，CIE 教育課内で男女共学の推進に関する合意の形成であった。5 月上旬，男女同一の音楽教科書の出版について議論したジョセフ・トレーナー教育課長補佐との会議で，ドノヴァンは，軍国主義の排除といった最重要課題の陰に隠れて，男女で異なった水準の教科書が二重に

第7章　教育基本法「男女共学条項」

編集されている事実が問題視されていないことを指摘し、男女共学教育計画の根幹に関わる男女同一の教科書を包括的に検討すべきであると問題提起する[3]。そして、6月下旬には、男女別学を規定している法規（国民学校令施行規則第51条および63条）の撤廃計画を提案する[4]。

　第二の課題は文部省を男女共学推進の同一のテーブルにつかせることである。実際に、男女共学の全面採用について文部省はきわめて消極的であった。7月16日、日本側教育家委員会の開催を前にして、ドノヴァンは日高第四郎学校教育局長に会い、男女共学の進展状況と男女共学について文部省の見解を確認する。この会談で、日高は、「小学校における男女共学は奨励されるべきであるが、中学校については、大学における男女共学の導入の結果がわかるまで待つべきである」と答えている。小学校での男女別クラス編成を規定している法令を直ちに廃止しない理由としては、「それには6ヵ月の期間を要し、私立中学校における男女共学の導入は今のところ不可能である」と述べている。このように男女共学の導入に消極的な日高第四郎は、「この問題について話し合った人たちの中で日高は最も保守的な人物である」[5]と評すほどドノヴァンにとって手強い相手であった。

### ◇男女共学推進ネットワーク

　そこで、ドノヴァンは、文部省とCIE教育課内で男女共学推進の協力者を発掘し、そのネットワークづくりに着手する。

　まず、1946年7月15日に学校教育局と社会教育局の嘱託で作家の村岡花子（松岡洋子とともに7月9日に嘱託に任命される）と女子教育について意見を交わし、村岡が学校は男女共学制へ完全に移行すべきであるという考えであることを知り、意を強くする[6]。翌16日、着任早々の文部省視学官山室民子（7月9日任命）に、日本各地の指導的な女子教育者のリストを保存すること、彼女たちを核に文部省が主導して全国的に男女共学を推進し、時期が到来したら分権化するように示唆する[7]。

　CIE教育課内ではスタッフ・スタディとして男女共学に関する調査と分析をおこない、7月下旬に推進計画を提出する。そこには、以下の通り、初等教育、中等教育、高等教育のレベルごとに女子教育向上の具体的な目標があげられて

143

いる[8]。

①初等教育：別学規定の法律問題，男女生徒が参加するホームルーム，女子青年団，成人教育担当ネルソンとの協力によるPTAや公民館での女子教育プログラムの開発。

②中等教育：家庭科教育，夜間コースや職業コースなどの各種のタイプの教育，最終目標として男女共学の達成を視野に入れた女学校と中学校における教科書とカリキュラムの平準化，ガール・スカウトなど教科外団体活動，男女教師の現職教育・尊厳・俸給の平等化。

③高等教育：大学への昇格を希望する女子専門学校の活動の援助，女子の大学入学許可，女子大学卒業生の専門家としての認知，女子学生代表参加の女子教育問題会議の開催。

これらの目標達成のために期待できる協力機関・団体として，文部省（女性職員だけではなく男性職員を含む），日本教育家委員会，女学校や専門学校の進歩的な校長・学長，YWCA，大学婦人協会，有権者同盟，婦人民主クラブ，女性雑誌新聞記者，PTA，母親クラブ，女学校同窓会，教師協議会，労働団体女性指導者があり，エセル・ウィードはすでに協力的な指導者のリストを入手済みである。

8月初めにはワシントン州立大学学生部長ルル・ホームズが女子高等教育アドバイザーとして着任し，強力なメンバーが加わる。

このような経過を経て，男女共学の推進政策がCIE教育課の決定事項となったのは8月29日のことである。ドノヴァンはオア課長宛のメモランダムでつぎのように報告している[9]。

「いかなる方法によっても，教育制度の性別分離を規定している法令を廃止する措置をとることにわれわれは合意する」というウイグルワース提案，オズボーン賛成の議題について，投票による採決の結果，全員賛成で以下の通り決定した。

  a. われわれは，どんどん進め，ただちに関係法令を廃止すべきである。
  b. われわれはすべての教育段階における共学の原則に賛成する。日本人に問われた場合は＜手加減＞は無用である。これは個別の問題でも優先順

位が低い問題でもない。日本の学校再組織化にとって不可分の一部である。

　このようにして，課内の合意をとりつけたドノヴァンは，9月4日，文部省と日高第四郎に教育課の方針を伝え，ただちに法令変更にとりかかるための必要な措置をとるよう要請する[10]。その結果，9月末，学校教育局から，国民学校令の男女別学規定の撤廃，51条と63条の修正案，関連事項の都道府県への周知が報告され[11]，学校の男女共学推進へ向けて大きく前進したことを確認する。

◇広報
　ドノヴァンは，男女共学についての知識を広め日本人の間に幅広い支持を得ることについても手抜かりはなかった。
　1946年5月7日，文部省社会教育局の要請を受けて座談会に出席し社会教育局職員と省内の女性職員を対象に「アメリカの女性」について話している[12]。その内容は，社会教育連合会編『教育と社会』創刊号（1946年7月）に「アメリカの女子教育」と題して掲載される。ギルダースリーブから入手した最新のバーナード・カレッジとコロンビア大学市民と社会関係資料[13]をアメリカの女子高等教育に関する情報として女子教育関係者へ提供している。7月29日に早稲田大学学生（600人）に対して「アメリカの男女共学の歴史」について講演し[14]，これをきっかけに，地方視察など機会あるごとに男女共学の意義を説いてまわった。
　10月31日，ウィードの呼びかけで「女子教育向上のためのあなたがたの責任」をテーマに教育会議が開かれる[15]。①「基調講演」（ルル・ホームズ）に続いて，②「男女共学，男女平等な教育機会」（アイリーン・ドノヴァン）③「女性のための職業教育機会」（ルイス・モス）④「女性のための大学教育」（ルル・ホームズ）⑤「教育制度における家庭科教育の再編成」（アイリーン・ドノヴァン）が情報提供された。会議出席者には，国会議員（山口シズエ，吉田セイ，竹内シゲヨ），政党関係者，教育関係者（中野つやなど，），学生，婦人団体関係者，労働関係者（谷野セツ），ジャーナリスト，評論家・作家（山田わか，平林たい子，深尾須磨子，山川菊栄，円地文子，山高しげり）等60人以上の著名人が名を連ね

ていて、活発に意見がとり交わされ、会議は成功裏に終わる。質問が多く時間不足だったため会議の進め方についての反省をふまえて、テーマごとの小グループによる座談会方式の会議が東京以外の都市でも開催されることとなる。

## 3 「男女共学条項」制定過程

### ◇教育刷新委員会の議論

1946年8月10日、日本政府は、勅令により、内閣総理大臣の所轄機関として教育刷新委員会の設置を決定する。この委員会は、アメリカ教育使節団報告書作成に重要な役割を果たした日本側教育家委員会から発展した組織で、最盛時における延べ64人の委員のうち、女子専門学校・女子中等学校関係者として、星野あい、河井道、森山よねなど4人の女性委員が加わる。27人中に4人の女性団員を加えた教育使節団に比べると比率は低いが、終戦直後に複数の女性委員が政府レベルの審議に参画した意義は大きい。

8月28日、文部大臣官房審議室が教育基本法の審議準備のために設置され、9月7日教育刷新委員会第1回総会がニュージェントCIE局長を来賓に迎えて開かれる。9月20日、第3回総会で田中耕太郎文部大臣は教育根本法の骨子を説明し、その一項目として「女子教育」を取り上げることを明らかにし、その理由を次のように述べる[16]。

> 次に女子教育の問題であります。これに付ては議論があり、人種、性別という中に含まれて居るという意味で、これは要らないじゃないかという考もありましたけれども、女子教育の振興ということはこの際非常に重大な問題であり、教育界、社会一般に非常な関心を持たれて居る問題でございますから、この点は触れた方が宜い。殊に男女相互に理解し合い尊重し合えという風を起こさなければりませぬから、そういう意味合いを以ちまして、茲に入れることが有益ではないかといういう風に考えました。

ここでは、「女子教育」を、女子教育の振興、男女相互の理解・尊重の観点から、教育の機会均等の中に包含しないで別立てで設定したと説明している。

文部省大臣官房審議室長関口隆克の後日談によれば，文部省内に，母性をもつ女性は本能的に平和を愛するために，女子教育は重視されなければならないという意見があったからだという[17]。

**第一特別委員会**　9月21日，田中文部大臣と田中二郎参事が中心となって「教育基本法要綱案」が作成され，「(四) 女子教育　男女はお互いに理解し尊重し合はなければならないもので，教育上，原則として，平等に取り扱はれなければならないこと」という文案が，11月1日，教育刷新委員会第一特別委員会（第8回）の審議に付されることとなる。この日の特別委員会では「尊重」を「敬重」に「理解」を「協力」に書き換えたほうがよいという意見がだされたにとどまる[18]。

「男女共学」の文言を条文に書き込むことで意見が一致したのは11月29日の第一特別委員会（第12回会議）においてである。議論の発端は，河井道委員からの，「女子教育」を別立てすることによる性の有徴化とその差別性に対する異議申し立ての発言である[19]。曰く，

　教育の機会均等の所に女子教育のことを何か含めていただけばいいので，わざわざここに女子教育を出すとどうしてもそこに男子教育，児童教育と出て来ないと，なんだかおかしい気がするのです。(中略) 女子教育だけ出されると，ちょっと何だか一段低いもの，ここに取り扱われるぞ，という気がして仕方がないのです。

これに対して関口隆克幹事は，女子教育の平準化を重点として別立てする文部省の立案の趣旨を「女子の取り扱いというものが余りにも低かった，そういう欠陥をこの際是正するという意味で，寧ろここにはっきりと謳った方がよいのではないか」と説明している[20]。続いて他の委員から以下の発言があり[21]，次第に議論は原則として共学を認めるという方向へと傾く。

　関口鯉吉委員　女子教育というから角が立つので，男女の共学といえば角が立たない。

Ⅱ　占領政策と男女共学

羽渓了諦主査　いっそここの所を，男女共学という見出しにしたらどうですか
芦田均委員　そうすると（中略）中学校に男も女も入る。
河井道委員　それは校長の自由に任せられるのではないですか。（中略）外国などでも女だけの学校はちゃんとあるのです。
天野貞祐委員　原則として共学とし，とかいうことにしておけば，共学であってもいいし，なくてもいいことにならんですか。

　ここで，関口隆克幹事は，男女共学を認めてもそれを原則としない旨を発言し，あくまで男女の教育の平準化に重点があることを強調する。これに続く委員との以下の質疑応答から，このような文部省の意図が民主主義の原則として男女共学を勧告する教育使節団報告書のそれと大きな隔たりがあることが明らかにされる[22]。

関口幹事　私は原則として，という言葉は避けたかったのです。というのは，そうすると共学でない所は何か本当でないという風に取れますから。そういう意味でなく，ただ認められるという言い方を，私は主張しておったのです。そういうものは妨害しない，それは勝手なんだという言い方の方がよいのではないかと思いまして。
務台理作委員　あなたの御趣旨というのは，男子と女子が同じ学校の中にいるとか，同じクラスの中にいるとかいうことが教育的によいという，そういう考えではなくて，女子も男子も同じ水準で教育を受けなければならないのだ，そういう所に重きを置いているのね。
関口幹事　私個人としては，そういう考えだったのです。男女の共学もその原則の上に　男女共学というものが認められるであろう。
関口鯉吉委員　進駐軍なんかの方の要求というのは，同じレベルという以外に，やはり男子と女子は常に提携して社会に活動するものだから，教育を受けている時代から離さないで，一緒にして置くのがいいのだ，こういう趣意もあるのだろう。

最後に, 河井委員が「この所 (見出し—引用者) を女子教育とわざわざ出さないで何か別の言い方をして貰いたい。男女共学なりなんなりしていただいたら, 私はこれだけは抜いていただきたいと思うのです。あんまり目立ちすぎますから」と主張する[23]。「そうだすのは扱い方が大き過ぎはしないかと思うのです。……どうせ法文にするときには…こんな見出しは実際は取ってしまうのだと思うのです。」[24] と関口隆克幹事が答え, 結局, 委員会としては, 以下の文案で総会に報告することになる[25]。

　(女子教育) 男女は平等の立場に於いてお互いに敬重し, 協力し合わなければならないものであって, 男女の共学がみとめられること。

**第二特別委員会**　　これより前の10月4日, 第二特別委員会 (第2回) でも, 中等教育における男女共学について同様な議論がおこなわれている。関口幹事は国民学校令施行規則を廃止して高学年の男女共学を認めるという文部省の方針を説明し[26],「それを廃止したら必ずしも別にしないでも宜しい, また現状通り別にして置いても差支ない」と男女共学を原則としないと述べている[27]。
　最も危惧された風紀問題については, 牛山栄治委員が青年学校の例を挙げて男女共学でも問題はないと主張する[28]。しかし, 佐野利吉委員の意見にみられるように根強い反対論があったことがみてとれる。
　ついで議論は男女共学の教育論に移り, 倉橋惣三委員は男女一緒の方が男女の特性が養成され, 人間教育の根本理念であると主張する[29]。

　　男女自ら本来の性を異にすることはないとアメリカの人が言って居るのは, 或いは少し言いすぎだと思いますが, (中略) われわれの通念として差があるとしまして, (中略) 其の差がよく之が訓練される, 陶冶される為に共学の方が宜いのじゃないか, この位に思うのです。

　これに対して佐野利吉委員は男尊女卑の風潮が強い日本での男女共学はかえって差別を拡大させるのではないかと慎重論をとなえる[30]。一方, 山際武利委員は, 男女の能力差はこれまでの教育によってつくられたものであるから, 女

性の能力が低いものだと前提する必要がないと発言すると[31]，委員会の議論は男女共学を認める方向へと傾いていく。倉橋惣三委員は，前述の主張に加えて，女子向け教育内容として，家事・裁縫の時間の一部を削減して男子と同じ教科を増やすことによって女子の教育レベルを上げる，さらに，中等学校教育の教育内容に生活活動を取り入れ，女子がその特色を発揮してリーダーシップをとるようになれば，男子に女子の特色を理解させることができるようになると，男女の特性に基づく男女共学のメリットを強調する[32]。このような議論を経て，共学にすべしとまではいかないが「共学は差支なし」ということで委員会としての合意がえられる[33]。

10月9日の第二特別委員会第3回では，引き続き男女共学が議題としてとりあげられ，ジェンダーとカリキュラムの問題について議論されている。女子だけに課す学科目があるかという戸田貞三主査の質問に，倉橋委員は体育などでは男女別の処遇を可とする教育使節団報告書の勧告[34]に言及して，授業における男女別学を肯定する。その一方で，性別などによるカリキュラムの違いがあっても，むしろ共通の方が多く，一つの学校，学級で男女が共同の生活をするというところに男女共学の意味があり，男女共学が本体だと主張する[35]。

同じように教育使節団の提案に依拠しながら，ジェンダーの視点に立った議論もおこなわれている。戸田主査は，女性に欠けている一般教育の授業時間を確保するとともに男性にも学ぶ機会を与えるために，中等学校におけるドメスティック・サイエンスを男女双方の選択科目にするという教育使節団第四委員会でのホートン等の提案を紹介し，「それも一つの方法だと思う」[36]と，家庭科の男女選択共修に賛同する意見を述べている。しかし，教育内容についてはこれ以上深い議論に発展しなかった。

結局，初等学校に続く義務教育の学校は男女共学であること，共学の意味は原則として同じ教場で学習させること，当分の間は例外を認めること，高等学校は必ずしも男女共学でなくてもよい，ということで意見がまとめられる[37]。

**総会**　11月15日と22日に開かれた第11，12回教育刷新委員会総会では第一特別委員会と第二特別委員会での討議が報告されているが，女子教育については特に質疑応答はなく，女子教育の振興は必要であるが，男女の共学の規定までは必要ないというのが総会のコンセンサスであった。

ようやく男女共学が議題に上ったのは11月29日第13回総会においてである。ここで，羽渓了諦第一特別委員会主査が教育基本法の条項の「女子教育の中に於いても，男女共学ということを謳ってもらうということを注文致して置きました」[38]と報告している。

　12月20日の第16回総会では，第二特別委員会中間報告と討議がおこなわれ，山崎匡輔文部次官が，「男女共学ということを司令部でも非常に強く主張しておるので，…その点の御意見を承りたい」と，15歳から18歳の勤労青年の男女共学の是非について教育上の見地から意見を求める[39]。竹下豊次，牛山栄治，及川規各委員が自らの経験等から，できるだけ男女共学にした方がよいと主張するが，高等学校は男女共学でなくてもいいとする意見が大勢を占めた。前回の第二特別委員会中間報告に基づくべきであるとする関口泰委員の発言があり，これが総会の了解事項となる[40]。12月27日の第17回総会で学制について採択が行われ，中学校は義務制，全日制，男女共学とし，高等学校は，必ずしも男女共学でなくてもよいと決められた。

### ◈文部省とCIEの折衝

　教育基本法立案をめぐるCIEとの協議がおこなわれるのは1946年11月以降である。文部省が教育基本法について教育刷新委員会で協議しているという事実を察知したCIE教育課は，文部省が討議内容について教育刷新委員会を指導してはならないこと，事前にCIEに要綱案を提出し，文部省・教育刷新委員会・CIE三者連絡委員会で協議することを文部省に約束させる[41]。ようやくCIEに前述の第一次「教育基本法要綱案」が提出されるのは11月14日のことである。

　CIEの強い働きかけにもかかわらず，CIEへ提出された第一次「教育基本法要綱案」は男女共学についての明確な表現がないばかりか，教育機会の均等をもたらす説得力ある内容とはなっていなかった。CIE教育課は議論の結果，このような条項では，女性のための教育機会の平等あるいは男女共学の達成は事実上期待できないという結論に達し，条文は決して満足のいくものではないと押し返している[42]。

　すでに，女子教育刷新要綱，教育使節団報告書，教育刷新委員会において男女共学が用語として使用されていたが，文部省は教育基本法に男女共学を盛り

込むことに難色を示していた。当時文部省内にあった男女共学に対する態度について，関口隆克審議室長は当時を回想して次のように述べている[43]。

　　教育基本法は，……制度的に権利義務の関係で絶対必要な柱がいくつか列挙されていますが，その中の一つとして男女の教育の問題を入れるべきではないか，というサゼッションが司令部からあったのです。まず憲法の中では，性によっての差別はしないとなっていますね。これをはっきり教育についても謳い，男尊女卑の取扱いをやめろという考えが強くでてきた。そこまでは文部省は勿論誰も賛成なのです。しかし，それが具体的にどの学校でも一つの教室の中に男子と女子が必ずいなければならないという，そういう意味の男女共学だとすると，意見がかなり分かれたんです。

CIE教育課，とりわけ女性職員たちは，すべての学校の男女共学化が条項に書き込まれなければ，教育機会の男女平等化の原則は脅威にさらされると考えたが，男女共学が司令部からの指令の主題として取り上げられることは期待できなかった。しかも文部省は男女共学を全国一律に義務化することは，アメリカが掲げる教育の地方分権化という民主主義の方針に反するとしてこれに抵抗している[44]。結局，女性職員たちは，文部省が主張する民主主義の論理に押し切られてしまったのである。CIE教育課は，アメリカでは男女共学に対する許容度が地域により大きく異なっている，ましてや都市と農村の文化的な差異が顕著な日本では男女共学を全国一律に義務とすべきではない，という理由で文部省案を受け入れることに合意する[45]。

CIE教育課長補佐ジョセフ・トレーナーは，「教育基本法の男女共学の条項の成立には多くの困難があった。なぜなら，ここで自分たちが扱っている問題は法律用語ではなく，社会信念であることに教育課が気づいたからである」[46]と述懐している。そして，アメリカでも当初は男女共学をめぐって賛否両論が激しく対立したが，結局反対派が主張するような道徳的な危機は起こらないことが明白となり，男女共学の実施が自由と平等への道だということが歴史的事実だとみなされるようになった。文部省の男女共学をめぐる議論は，初期のアメリカの男女共学反対論者から出されたものと似通っていると見ている。

第7章 教育基本法「男女共学条項」

　文部省とCIEの折衝の過程を再現して，どのように高等学校における男女共学の義務化が切り崩されていったかを見てみよう。

　11月18日，関口隆克文部省審議室長とCIEの会議が開かれ，トレーナー，オズボーン，J.R.ニコルスとともにドノヴァン，ホームズが出席する。この日の会合では女子教育条項が取り上げられ，CIE教育課は，前半の文章は優れているが，後半の文章は前半に対応していないとし，男女共学に積極的に言及するように提案する。関口は1時間半にもわたって草案の価値を述べ弁明するが，話に一貫性がなく，挙げ句の果てに，田中二郎参事が国内旅行中であるので，その帰りを待たなければ執筆できないといって引き延ばそうとしたとトレーナーは記している。そして，条文執筆のために田中氏の帰りを待つわけにはいかないこと，男女共学の原則は学校教育制度の民主化にとって回避できないものであると告げている[47]。

　11月21日の会議には，文部省から関口審議室長，寺西・安達両事務官，CIEからトレーナー，オズボーン，ニコルスが出席し，第二案「女子教育　男女はお互いに敬重し，協力し合わなければならないものであって，両性の特性を考慮しつつ同じ教育が施されなければならないこと」を検討した。CIEは，この案は，これまでの日本の女子教育でおこなわれてきた女性に対するあらゆる形態の差別を容認する表現となっており，第一案よりも改悪されており，非民主的で認めがたい，として書き直しを求める。関口審議官はこれに同意するが[48]，条文案のCIEによるこのような解釈は関口に強いショックを与えたようである[49]。

　11月25日，関口審議室長が持参した三訂版を検討したが，文案は依然として曖昧で，問題点を巧みに避けている傾向が見られた。結局1時間の討議の末，つぎの英文で合意に達した[50]。

　　agreement that co-education as a principle was a desirable matter, but that it should not be made compulsory（原則として男女共学は望ましいことであるが，義務とすべきではない）

　英文の条文を日本語で表現するのは難しいということで，11月29日，CIEと文部省はそれぞれ日本語で文案を作成して比較検討している。12月2日，5日，

## Ⅱ　占領政策と男女共学

9日には教育基本法全般について両者の検討が進められる。文部省が作成した文案には男女共学という用語あるいはそのことを表す文言が盛り込まれることはなかった。12月13日 CIE 教育課のオズボーンが文部省案を修正し，男女共学を明記する[51]。

ようやく進展の兆しが見えたのは，懸案事項の決裁が文部省の担当者から上層部へあげられたときである。トレーナーは，田中文部次官自身が CIE 教育課には男女共学を義務づけて強制的な実施を主張する意図がないことを確認したうえで，条項には男女共学が明示されるべきであって，そのことによって何ら難しい問題は起きないと確信したからであろうと推測している。加えて，CIE 教育課に男女共学を一律に義務づけるのを思いとどまらせることになったきっかけについてトレーナーは，「一連の文部省との協議のさなかに，ある有名な私立学校協会の代表者が CIE 教育課にやってきて，文部省が男女共学を義務づける条項を起草しているという噂を聞き警戒心をもっていると表明したことによるもので，教育課は，私立だけではなく公立においても選択制にするように取り計らうことを彼に保証した」と証言している[52]。

このような協議の結果，12月21日の文部省案に男女共学が初めて明記され，29日に文案がつぎのように修正される。

　　四，女子教育
　　　　男女は，お互いに敬重し，協力し合わなければならないもので，男女の共学は認められなければならないこと。

文部省教育基本法案（47年1月15日案）ではこの項目が9条に配置され，文末の「こと」が削除される。

　　九，女子教育
　　　　男女は，お互いに敬重し，協力し合わなければならないもので，男女の共学は認められなければならない。

「女子教育」の見出しが「男女共学」に変更になるのは，1月15日案に対す

第7章　教育基本法「男女共学条項」

る法制局の検討結果からの指摘による。その後閣議決定，枢密院での修正を経て，つぎのように第92帝国議会で可決されたのである。

　第五条（男女共学）
　　男女は，互いに敬重し，協力し合わなければならないものであって，教育上男女の共学はみとめられなければならない。

　第五条に示された「男女の共学は認められなければならない」という文言は，「過渡期においては別学でも差し支えない」という教育使節団報告書の勧告のニューアンスとは大きく異なっている。文案作成者の関口室長は，「認めるというのは，それはいいことであると言うことを認めて，できればなるべくそれをするという意味だ，と説明して，やっと話はついたんです」と，CIE教育課との交渉過程を明かしている[53]。しかし，すでにみたように，教育刷新委員会第二特別委員会の席上では，共学が原則だからなるべくこれに変えるようにという強い姿勢ではなく，「そういうものは妨害しない，それは勝手なんだ」「必ずしも別にしないでも宜しい，また現状通り別にして置いても差し支えない」という消極的な言い方をしている[54]。この発言の裏には，地方の自主性にまかせてしまえばおそらく県では，共学をやらないで日本の伝統的な別学を残すだろうと考える人々の期待に応じて安心させる魂胆があったのである[55]。男女共学に対する不安が取り除かれれば，反対派の人々も男女共学を容認するであろうというトレーナーの希望的観測は完全に裏切られたといっても過言ではない。

## 4　男女共学パンフレットの作成

　男女共学パンフレット作成をめぐる文部省とCIE教育課とのあいだの熾烈な闘争の物語は，男女共学に対する両者の姿勢の違いを鮮やかに映し出すもうひとつの事例である。
　ドノヴァンは，日本の学校で男女共学をスムーズに実施するには，日本人のアイディアがもりこまれたわかりやすいパンフレットが必要であると考え，1946年11月25日，ドノヴァン，ホームズ，山室民子が出席した会議で，父母と

教師向けのパンフレットを作成して全国に配布するよう山室に示唆する。山室はこれに賛同して，パンフレット作成には男性職員の助力を得ることになるであろうと答え，ドノヴァンはCIE教育課が援助と指導をおこなうとしている[56]。

12月6日，山室が次の週に教師や親の代表を集めてパンフレットの内容検討会議を開くという日高第四郎学校教育局長の提案を電話で伝え，ドノヴァンは11日，12日，13日のいずれかの日程を指定する。しかし，これは事柄の処理を先送りにする日高の戦略であるとみたドノヴァンは他のスタッフからアイディアや助言を得てパンフレットを作成する準備に取りかかる[57]。ドノヴァンが危惧したように，次の週になっても会議の通知はなく，結局日高が約束した会議は開かれなかった。

ドノヴァンは，文部省に会議開催通知の督促をすると同時に山室に事情を問い合わせる。山室は，自分で男女共学のアイディアを書こうとしたが，これは一人でやる仕事ではないと日高にとめられたという。ドノヴァンは日高のやり方は一種のサボタージュであるから，教育課が単独でパンフレットを作成して文部省に関わらせないか，あるいは日高を解雇して適任者を迎えるかのいずれかを選択すべきであると上司に報告している[58]。

12月26日，ようやく延期されていたパンフレット作成会議が文部省で開催される。出席者は，文部省から松井正夫，二方義，山室，松岡，民間から11名の高等学校・大学・女子専門学校の教授・校長，榊原千代国会議員，8名の男女学生，CIEからドノヴァン，ホームズである。日高がJETROの会議に出席のため，代わりに松井が司会をつとめ，男女の知力・体力差，男女のモラルと年齢差といった従来の考え方を含む7項目の男女共学の問題点が提出された。その後，吉岡弥生（東京女子医学専門学校長）の要望に応えて，ドノヴァンはアメリカの男女共学を紹介し，男女共学はそれ自体教育の目的ではなく，経済と教育上の男女差別を撤廃する単なる手段であると述べている。ホームズはその他の質問に答え，男女に能力差があるという考えは誤っていると指摘する。討議の末，パンフレットには日本人が男女共学について最も知りたいことや実施上最も困難であることが盛り込まれることになる。ドノヴァンは，ここでの議論から出席者全員が小中学校での男女共学を望んでいるが，高等学校への導入については全員の賛同を得ることは難しい問題であることが明らかになったと理

解を示している[59]。

　26日の会議出席者からパンフレットに掲載すべき事項が山室へ提出されたが，特に目新しい提案はなかった。そこで山室・村岡両氏が会議の討議内容を問答形式にして作成することになり，それに男女共学の背景を CIE 教育課が書き加えれば1月の初めには草案ができる公算である[60]。ところが，1月にはいって山室が提出したのは単なる会議ノートにすぎなかった。山室は，男女共学についての情報提供は文部省の仕事であると考え，ドノヴァンの指示を遂行することに努力するが，文部省はパンフレットを出すべきではないとする上司の命令にも従わざるを得ず，板挟みになっていたのである。ドノヴァンがパンフレットを出さない理由を問いつめると，日高は文部省がパンフレットを配布すると男女共学は法律的な義務だと日本国民に受け取られることになると考えているからだという。ドノヴァンは，パンフレットは単なる事実に関する情報であって命令ではないと説明すると，山室は，日高は今でも男女共学を実施したくないのだと答え，11月からの引き延ばし作戦の真意が明らかになる。これ以上山室に催促するよりもトレーナー課長補佐かオア課長のどちらかが個人的に日高と折衝するように同意を求めるが，山室は文部省での彼女の立場はよくないので，ノートを持ち帰って日高の指示があるまでそのまま置いておくか，あるいは原案を完成して承諾されれば直ちに提出するかのどちらかにしたいと答える。このようなやりとりの中で，ドノヴァンは，文部省がパンフレットを計画通りに出版するか，あるいは文部省の意のままに日本の教育を任せるか，時はすでにそのいずれかを選択する時期に来ていると考える[61]。

　1947年1月14日，トレーナーは，山室によるパンフレット作成を進めるように日高に指示する。日高はこのことを初めて知ったかのように応答し，パンフレットの作成に同意する。山室には日高から指示はなかったが，二方と村岡が彼女の仕事に協力するようにとの指示を受けたようである。しかし，両人とも多忙のため協力が得られず仕事は思うように進まない。

　文部省学校教育局はこのように硬直状態にあったが，社会教育局で新しい動きがあった。社会教育局施設課長に就任した山室は，CIE 教育課成人教育担当ネルソンから要請があり，成人教育委員会用の男女共学資料を作成することになったのである[62]。2月27日の成人教育会議で山室が作成した資料が使用され

る。これを両者で慎重に改訂し，3月6日，山室の男女共学パンフレットが完成する。CIE 女性教育担当者たちは社会教育局と同様に学校教育局でも使用して全国の教師に配布するように再度日高に強く要請し，日高はこのことに留意すると約束する[63]。3月15日，日高が CIE を来訪した際に，多忙のためパンフレットの原案を未だみていないが，内容を検討して県に配布すると約束する。山室原案は十分に県へ配布するに足る立派なできばえであるとドノヴァンは高く評価している[64]。

　ようやくパンフレット作成プロジェクトの最後の会議がおこなわれたのは5月29日である。山室の後任として男女共学パンフレット担当を命じられた二方が日本文と英文を CIE へ持参して内容を相互にチェックする。二方は，紙不足や出版社との行き違いなどのために予定が大幅に遅れているが，6月10日には県知事を通じて市町村や学校へ配布すると約束する。ドノヴァンは，トレーナーから二方に6月10日の期限を厳守して最終チェックをするように要請する[65]。

　このように，男女共学パンフレット作成をめぐって，CIE の強力な指示に対して文部省は頑迷に抵抗し，両者の間で熾烈な闘争が展開されたが，CIE と文部省の女性職員との間の男女共学実現にむけた共通の目的意識と情熱がパンフレットの作成に導いた要因であったことをこの事例は示している。

## 5　清水（小泉）郁子と男女共学

　清水（小泉）郁子は，1946年3月中国から帰国後，数回にわたって CIE 教育課を訪ねている。一つにはパートタイムの仕事を求めて，二つには1931年に著した『男女共学論』[66]の再販要請と用紙の調達のためである。ドノヴァンは清水が持ち込んだ『男女共学論』を翻訳させ，戦前日本人が男女共学について考えていたことを知る[67]。なお，清水の夫安三の記憶では，1947年に清水が教育部長ヴェルナ・A. カーレー[68]に呼び出された際に，机の上には『男女共学論』の翻訳が積み重ねてあり，この著書を「CIE の幹部に回覧したところ，日本でも男女共学にすべきであるという結論に達した。ついては，あなたを教育顧問として招きたいとの招請を郁子は受けた」が，結局招聘を辞退して，学校の運営に専念したという[69]。ともあれ，この著書はドノヴァンはじめ CIE 職員に政

策を立案・実施する上で多大な示唆を与えたことは確かである。

 12月16日の清水のCIE教育課訪問は，ドノヴァンに男女共学の実施に関わる重大関心事を持ち込んだ。清水は，5月に文部省の設立認可を得て，200人の女子学生が在籍する桜美林高等女学校と男女共学の付属専攻科（英語特別コース）を創立したところであるが，前日の15日，東京都教育局から男女共学の導入は認められないであろうという通知を受け困惑しているという訴えである。この点について日高は，学校が男女共学を望むならそれを禁止するものではないと保障したため，ドノヴァンは安堵する[70]。

 CIEの文部省とのねばり強い交渉を経て，1947年2月，六・三・三制実施（3月31日教育基本法，4月1日学校教育法が公布・施行）に先立って，文部省は，次のような方針を明らかにしている[71]。

　　官公立の中学校においては，なるべく男女共学とする。（中略）しかし，この原則を採用するかどうかを決定するには，その学校への就学範囲にある市町村民の意見を尊重すべきである。
　　高等学校においては，必ずしも男女共学でなくてもよい。男子女子も教育上は機会均等であるという新制度の根本原則と，地方の実情，なかんずく地方の教育的意見を尊重して，高等学校における男女共学の問題を決定すべきである。すなわち，男女共学については，教員の問題，財政の問題，設備の問題，あるいはまた，その学校の所在する地方の意見等あらゆる事項を考慮の中に入れて取り計らう必要がある。

 1950年8月，第二次アメリカ教育使節団に提出された文部省報告書では，49年末には公立小・中学校のほとんど全部と高校の55％が共学を実施し漸次増加の傾向を示していること，男女共学の実施によって男女相互の理解が高まり，それぞれの特性が互いに影響を与え，相互の尊敬・協力がみられるようになったこと，男女共学に反対する声はほとんどないが，一部の教科で学習能力の男女差があると報告している[72]。

## 6 「男女共学条項」成立要因とその課題

教育基本法に男女共学条項が規定されるに至った要因として、つぎの四点を挙げることができる。

第一に、CIE 教育課女性職員によるねばりづよい働きかけである。ハリー・レイはCIE 教育課職員のものの考え方・思想・先入観の特徴をつぎのように三類型に分類している。一つは、善意にあふれ、誠実で理想主義的な人々、自分たちは平和で民主的な日本社会を建設するという「実験」に参加しているという考えのもとによく働き、思いやりがあり、好感が持てるアメリカ人。二つ目に、アメリカの制度が世界で最高であり、民主主義の実現こそが侵略戦争予防の最善の方法であると信じており、祖国を遠く、また長く離れるにつれ、アメリカ社会や教育制度の欠陥を忘れて、気がついてみると、仕事に宣教師的な使命感を持ち込み杓子定規的な考え方を日本側に押しつけていた人。三つ目に、戦前の教育にはみるべきものがなく、軍国主義や超国家主義者によって教育界から締め出されたキリスト教を信仰する自由主義教育者を探し出して責任ある地位につければよいと考えていた人[73]。ドノヴァンとホームズは第一のカテゴリーに属している。彼女たちは、日本女性の目標とするところに熱心に耳を傾け、女子教育指導者として中心となって身を捨てて働いた。

ドノヴァンは、男女共学政策の綿密な計画を立案すると共に、CIE の男性職員の中に同調者を見つけ出し教育課の合意事項とした。ついで、男女共学を、ウィードを中心に形成されつつあった女性政策推進ネットワークのアジェンダとして提案して幅広い支持層を得ると共に、日本女性自身のイニシアティブで進められるように支援する。さらに、自ら一般の人々向けの講演やメディアを活用しての広報活動にも積極的に取り組んだのである。

第二に、日本女性の先駆的な意識と行動をあげなければならない。教育刷新委員会において、文部省の原案「女子教育」の規定に対して異議を申し立て、「男女共学」の規定へと導く糸口を提供したのは河井道である。また、広報活動の一環としての文部省による男女共学パンフレット作成をドノヴァンが指示したのに対して文部省側の強い抵抗があり、両者の間で心理戦が展開されたが、

パンフレットの作成に導いた要因は、山室がドノヴァンと共有した明確な目的意識と男女平等への強い希求であった。

　第三の要因は、教育刷新委員会での議論による合意形成である。文部省は女子教育改革の目標を女子教育の向上とし、男子教育に対する女子教育の平準化と教育の機会均等の実現を目的とした。かたやCIEは目標を男女共学の実現におき、経済的且つ教育上の男女差別が撤廃された民主的社会の形成を目的とした。またCIEは男女の能力差を前提とする文部省の考えは誤っていると指摘しているように、男女の能力観についても両者の間に大きな隔たりがあった。両者の対立を回避して妥協案を提示したのが教育刷新委員会である。文部省から「独立」した、表向きは日本人の「自主性」を最大限に尊重した教育刷新委員会の機構の裏側には、高度の政治戦略に基づくCIEの巧妙なコントロールが常に働いていたという事実を見逃すわけにはいかない[74]。

　教育刷新委員会での議論で明らかなように、教育使節団報告書の作成に日本側教育家委員として協力した委員の多くは、アメリカ側の男女共学の考え方を理解し、なかにはそれに強く賛同する者もおり、「男女共学」が条項に包含されるに至った。しかしながら、教育刷新委員会の議論の大勢を占めたのは、日米の文化の違いを強調して、「男女の特性がよく発揮できる男女共学は認められる」という論調であり、CIEの意図からは隔絶していたのである。

　第四には、CIEと文部省の間で交わされたトップレベルの折衝と妥協である。文部省はCIEからの強力な指示と教育刷新委員会の議論をふまえ、男女共学の文言を使用せざるを得ない状況に追い込まれる。最終的な決断はCIEと文部省のトップによる折衝の結果なされた。すなわち、文部省が民主主義の観点にたち男女共学を一律に強制するものではないという言質をCIEから取ることによって、男女共学条項は成立したのである。

　最後に「男女共学条項」の課題を述べたい。

　鶴田敦子は、「男女は互いに敬重しあわなければならない」という文言は、男女平等の関係を明記した積極面として評価できるが、心情・態度の提示であって具体的内容を伴っておらず、これにより、男女平等の実現には性別役割分業を否定することが欠かせないという、平等への具体的な道筋を描くことができない、と指摘している[75]。確かに前半の規定からは、「経済上、教育上の男

## II 占領政策と男女共学

女差別の撤廃」というCIEが主張する男女共学の明確な目的を見定めることはできない。

当時は，性別役割分業は一部の中間層に見られたが，多くの女性は家事と生産労働の二重負担にあえいでいた。ここでは，封建的な男尊女卑からの解放が最優先事項とされ，性別役割分業の撤廃は政策課題として認識され難いという時代的制約があったことも考慮されなければならない。

後段の「男女共学は認められなければならない」という表現をめぐって文部省とCIEの間には解釈と対応に大きな違いがあることはすでに述べたとおりである。朴木佳緒留の指摘のとおり，男女は本来的に異なるものであり，したがって教育も男女の違いに応じるべきだとする戦前の特性教育論は，このように戦後に引き継がれ，その結果，「戦後教育改革期の教育課程では，子どもの将来の生活の違い——端的には「女子は家庭に入る」——に対応した教育内容を準備し，男女の学習の違いを予定しながらも，男女に等しく教育を行うという原則を貫こうとした」[76]のである。

そして戦後教育改革期には潜在的であった男女別教育は差別ではないとする特性教育の考え方が，占領終了後日本の経済復興と共に表面化し，1960年代には教育政策の基本となる。

CIE，文部省，教育刷新委員会の三者の力のダイナミズムのもとに成立した「男女共学条項」は，男女平等教育の理念の徹底的な議論を回避したために，暗黙裏に特性教育の容認を内包した妥協の産物であったといえよう。

**資料　CIE「女性教育と男女共学」**（"Education for Women" prepared by CIE）[77]
　日本国憲法はあらゆる男女に対して法的権利として参政権を認めた。しかし人々が新しい権利を享受するための十分な教育を受けていないならば，それは民主主義にとって危険である。日本ではさきの選挙の投票者の51.9％が女性であったが，6年以上の教育を受けた女性は23％，大学教育を受けたものはわずか0.4％に過ぎない。教育を受けていない多数の投票者に基づく民主主義は非常に危険である。
　男女は生涯を通してともに同じ社会に生き，社会の決定に責任をもっている。彼らが同じ教室でともに学び，経験を共有し，相互の考えを刺激しあうことは実に理にかなっている。男女共学は，近年多くの国で知られているように，男女が同じ教室で同じ教科書で同じ先生のもとでともに学ぶことである。
　日本人は，民主主義を発展させるための計画の一つとして男女共学に関心を示して

第7章　教育基本法「男女共学条項」

いるが，多くの人々はそれに対して疑いと恐怖の念を抱いている。女性の能力は男性のそれと比較にならないほど劣っていると感じている人もいる。しかし西欧でいく年にもわたって集積された心理テストと統計は，知能的な男女差がないことを証明している。日本でも同じことがいえると信じるにいたる理由がある。たしかに，封建社会における女性の不安定な地位は，女性の知的能力に対する自信を失わせ，彼女たちの行動に影響を及ぼしたことは事実であるが，外国で男性と同じ教育機会を得て男性と同等の能力をもっている日本女性の存在はこれを証明するに足る十分な証拠である。

　男女はいくつかの分野では異なった責任を持っているが，良き市民としての主たる責任は男女双方が果たしている。人々は学校時代に職業準備教育の授業を受けるが，授業時間の一部であって多くの時間を必要としない。女子は家庭科を学ばなければならないが，男子が学ぶ社会科学や科学や語学を犠牲にする必要はない。男女が一緒に教育訓練を受けることによって引き起こされる社会的問題に関しては，それは多くはこのような制度を経験したことがない上の世代の不安や禁止にある。それゆえに，男女共学がうまく導入されたならば，最初に親と教師がそれに対する信念をもつように教育されなければならない。<u>男女共学はその地域社会が必要としない限りいかなる学校においても決して試みられてはならない</u>（傍線—原文）。最初に教師の訓練施設で男女共学を導入して教師自身が男女共学を経験することが望ましい。

　青年たちは常に刺激され，建設的な職業に興味をもつようにされなければならない。さもなければ，いたずら者になるであろう。特に親の規制から独立する青年期においてそうである。従って，すべての地域で十分企画が練られた男子向け，女子向け，男女向けレクリエーションプログラムが用意されることがとりわけ重要である。男女が同じように関心をもち待ちかまえている活動をすれば，青年期の男女に現れる自意識は最も低くすることができる。形式ばらないことがらやスポーツは容易に男女の関心をひくことができる。家庭では親は若者の友達の社交の場とするようにあらゆる努力をすること，学校では，教師は課外活動の指導を利他的におこなわなければならない。このことは，若者たちに正しいことに関心をもたせるだけではなく，十分に注意を払って実施される場合には，課外活動は実験的な社会生活科学の科目となりうるという意味で価値がある。これらは，責任あるリーダーシップや，不幸な人々への配慮といった民主的な生活に欠くことができない意識を開発する意味において無限の価値がある。

　年配の人々の中には，若い男女が無差別に一緒にされると道徳的に堕落するのではないかと不安に思う者もいる。道徳的価値は自制心，自己管理，他者の尊厳に対する尊敬の上に培われる。このような規範は個人が自己の生活様式の中でそれらを洗練するように強制されたときにのみ培われるものである。誘惑の除去は決して人々に誘惑に打ち勝つことを教えない。健全な興味がある活動のなかで，普段の正常な絶え間ない男女のふれあいこそが若者が不道徳への誘惑に打ち勝つ最も有効な防御策である。

　日本人が男女共学について考え，正面切って取り組むことが重要である。男女共学は安上がりで，実用的な教育パターンではあるが，しかし，それは男女共学導入の主

*163*

Ⅱ　占領政策と男女共学

な理由ではない。男女共学の真の価値は，民主的な政府を動かす力のある市民を養成する教育的貢献にある。

注
1) 鈴木英一『日本占領と教育改革』勁草書房，1983年，p.135.
2) CIE, "Weekly Report from Donovan, 21 June–27 June, 1946, Subject: Women's Education," *GHQ / SCAP Records,* Box no.5638.
3) CIE, "Weekly Report from Donovan, 3 May–9 May, 1946, Subject: Women's Education," *GHQ / SCAP Records,* Box no.5638.
4) CIE, "Weekly Report from Donovan, 21 June–27 June, Subject: Women's Education," *GHQ / SCAP Records,* Box no.5638.
5) CIE, "Report of Conference from Donovan, 16 July, 1946, Subject: Coeducation and Other Problems," *GHQ / SCAP Records,* Box no.5358
6) CIE, "Report of Conference from Donovan, 15 July, 1946, Subject: Orientation of Muraoka," *GHQ / SCAP Records,* Box no.5358.
7) CIE, "Report of Conference from Donovan, Subject: 18 July, 1946, Second a Series of Conference on the Problem of Women's Education," *GHQ / SCAP Records,* Box no.5358. 山室民子は，東京女子専門学校，カリフォール大学卒業後，シカゴ大学でソシアルワーク，ロンドンで十字軍に従事。父親は日本の十字軍の創始者である。
8) Donovan, "Objectives for Improvement of Women's Education,"（Folder title: Projects and Objective No.10），*GHQ / SCAP Records,* Box no. 5638.
9) CIE, "Memorandum to Lt. Gel Orr from Donovan, 29 August, 1946,Subject: Co-education," *GHQ / SCAP Records,* Box no.5651.
10) CIE, "Weekly Report from Donovan, 6 September – 13 September, 1946, Subject : Women's Education," *GHQ / SCAP Records,* Box no. 5638.
11) CIE, "Weekly Report from Donovan, 20 September – 27 September, 1946, Subject : Women's Education," *GHQ / SCAP Records,* Box no. 5638.
12) CIE, "Weekly Report from Donovan, 3–9 May, 1946, Subject : Women's Education," *GHQ / SCAP Records,* Box no. 5638.
13) 6月6日付のギルダースリーブからドノヴァン宛の手紙（*Guildersleeve Papers*）
14) CIE, "Conference Report from Donovan, 29 July, 1946, Subject: Coeducation in the U.S.," *GHQ / SCAP Records,* Box no.5358.
15) CIE, "Weekly Report from Donovan, 7 November, 1946, Subject: Conference with Women Leaders, " *GHQ / SCAP Records,* Box no. 5638.
16) 日本近代教育史料研究会編『教育刷新委員会・教育刷新審議会会議録』第1巻，岩波書店，1995年, p.59.
17) 小山静子，前掲書, p.226; 橋本紀子,前掲書, p.73.
18) 日本近代教育史料研究会編『教育刷新委員会・教育刷新審議会会議録』第6巻（特別委員会1）岩波書店，1997年, pp.107–108.

第 7 章　教育基本法「男女共学条項」

19）同上書, pp.173-174.
20）同上書, p.174.
21）同上書, pp.174-175.
22）同上書, pp.174-175.
23）同上書, p.175.
24）同上書, p.175.
25）同上書, p.176.
26）文部省は委員会開催の 5 日後の10月 9 日に国民学校令の一部を改正し，国民学校での男女共学を許可している。
27）日本近代教育史料研究会編, 前掲書, p.208.
28）同上書, p.208.
29）同上書, p.209.
30）同上書, p.210.
31）同上書, p.212.
32）同上書, p.213.
33）同上書, p.214.
34）The United States Education Mission to Japan, "The Report of the United States Education Mission to Japan submitted to the Supreme Commander for the Allied Powers," Tokyo, 30 March 1946, *Virginia C. Gildersleeve Papers* p.24；国立教育研究所『戦後資料10』, 1991年, p.69；村井訳，前掲書，p.78.「スポーツや体育のような活動，あるいはある種の手仕事についての学校内での男女別の処遇は，それがいったん標準的な慣習となってしまえば，それほど難しい問題とはならないものである」を指していると思われる。
35）日本近代教育史料研究会編，前掲書，第 6 巻，1997年, p.222.
36）同上書, p.221.
37）同上書, p.224.
38）日本近代教育史料研究会編，前掲書，第 1 巻，1995年，p.288.
39）同上書, p.387.
40）同上書, pp.387-391.
41）鈴木英一, 前掲書, pp.270-271.
42）Joseph C. Trainor, *Educational Reform in Occupied Japan: Trainor's Memoir,* Meisei University Press, 1983, p.148.
43）平原春好編『教育基本法文献撰集　義務教育…男女共学第 4 条…第 5 条』学陽書房，1978年, p.241.
44）同上書, p.242.
45）Trainor, *op.cit.*1983, p.148.
46）Trainor, *ibid.* p.147.
47）CIE, "Report of Conference from Trainor, 18 November, 1946, Subject: Basic School Law," *GHQ / SCAP Records.* Box no.5133.
48）Trainor, "Report of Conference: Fundamental Law of Education," 21 November, 1946, *Trainor Papers* no.26.

Ⅱ　占領政策と男女共学

49) Trainor, *op.cit.* 1983, p.148.
50) Trainor, *ibid.* p.148.
51) 鈴木，前掲書, p.272.
52) Trainor, *op.cit.* 1983, p.148..
53) 平原，前掲書, pp.242-243.
54) 日本近代教育史料研究会編，前掲書，第6巻，1997年，p.174, pp.207-208.
55) 平原，前掲書, p.249.
56) CIE, "Conference Report from Donovan, 25 November, 1946, Subject: Proposed Coeducation Pamphlet," *GHQ / SCAP Records,* Box no. 5358.
57) CIE, "Conference Report from Donovan, 6 December, 1946, Subject: Coeducation Pamphlets," *GHQ / SCAP Records,* Box no. 5358.
58) CIE, "Conference Report from Donovan, 16 December, 1946, Subject: The Question of Mr. Hidaka," *GHQ / SCAP Records,* Box no. 5358.
59) CIE, "Conference Report from Donovan, 26 December, 1946 Subject: Coeducation Pamphlet," *GHQ / SCAP Records,* Box no. 5358.
60) CIE, "Conference Report by Donovan, 27 December, 1946, Subject: Coeducation Pamphlet," *GHQ / SCAP Records,* Box no. 5358.
61) CIE, "Conference Report from Donovan, 14 January, 1947, Subject: The Truth about the Coeducation Pamphlet is Revealed," *GHQ / SCAP Records,* Box no. 5358.
62) CIE, "Conference Report from Donovan, 13 February, 1947, Subject: Coeducation ," *GHQ / SCAP Records,* Box no. 5358.
63) CIE, "Weekly Report from Donovan, 27 February / 6 March, 1947, Subject: Coeducation ," *GHQ / SCAP Records,* Box no. 5638.
64) CIE, "Conference Report from Donovan, 13 March, 1947, Subject: Information on Coeducation ," *GHQ / SCAP Records,* Box no. 5358.
65) CIE, "Conference Report from Donovan, 29 May, 1947, Subject: Coeducation Information ," *GHQ / SCAP Records,* Box no. 5358.
66) 清水郁子の男女共学論については橋本紀子『男女共学制の史的研究』を参照されたい。
67) CIE, "Conference Report from Donovan, 17 December, 1947, Subject : Coeducation Prohibited in Tokyo Private School," *GHQ / SCAP Records,* Box no. 5358. ドノヴァンは，この本を「優れた著書」であると高く評価している。
68) ハリー・レイ　勝岡寛次訳「CIE教育課員の態度・性格・教育観が教育改革に果たした役割」『戦後教育史研究』第9号，明星大学戦後教育史研究センター，1993年6月, pp.20-21. カーレー（Verna A. Carley）はアメリカ合衆国連邦教育局情報交換局長，メリーランド大学教育学教授であったが，46年11月26日CIE教育課に教員養成顧問として着任し，アメリカの進歩主義哲学の価値と方法論が日本の教育民主化を推進することができるという信念のもとに教師訓練計画を推し進めた人物である。
69) 榑松かおる『小泉郁子の研究』学文社，2000年, p.161.
70) CIE, "Conference Report from Donovan, 17 December, 1947, Subject : Coeducation Prohibited

in Tokyo Private School," *GHQ / SCAP Records,* Box no. 5358.
71) 文部省調査普及局 編集『文部時報　日本における教育改革の進展―文部省報告書・第二次アメリカ教育使節団報告書』第880号, 1951年, p.19.
72) 同上
73) ハリー・レイ「占領下の教育改革―文部省・CIE・教育刷新委員会の力学関係」『戦後教育改革通史』明星大学出版部，平成5年，pp.59-62.
74) 同上，p.72.
75) 鶴田敦子「『男女共学』から『男女平等教育（ジェンダー・イクイティの教育）』へ」日本教育学会『教育学研究』第65巻第4号，pp.310-317, 316-317.
76) 朴木佳緒留，『ジェンダー文化と学習――理論と方法』明治図書，1996年，p.108.
77) CIE, "Education for Women prepared by CIE, Education Division," *GHQ / SCAP Records,* Box no. 2957.

第 8 章
# 女子高等教育制度の改革

## 1 はじめに

　女子に対する大学の開放や女子大学の設置は占領期の新学制の実施によって実現された。戦後改革によって達成された男女平等・男女共学の理念と教育の機会均等の原則の制度化は国民全体の教育水準を引き上げ，社会全般の平等化を進展させ，高等教育人口の増大を招来した[1]。本章は，占領期の女子高等教育制度改革に重要な影響を及ぼしたアメリカの女子高等教育顧問の仕事と女子教育観をジェンダーの視点から占領政策関係資料や手紙・日記を含む個人文書に基づいて考察し，彼らによる改革のさまざまな試みは，制度や理念上の「機会の平等」の整備をはるかに越えた，「結果の平等」[2]の達成をめざすものであったことを明らかにする。さらに，占領期日本における女子高等教育の改革の特質を1940年代のアメリカの女子高等教育との関連において検討し，その後の日本社会における女性の役割の変化や地位向上との関係を考える手がかりとする。

## 2 戦前の女子高等教育

　日本の近代教育制度は，女性に男性とは異なった「知識」を配分するジェンダー・ギャップに基づいて発展してきた。教育令（1879年 9 月29日）による男女別学のもとに実施された普通教育は，女子にも門戸が開かれていたが，女子は家庭教育の準備という意味が大きく，男子のそれとは内容・レベルにおいて

第 8 章　女子高等教育制度の改革

格段の差があった。戦前の女子高等教育の歴史は，おおむね，明治後半の制度的整備期，大正デモクラシー下の女子教育の発展期，昭和の戦時体制期の三つの時期に区分することができる。

　第一期には，戦前の国家による女子の高等教育の中心として，女子高等師範学校（1897年10月9日「師範教育令」）が設立され，「良妻賢母」に基づく普通教育の担い手である師範学校女子部及び高等女学校（1899年2月8日「高等女学校令」）の教員の養成を目的としていた。これにより学校における女子教育が良妻賢母主義をもって一貫する体制が確定する[3]。

　1900年には民間で女子高等教育機関設立の動きがみられるようになる。明治初期に宣教師によって設立されたキリスト教系私立学校[4]は，民間の女子中等教育の発達に貢献してきたが，国粋主義の台頭や高等女学校の増加にともなって，次第に衰退を余儀なくされ，高等教育あるいは専門教育の分野において新たな教育的役割を求めるようになる。さらに，欧米特にアメリカの女子教育から直接の影響を受けて，女子英学塾（現．津田塾大学，1900年），東京女子医学校（現．東京女子医科大学，1900年），日本女子大学校（現．日本女子大学，1901年）などが設立され，「専門学校令」（1903年3月27日）により漸次女子専門学校として認可される。これらの女子専門学校は，女子の専門的な職業教育や高度な専門教育を目的とし，女性の自立性・人間性を認め教養を高める全人型の教育を基礎としていた[5]。しかし，社会的圧力により，次第に「良妻賢母」教育に方向づけられていった[6]。

　第二期には，大正デモクラシー下で台頭した女性運動の影響や第一次大戦後の女性の職業領域の急速な拡大により，女性の高等教育に対する要望は強くなっていった。1918年10月24日の臨時教育会議において高等女学校の教育内容の改善と女子の高等教育をめぐって賛否両論が闘わされるが，女子教育の答申は，高等女学校以上については，専攻科，高等科以上のレベルを認めなかった。これに対して，民間では，女子大学期成同盟会，女子教育振興委員会，女子教育振興会などが結成され，「大学令」による女子大学設立のための請願書や建議書を提出する動きがみられるようになる[7]。

　第三期には，日中戦争勃発後の総力戦のもとでこれまで消極的であった女子教育に対する政府の方針が大きく変化する。1937年12月10日，戦時体制下の緊

169

急な社会的要請に応えるために、政府は教育審議会を設置した。その答申では中等教育の一般的要項の中で、引き続き「母性ノ存養、婦徳ノ涵養ニ力ムルコト」としたが、1939年9月14日には女子高等学校の設置を、さらに1940年9月19日、女子の特性を顧慮した女子に適切な大学教育を原則として女子大学でなされるべきであるとして、「大学令」による女子大学の創設と女子大学に家政に関する学科の設置を答申したのである[8]。これらの答申の提言に示された女子教育の水準の引き上げは、太平洋戦争勃発のために実施されることはなかったが、戦後の占領政策下における男女平等の風潮のもとで支持され引き継がれることになる。

## 3　占領期の女子高等教育制度の改革

### ◇日本政府の女子高等教育政策

　戦後の急激な民主化への流れの中で、1945年10月9日文部大臣前田多門は東京都内の主要な女子教育者を文部省に招いて将来の女子教育のあり方について懇談した。10月15日には、「新日本建設の教育方針」（9月15日）の趣旨を徹底させるために、全国教員養成学校長及び地方視学官を集め、「教育方針中央講習会」を開催し、その訓辞の中で、女子教育の水準を高める考えを強調する。12月4日、「女子教育刷新要綱」[9]が閣議諒解事項として決定され、「男女間ニ於ケル教育ノ機会均等及教育内容ノ平準化並ニ男女ノ相互尊重ノ風ヲ促進スルコトヲ目途トシテ女子教育ノ刷新ヲ図ル」ことを方針として、女子に対する高等教育機関の開放、女子中等学校教科の男子中等学校に対する平準化、大学教育における男女共学制の採用、女子大学の創設などが決定された。いずれも戦前の女子教育関係者が願望し、戦時中の教育審議会の答申で提案されていた事項であるが、戦後の教育改革において女子教育の基本方針として定められることになる。一方、教育審議会での提案「母性ノ存養、婦徳ノ涵養ニ力ムルコト」は退けられ、その代わりに「男女ノ相互尊重ノ風ヲ促進スルコト」が目的として掲げられることとなり、民主化を基本政策とする GHQ の内面指導による強力な影響がうかがわれる。ここに戦前と戦後の連続と断絶の両側面を見ることができる。

第8章　女子高等教育制度の改革

いずれにしても，これは，わが国女子教育史上画期的な措置であったといわねばならない。この行政措置で構想された女子の大学教育は「帝国大学等男子大学への門戸開放」と「女子大学新設」の二本立てである[10]。これに基づき1946年1月15日に設置された「大学設置委員会」では，男女共学の新制大学の構想を決定し，地方大学の育成を強調する。このようにして，同年2月21日通達の「昭和21年度大学入学者選抜要項」は女子を含むものとなる。

### ◇ CIEの女子高等教育政策

占領期の女子高等教育の整備はアメリカの女子教育担当官たちの指導によってすすめられたため，彼らの在任期間に対応した三つの時期に区分することができる。

第一期は，アメリカ太平洋陸軍総司令部（GHQ / USAFPAC）に民間情報教育局（CIE）が設置された1945年9月22日（一般命令183号）から第一次アメリカ教育使節団によって報告書が提出される1946年3月までで，新しい文教基本方針の検討と民主的文化国家形成に資する女子教育の模索と確定の時期である。この間に発表された前述の「女子教育刷新要綱」並びに「アメリカ教育使節団報告書」は男女の教育機会の均等，男女共学，女子大学の創設を明確に打ち出している。さらに後者においては，広い社会経験や政治的実践を視野にいれた「広義の良妻賢母」の理念を提示する[11]とともに，男女平等が真に実現されるための女子への奨学資金援助，しかも，早い時期から女子にも男子と同等の教育を保障すべきこと[12]など「結果の平等」につながる具体的な措置を勧告していることは注目すべきことである。

報告書に示された理念や勧告には，CIE教育課女子教育担当官ドノヴァン大尉，アメリカ教育使節団に参加した4人の女性団員，ホートン海軍大佐（ウェルズリー女子大学学長），ギルダースリーブ（バーナード大学学部長），ワナメーカー（ワシントン州公立学校教育学長），ウッドワード（ジョージア州教育局員）の女子教育観が大きく反映されている。第一期の教育使節団報告書の作成過程におけるアメリカの女子教育者たちの活動については，前6章でとりあげ検討した通りである。

第二期は，1946年4月から1948年までの新しい大学制度成立に至る準備期で

*171*

ある。この時期に，教育刷新委員会において大学再編と女子大学新設の論議が重ねられ，最終的に学校教育法によって新制大学の性格と基本が定められる。また，女子高等教育顧問，ルル・ホームズ（1899年-1977年）の発案により，文部省の外部に大学基準協会が設けられ，各大学の代表者が協力して大学設置基準を設定した。この基準に照らして新たに開設される大学の審査がおこなわれ，1948年3月に日本女子大学，東京女子大学，津田塾大学，聖心女子大学，神戸女学院大学の5女子大学を含む12公私立新制大学が認可される。1949年2月には，大阪女子大学・高知女子大学の2公立女子大学，共立薬科大学，実践女子大学など11私立女子大学を含む公私立新制大学79校，5月には，新制国立大学69校が認可され，お茶の水女子大学，奈良女子大学が設立された。民間では，後述の通り，ホームズの助言を得て，アメリカの大学の卒業生が中心となって日本大学婦人協会が組織され，その会員たちにより女子専門学校の大学昇格運動が活発に展開される。

　第三期は1949年から占領が終結する1951年までの改革期である。新制大学が開設され男女共学制が導入されるとともに前述の女子大学が発足する。新制大学の出発に当たって旧制の高等教育機関のすべてを大学に昇格することができないため，二年制の短期大学が暫定措置として認められた。ホームズの後任として女子高等教育顧問に就任したヘレン・ホスプ・シーマンズ（1912年-不明）は「全人」形成の大学論を提唱し，そのためには学生指導が正課と同様に重視されなければならないことを指摘し，それは後に新制大学の厚生補導基礎理論の一つとなる。また，この期間には占領政策の右傾化の流れの中で占領軍による反共のイデオロギーに基づく新制大学政策が顕わにされた時期でもあった[13]。

　次節では，第二期並びに第三期に女子高等教育顧問として就任したルル・ホームズとヘレン・ホスプ・シーマンズの活動と女子教育観を中心に検討する。

## 4　女子高等教育顧問の活動と女子教育観

### ◇女子大学の設置とルル・ホームズ

　占領政策が教育改革の専門領域に及ぶにつれ，各部門の専門家の協力が要請されるようになった。「新しい日本の教育組織において女性に与えられる認識

という点で，顧問の中の何人かが女性であることが望ましい」とするアメリカ教育使節団報告書の勧告[14]に従って，戦後の女子高等教育の改革を援助するために女子高等教育顧問が教育課に派遣される。

　ギルダースリーブの推薦で1946年8月から48年4月まで就任した初代の女子高等教育顧問ルル・ホームズ博士は，ホイットマン・カレッジを卒業，コロンビア大学で修士・博士号取得後，着任までの16年間ドウルーリ大学女子学生部長，ワシントン州立大学副学長兼女子学生部長を歴任するかたわら，アメリカ大学婦人協会に所属し，女子高等教育の向上に努めていた。また，1934年から35年には神戸女学院で歴史学教授として在職した経験から，戦前の日本の女子教育と女子教育改革運動について豊富な知識と洞察力をもつ人物である。ホームズは日本における女子教育の重要性について次のように記している[15]。

　　日本には60年以上の女子教育の歴史があり，25年以上の活発な女子教育改革運動の歴史がある。女子教育者たちのなかにはほんの少数であるが欧米で学び，あるいは欧米へ行った経験をもつ者もいた。彼女たちは有能なリーダーであり，戦前には女子教育は大きな進歩を遂げたが，一般の女性を深い昏睡から目覚めさせ，政府や家庭での封建的な男性の支配を打ち破ることができなかった。戦争がなかったなら，他の国と同様に，長い年月をかけて男女平等を達成していたであろう。しかし，戦争の勃発，そして新憲法の制定といった歴史の急激な変化によって，彼らの考えや期待をはるかに越える状況になった。今や，女性たちの任務は，新しい自由を獲得するために闘い続けることから，手にいれた自由を自分たちのものにするために人々を教育することに移ったのである。

　法律により女子の男子大学への入学が認められ，男女共学制度が導入されたが，大学は復員した男子学生であふれていた。また，女子学生のための福利厚生設備が整っていなかったし，女子の職業訓練のためのコースも準備されていない。このような実状を目の当たりにし，ホームズは女子に大学教育の機会を与える直接的な方法は女子専門学校を四年制の大学に引き上げることであると痛感する。そして，教育刷新委員会において六・三・三制の議論がおこなわれ

ている好機をつかんで，アメリカの経験にならった大学人・専門家による大学設置基準の制定方式をとるように文部省に働きかけ，女子大学の設置基準の協議を進める。それと同時に，女子大学設置に有利な世論形成のために大学婦人協会の設立支援に着手する[16]。

**大学基準協会の設置**　　1946年10月29日，大学設置基準問題を議論するために全国大学学長会議が文部省の招集のもとに開かれた。CIE 教育課高等教育担当として出席したホームズはそのときの様子を次のように回想している。参加者の学長たちは，女性担当官から大学設置協会を組織するという考えを聞く心構えがまったくできておらず，新しいアイディアを出そうという雰囲気もなかったが，話が終わると，最前列で熱心に話を聞いていた和田小六東京工業専門学校長が組織づくりに協力してくれることになった，と[17]。

和田は娘がウェルズリー女子大学の卒業であることからアメリカの民主的な制度に精通しており，ホームズの提案する大学人による基準設定の意図を理解することができたのである。この会は，学校教育法制定の4ヵ月後，1947年7月8日には「大学基準協会」（会長：和田小六東京工業大学学長）として正式に発足し，ここで審議された設置基準は，1956年10月，文部省令による「大学設置基準」が制定されるまで，新制大学の実質上の設立認可基準として機能する。この制度は，新制大学の設置認可権は文部大臣がもつとしても，学術および大学教育のめざすべき水準，それを保持するに足る大学設備の要件は専門家としての大学人によって提示されるべきであるという戦後大学改革の理念に基づくものであった[18]。ホームズは大学基準協会の結成を指導したのである。やがて本協会の活動に CIE 教育課職員全員が関わるプロジェクトとなり，大学の各学部の基準，履修単位，学科の移転，女子大学の基準の設置，大学院の基準・カリキュラムの検討をおこなった。

**大学婦人協会の設立**　　アメリカでは，大学婦人協会が女子の大学進学や大学側の女子学生の受け入れ推進など女子高等教育の発達に重要な役割を果たしてきた。アメリカの大学を卒業した日本女性たちから，「アメリカ大学婦人協会の準会員として復帰したい」という相談を受けたホームズは，女子大学設置を実現するための圧力団体として日本でも大学婦人協会を設立することを提案し組織づくりを援助する。1946年9月に設立準備のための初会合がもたれ，同年

10月,星野あい(津田塾専門学校長),上代タノ(後に日本女子大学学長),藤田たき(初代会長,後に津田塾大学学長)など,戦前のアメリカ大学婦人協会日本支部会員や大学昇格運動に携わっていた女子専門学校卒業生が中心になって日本大学婦人協会が設立された。ホームズの強力な指導のもとに,教育刷新委員会が立案した六・三・三制案の支持,女子専門学校の新制大学昇格支持の世論づくり,大学設置の基準に必要な一般教養科目の整備や,カリキュラムの再編成のための相互の連携・協力等,女子教育の向上を目的とした活動をおこない,戦後の女子教育の基礎を築いたのである[19]。初代会長の藤田たきは当時を回想して次のように述べている[20]。

　　ホームズさんは女子専門学校を本格的な大学にするのに一生懸命協力してくださいました。ホームズさんがおっしゃる通り,そのためには大学婦人協会が必要だということを痛感しました。そこで,星野あい先生や上代タノ先生たちと,一般教養科目の基準,図書館の設置,女性教授の数などを協議し,女子専門学校を大学へとそのレベルを上げていきました。

　大学婦人協会の活動が功を奏して,1948年3月,12大学が認可され,その中に5女子大学が含まれていたことは既に述べた通りである。
　ホームズは,新しい時代が必要とする市民性を養成するためには,教育制度の改革にとどまらず,人々の女子教育に対する認識を高め,教育内容を変革しなければならないと考えた。新しい教育内容としては,家庭を地域や国家に統合するより広義の「良妻賢母」の考え方の理解,女性の安全と精神的自立の意味とその重要性の認識,関心ある職業について学ぶこと,そのために女性の職業に対する社会の需要をつくりだすこと,将来の投票権の行使のための知的判断力を身につけることが必要である,としている[21]。

**女子高等教育改革のための連携**　　ホームズは,女子教育の重要性について一般の人々の認識を高めるとともに,女子教育の基本理念として,「女大学」の三従の教えに基づいた「良妻賢母主義」にかわる「広義の良妻賢母教育」を広めるために,女性の地位向上のための民主的な婦人団体の再組織化に取り組んでいたエセル・ウィードと連携し,「女子高等教育の推進」を婦人団体活動の一

つとして取り上げるよう奨励する[22]。婦人団体の指導者や女子教育関係者に対する啓発のためにホームズはウィード，ドノヴァン，時には藤田たき（大学婦人協会初代会長），山川菊栄（初代婦人少年局長），谷野セツ（第3代婦人少年局長）と共に全国各地を講演してまわることになる[23]。ウィードとの連携についてホームズは後に次のように回想している[24]。

> ウィードと私は，しばしば一緒に旅行し，一つの手袋の中の手のように協力しあった。（この旅行を通して―引用者），私たちは，女性たちが自分の団体の活動に関心をもつことが優れたリーダーシップを養成する方法だということに気がついた。…戦前，1934年から35年には，エプロンをかけた女性たちが，兵隊が乗っていようといまいと，列車が入るごとに，千人針と昼食を配っており，それが彼女たちの団体活動のプログラムの一部であった。彼女たちは自分の関心に基づいた活動プログラムを作り上げた経験がなかったのである。ウィードは彼女たちにこのところから始めさせ，素晴らしい成功をおさめている。同様に高学歴の女性たちは女子高等教育改革運動をおこない，そのことを通して，自分たちの活動の新局面を開いていったといえる。

このように日本大学婦人協会の組織作りと幅広いネットワークを基盤にした活動の事例は，「女性の領域」において，女性たちが連携し，その中で培われた連帯の絆（シスターフッド）を通して，女性の主体性や自信を培い，新しい制度を確立することによって「女性の領域」を超えていったことを証明している[25]。

さらにホームズは，1947年5月，女子学生の高等教育に対する関心を高め，リーダーシップを養成するための女子学生会議を開催する[26]。年2回開かれたこの会議は後任のヘレン・ホスプ・シーマンズに引き継がれ，1949年5月に全国組織へと発展する。

◇ **女子学生のためのガイダンスとヘレン・ホスプ・シーマンズ**

1948年7月に来日し，1950年3月までの3年間女子高等教育顧問を務めたホスプ博士（在任中は未婚のためホスプと表記）は，ゴーチャー・カレッジを卒業，

ニューヨーク大学, ハーバード大学で修士, 博士号取得後, ベニター・カレッジ, ネブラスカ大学で女子学生部長, 1941年からアメリカ大学婦人協会本部高等教育アソシエイトとして活躍し, 女性の権利の主張者として広く知られていた。ガイダンスとカウンセリングの専門家であるホスプは, 日本での女子教育の改革をさらに進めるには, 市民としてのリーダーシップの養成とカウンセリングに重点を移すべきであるとの前任者ホームズの鋭い観察と示唆に添った, 適任の人材として選ばれたのである。

大学婦人協会本部スタッフ時代, ホスプが関心をもったことは, アメリカ社会における女性教師の地位, 特に彼らが未婚のためにあざけりの犠牲になっている問題である。40歳半ばまで独身であったホスプは, 未婚の女性教師が「オールドミス」や「学校ママ」,「教室ミス」としてではなく, 人間として処遇されなければならないと身をもって考えていた[27]。そして, 女子のための大学教育の内容に, 結婚しなくても得られる幸福や自己実現についての理解, 職業と趣味, 社会活動, 宗教や哲学を加えるべきであると主張する[28]。

**ガイダンスの紹介**　　新制大学における男女共学は新しい制度であり, ようやく実現の緒についたばかりであった。ホスプは, 急激に変革された法律や制度と社会的慣習との間のギャップを解決するために, とりわけ女子学生のための住居問題やその他個人的な問題に対処するために教育行政に携わる人々による助言やカウンセリングが必要であると考える。

戦後新制大学におけるガイダンス（学生指導）を最初に日本に紹介したホスプは, 1948年8月, 学生生活改善協議会の組織化を提案し, 9月に平沢和重（のちのNHK解説者）を委員長とする民間の研究グループが結成された。ホスプはこの協議会にアドバイザーとして参加し, 6ヵ月間のセミナー形式での研究協議の後, 「新制大学における学生部活動の理念と実際（案）」と題する報告書案がまとめられ, 『大学における学生部活動』と題する報告書が印刷・刊行された[29]。1949年3月, 1950年3月の第1・2回全国学生指導講習会でこの冊子を使って指導し, それまでしばしば誤って使われていた「思想統制」とは違った意味の「ガイダンス」を高等教育に導入したのである。報告書案では, 民主主義社会における大学は「全人」教育の場であり, 教授・学生・職員は相互尊敬と相互信頼に基づく同志意識をもった共同社会であるべきであるという基

本的認識のもとに，新制大学においては「ガイダンス」は正課と同等に重視されなければならない，と論じている。この考え方はその後，新制大学における厚生指導の基礎理論となり，戦後大学論の一つの系譜として形成される[30]。

**女子補導研究集会**　　ホスプの仕事のハイライトとして挙げなければならないのは，女子学生部長のための「女子補導研究集会」の実施である。ホスプは，大学を実質的な男女平等の教育の場とするためには，大学教授の地位にありガイダンスの専門的訓練を経た女性が女子学生の助言者として必要であると主張し，文部省主催の教育指導者講習会（IFEL）において，女性大学教授のためのカウンセリング・プログラムを実施する[31]。

　研究集会には，1949年10月10日から12月23日までの三ヵ月間，全国各地の大学の主として学芸学部から17人の女性教師が参加する[32]。このコースでは，テーマは参加者の協議によって決められ，民主主義の概念，男女共学の課題，学生寮，女性と職業，新しい家族と結婚が取り上げられた。教育方法としては，講義と話し合いだけではなく，グループ討議，個人と部会からの報告，映画など視聴覚教材の使用，学校・図書館・政府機関の視察，被相談者の学生との面談，新入生のためのオリエンテーション・プログラムやカウンセリングの手法による人間関係の学習などさまざまな手法が採用され，先駆的な研修が試みられている[33]。

　参加者に開催通知の電報が届いたのは研究集会が始まる前日のことである。女性は長期間家を離れることはできないという大方の男性たちの予想に反して，17人の女性教師が全国から駆けつけ，ホスプをはじめ研修会に関わったCIE教育課や文部省の職員を驚かせた。あまりにも急なことで，ほとんどの女性は着のみ着のまま参加したので，ホスプは彼女たちの名前を覚えるまで，新潟の女性は青のドレス，山形の女性はチェックのスーツというように服でみわけた。プログラムの最初に，ホスプは参加者と共にガイダンスの分野の学問を学んでいる仲間であるという意識をつくり出すことが大切であると考え，いつも後ろに控えて，17人が討議するのを見守っていた。

　ホスプはマイアミの自宅でおこなった私のインタビューに答えて，当時の参加者たちの討議の様子を次のように語っている[34]。

サハリンから80人の女子学生を連れて北海道へ引き揚げてきたという秋田県の最も若い女性は，学生の食べ物から住居の世話にいたるまですべて自分がひきうけなければならなかった困難な経験から，日本人にはいかに地域社会での連帯意識や社会的責任が欠けているかを話して鋭い問題提起をしてくれました。また，ほとんどの参加者は，18ヵ月の男女共学の経験から男女の学生の間には能力差はないことが分かったと述べています。授業では夫が妻を「おい」と呼ぶなど男女間でのことばの使い方の違いや，洗濯物を乾かすのに男女別々の物干し竿を使うといった旧い慣習を取り上げて議論し，男女のパートナーシップを築く上で障害となっていることがらをひとつひとつ明らかにしました。このように，彼らが自分たちの具体的な経験を話し合うことによって，日本人にとって新しい概念である民主主義の理論と男女平等の考え方を驚くほどすばやく理解したのです。

ホスプの指導のもとにおこなわれた「女子補導研究集会」の特徴を挙げてみよう。

第一に，教師と生徒の間の権威関係，年長者と年少者との間の上下関係を排除し，くつろいだインフォーマルな雰囲気の中で研究集会が進められたことである。コーディネーターとしての役割をつとめるホスプは，講義のトピックの選択，司会の分担，視察や実習コースの計画等を参加者が主体的に決められるように援助し，研修の進行は参加者の中から選出された2名の司会者が順番に担当した。ドナルド・ローデンが指摘するように研究集会の方法は，現在のフェミニスト会議のそれを先取りした進歩的なものであった[35]。

第二に，参加者に対する非指示的カウンセリングの方法によって，彼らに自分自身の関心や能力，個性を理解し，それをできる限り発達させて，変化する新しい環境に適応する力を身につけさせたことである。

第三に，参加者との個人的な信頼関係を築き，研修の終了時に自分史をホスプへの手紙の形で書かせ自己を開示させたことである[36]。これらの手紙には，生い立ち，家族，家庭や学校での教育，戦前と戦後の生活や苦難，恋愛や結婚など参加者の秘密や内面生活が赤裸々に吐露されている。

彼らの多くは小さな町や村の地主や軍人や教師などの家に生まれ，小さいと

きは孤独で親に反抗しがちであったという。成績が優秀で，親や先生からは将来医者や法律家になることを期待されたが，戦前の女子教育ではそのような希望をかなえることができなかったという女性，学生生活を過ごした女子（高等）師範学校は好きになれなかった女性，他人の目を意識して，他人から嫌われることを恐れ，59歳の今になっても自分がわからないという女性など，それぞれが過去の自分をふり返り語っている。教師になった理由は，勉強が好きだったから，結婚のチャンスを逃したため，あるいは一家を支えるために働かなければならなかったからだと答えている。受講者の内未婚者は11人で残りは夫と死別した者と既婚者がそれぞれ3人である。若い頃死別した亡夫を心の支えとして生きている女性，夫との死別により戦前・戦中一家を支えてきた女性，病弱の夫に看護婦としてつかえるのが妻の役割と考えて生きてきた女性，弟や妹の世話をする未婚の女性など，17人の女性たちのさまざまな人生の苦難が綴られている。また，恋愛についてもふれられているが，その多くは，クラスメート，同僚，後輩の女性に対する愛の告白であり，異性と話すことが禁じられていた暗い青春時代の思い出が述べられている。そこには彼らの秘密をホスプに打ち明けるだけではなく自分自身を十分に表現したいという願いや，一人の女性であり教師としてのホスプとの精神的なつながりを希求するなど，立場と国境を越えた女性同士の強い絆，「シスターフッド」を読みとることができる。

　第四に，研究集会では，教育が女性の誇るべき職業として位置づけられるとともに，職業教育を視野にいれた女子の高等教育が提唱されていることである。戦前の女子師範学校は，結婚に代わる尊敬すべき職業として教職を賛美したキャサリン・ビーチャーを生み出すことはなかった。むしろ，仕事一筋に生き結婚を選択しなかった女性は「オールドミス」というステレオタイプの屈辱に悩まなければならなかったのである[37)]。

　ホスプは，独身で職業生活をおくることは劣等感をかきたてられるものでもなければ，女らしさの剥奪でもないと説き，職業選択の準備としての職業教育・指導の具体的な方法を提示する[38)]。研究集会には，山川菊栄，谷野セツも講義をおこない，女性の経済的独立，職業を視野にいれた教育や男性の職場への進出が大切である，と述べている[39)]。

　第五に，上記に見る通り研究集会は女性の高等教育の古い神話を取り除き，

知的・職業的な水準を引き上げ女性の地位向上をめざすものであったが、女性の伝統的な家庭役割を否定するものではなかった。家庭内の役割だけを担う戦前の「良妻賢母」モデルから、職業活動、消費者運動やPTA等の社会参加活動等多様な役割を担う広義の「良妻賢母」モデルへの移行がみられるのである。

**女子補導研究集会の成果**　ホスプへの手紙でも述べられているように、研究集会参加者は戦後の変革期の新しい教育のあり方やカウンセリングの方法を学んだだけではなかった。17人の親しい仲間たちが、不況から戦争、終戦、占領へと続く20年間をどのように考え過ごしてきたかを率直に話し合うことによって、戦前の良妻賢母教育によってつくられた旧い殻から自由になった自分を発見したという[40]。紋切り型の「オールドミス」の女教師から脱皮した、新しい職業人としての覚醒である。

研究集会の成果として、ホスプは、以下の五点を挙げている[41]。

①大学での組織的なガイダンスの必要性と女子学生のための訓練された女性のアドバイザーの配置が不可欠であることを文部省が認識したこと
②大学生活における諸問題（特に女子学生寮における男性寮長の廃止の要求）が明らかになったこと
③日本の社会的慣行とは異なるアメリカ文化についての理解が深められたこと
④現行の日本の法律改正についての知識が修得できたこと
⑤講義録の編集・刊行
⑥女子学生部長の組織化

参加者たちによってまとめられた講義概要は『大学における女子のガイダンス―女子補導研究集会の要録とその研究』として全国の大学に配布され、女子学生部長会議も発足する。しかし、残念なことに、研究集会は強い要望があったにもかかわらず、占領が終了し、ホスプがアメリカに去った後には再び開催されることはなかった。また女子学生部長会議の組織はやがて消滅し、女子学生部長のポストは永久的なものとはならなかったのである。

ホスプの在任中は占領政策が右傾化し共産主義に対するアレルギーが蔓延した時期でもある。学生自治会の組織化に携わる中でその影響がみられる[42]が、しかし、そのことによってカウンセリングとガイダンスを日本の女子高等教育

に導入した先駆的な仕事にたいする評価を低めることにはならない。

## 5  1940年代のアメリカの女子高等教育

　日本で女子高等教育改革が進められつつあった1940年代のアメリカは，性による労働の分担は明確であり，女性は妻・母としての役割を第一義的なものとして，家庭を足場に公的分野で限られた力を発揮していたという点で決して例外ではなかった。

　第1章で述べたように，第二次世界大戦によってアメリカの女性の状況は大きく変化する。戦争遂行のために女性の役割の重要性を強調する政府の宣伝のもとに，正規軍の陸軍女性部隊がはじめて組織化され，軍需産業など男性の職業分野への女性の参入が進んだ。また，ボランティアとしての戦争協力は伝統的な家庭的な仕事をより大きな国家目的に融合させた。戦争の世界規模での展開，軍事技術の革新，軍隊での管理的・事務的業務の増大，戦闘以外の女性的な仕事は男性に不向きで非能率的であることを理由に女性の軍隊への参入を求める軍部の男性指導者の考え，あらゆる分野への女性の参加と軍隊での女性の労働問題の解決を求める女医会・大学婦人協会・ウイメンズ・クラブ等女性団体の圧力などの諸条件を背景に，1942年に陸軍女性予備役部隊設置法案が上・下院で可決された。両性に対する平等の保護が確保されなければ，危険にさらされる軍隊での勤務はできないというのが法案成立の立役者，ロジャース下院議員の主張である。1943年，陸軍省は軍隊での女性の地位の確立を支持し，下院は陸軍女性補助部隊を廃止し正規軍の陸軍女性部隊の設置を決定する[43]。

　海軍女性予備役部隊隊長ミルドレッド・マッカーフィ・ホートンをはじめとする軍部の女性指導者は男女平等の待遇を求め，女性に対する特別の保護と不利益のいずれも受け入れることを拒否する。その結果，女性上司による男性職員の監督，戦地への女性隊員の派遣が可能となった[44]。しかし，一方で，入隊資格の規定の決定に際して，女性の家庭役割を優先させるという社会の一般的な考え方を受け入れる[45]。さらに，軍隊での女性の職種は，一般産業と同様に，性別役割分業に基づいて配分されていた。

　このように，戦時中におけるさまざまな分野での女性の活動は，男性の労働

力不足を補う暫定的な措置であり、たとえ女性が男性の分野の仕事についたとしても「女性らしさ」が重視され、家庭役割が最優先とするものであったから、その後の女性の社会的地位の変化に決定的な影響を及ぼすことはなかった。戦後、男性の分野の仕事がなくなると、社会の一般的な風潮は女性的な活動を再び強調するようになった。仕事と家庭の両立に苦しんだ女性にとって家庭は二重責任から逃れる場所であったし、兵役から帰った男性にとって家族関係の回復は重大な問題であった。また、軍隊経験者の教育・職場復帰を保障した「兵隊憲章」(GI Bill of Right) は高等教育や職場から女性を締め出した。このような状況の中で、かつて強力な圧力団体として力を発揮した女性団体は女性の地位向上のための有効な運動を展開することはできなかった。

　1940年代の女子高等教育は、女性の経済的地位向上に貢献したが、その教育内容は必ずしも社会的、経済的役割を担う力を養うものではなかった。確かに戦時中は軍部による大学での訓練プログラムの実施、男女共学の拡大、科学的知識の強調による女性の学科選択に変化がみられたが、戦後の教育の民主化・大衆化はかえって男女差を拡大する[46]。

　ホスプは女子学生の職業の長期的展望について、戦後は女性が職場を追われ、「女性は何でもできるという行き過ぎの議論から、もっと女性にふさわしい場所に戻るべきであるという考え方に回帰しつつある」アメリカの状況を憂慮し、日本での占領教育政策として大学での女性に対する職業教育の必要性を強調したことは前に述べたとおりである[47]。

　日本占領期の1940年代後半は、アメリカで女性のための大学教育の内容について活発な議論がおこなわれた時期でもある。

　一つは伝統的な性役割に沿って教育すべきであるという議論である。性差にもとづいて両性の相互補完性を主張するミルズ女子大学学長リン・T・ホワイトは、東部の女子大学と西部の男女共学大学はどちらも男性の教育者によって支配され、女性のニーズにあったカリキュラムを開発していないと指摘する。大学は男性支配から自由になり、女性の価値を認め、男性とは異なった方法で社会に貢献することを女子学生に教えるべきであり、女子のためのカリキュラムは家庭や地域社会での知的情緒的生活をはぐくむものでなければならないとしている。女性の職業能力養成のための大学教育の役割を認めてはいたが、彼

が強調する結婚準備カリキュラムは女性の選択肢を狭め、女性を家庭に閉じこめる結果になることに気がつかなかったのである[48]。

二つには、サラーロレンス女子大学学長ハロルド・テーラーの意見で、結婚準備教育は女性の自己実現にはならず、夫の要求に合わせた従属的な行為を奨励することになるとして反対し、女性の生き方の多様性を可能にする教育の重要性を主張する[49]。第4章で述べたように、ビーアドもまた、男女平等のあり方について独創的な主張をして論戦に加わっている。

占領軍による日本での女子高等教育政策は後者の議論に基づいて進められた。1948年1月、アメリカ大学協会との連携で開催された学部長会議では、「一般教養教育は男女で異なった内容とするべきか否か」という、かつてアメリカ教育使節団が高等教育委員会で日本側教育家委員会に対しておこなったと同じ質問[50]が議題として取り上げられている。この会議の多くの参加者は、女性の家庭生活に有用であるとされてきた児童心理学、発達心理学を一般教養教育カリキュラムに包含し、それを男女が一緒に学ぶべきであるという意見に賛同している[51]。

退役後ウェルズリー大学学長に復帰したホートンは、アメリカの女性の自己抑制的なイメージに気がつく。そして、女性は結婚のために従属的な地位に満足すべきであり、高い地位の仕事につくための競争は女性的ではないという一般的な考え方に驚く。さらにホートンを困惑させたことは、このような向上心の欠如が、働く女性一般に対する評価を低める結果をもたらすことであった。戦後のアメリカでは女性の社会進出が困難な状況の中で、多くの女性たちは女性の伝統的な分野である教育や社会福祉関係の職業につくために人文・社会科学を選択した。そして職業的な欲求を抑制し結婚との両立をはかることが現実的であると考えるようになっていたのである[52]。

## 6 占領期女子高等教育制度改革の特質

以上の考察から、占領期日本の女子高等教育制度改革の特質を次のようにまとめることができる。

日本女子高等教育制度の改革は、男女の教育の機会均等、教育内容の平準化、

男女の相互尊重の推進を目的に，大学教育における男女共学制の採用，女子大学の創設の二本立てで進められたことである。いずれも戦前の女子教育者が願望し，戦争による新たな要請から戦中の教育審議会の答申で提案されていた事項であり，占領政策によって加速化された戦前の教育を引き継ぐ連続的発展である。

戦前の教育の転換を意味する非連続的側面としては，研究・一般教養教育・専門教育の三つの機能をもつ新しい大学像の提示と女子の職業教育の重視があげられる。これは，戦前の女子高等教育の古い神話を取り除き，知的・職業的な水準を高め，女性の自立と地位向上を目的としたものであった。しかしながら，このことは，必ずしも女性の伝統的な家庭役割を否定するものではなかった。

これと関連して，アメリカ教育使節団報告書に提示された，個人（男女）の尊重を基礎とした民主主義社会の建設，政治に参加し民主主義社会の一員としての役割を果たす広義の「良妻賢母」の理念が大学教育において具現化されたことである。戦前の家庭を女性の生活の場とした良妻賢母主義から，家庭を足場として社会活動や職業活動をおこなう型，「マルチ・ロール・イデオロギー」[53]への移行をめざしたものである。

特に注目すべきこととして強調したいのは，これらの方針や勧告に従って，男女共学の理念の法制化と新制大学の男女共学の実施，女子専門学校の昇格による女子大学の創設等の制度が整備されたが，占領期には，このような「機会の平等」の達成にとどまらず，女子学生に対する援助と意識変革を目的としたガイダンスの大学教育への導入にみられるように，「結果の平等」を実現するためのさまざまな試みがなされたことである。

このようなアメリカの女子高等教育顧問がめざした日本における男女平等教育の支援は，戦前から戦中のアメリカでの女性解放運動や女子高等教育と深い関連があり，その延長線上に位置づけることができる。なぜなら，これらの改革に積極的に取り組んだアメリカの女子教育者たちは，1940年代アメリカ社会で脚光を浴びたWACや女子高等教育の中心的な推進者であり，本国でのあらゆる分野への女性の参加と男女平等への希求を，日本での女子高等教育制度の改革に結びつけたのである。皮肉なことに，日本での改革は，性差別禁止を人

Ⅱ　占領政策と男女共学

権条項に包含した日本国憲法や教育の機会均等と男女共学を規定した教育基本法等にみられるように，彼らの母国のアメリカ合衆国憲法や州の法律よりはるかに進んだものになっていた。

　最後に，女子高等教育改革が成功裏に進められた大きな要因として，日米の女子教育たちの強力な連携を挙げなければならない。私は第Ⅰ部第2章で占領軍の女性担当官と日本の女性指導者との間の女性の地位向上をめざした「女性政策推進ネットワーク」形成の意義について考察したが，女子高等教育担当官たちもまた「女性政策推進ネットワーク」を構成する強力なメンバーであった。彼らは，女性の集団を文化的力として評価し，相互に連携するとともに，戦前からの日本の女性指導者による大学婦人協会の設立を援助し，女子専門学校の大学昇格の支持や女子教育向上のための相互連帯を深め，戦後の女子教育の基礎を築いたのである。ここでは，女性たちが自信を獲得し，やがて「女性の領域」を打ち破る力を蓄積することになる，立場と国境を越えた女性同士の強い絆，「シスターフッド」を確認することができる。

　　注
　1）文部科学省『平成17年度学校基本調査』によれば，2005年には，四年制大学の進学率は男子51.3%，女子36.8%であるが，女子の短期大学の進学率13.0%を合わせると女子の高等教育進学率は49.8%である。近年，女子の四年制大学進学傾向が上昇している一方で，短期大学の進学率は1994年の24.9%をピークに激減している。学部別では，人文・家政・薬学系には女子が多いのに対して，理工系・社会科学系の学部では大半が男子であるなど，依然として性による差異がみられ，制度や理念と現実との間には大きなギャップが存在する。
　2）ここでは，ジョン・ロールズの「結果の平等」論によって正当性が根拠づけられた女性のためのアファーマティブ・アクションをさす。J. Rawls, *A Theory of Justice,* Harvard University Press, 1971年 p.106.（矢島鈞次監訳『正義論』紀伊国屋書店，1979年，p.81.）
　3）利谷信義「男女共同参画型社会と女性の高等教育」男女共同参画型社会研究会編『男女共同参画型社会と女性の高等教育』1994年，pp.136-137.
　4）1870年メリー・キダーによる女子教育の開始（1876年フェリス女学校）以降，神戸英和女学校（神戸女学院の前身），活水女学校等のミッション系女学校が設立され，外国人女教師による外国語教育を通じて，女子中等教育の発展に重要な役割を果たした。
　5）例えば，「日本女子大学校設立趣旨」（1896年）で，成瀬仁蔵は，女性を「人として，婦人として，国民として」教育することを主張した。三井為友編集/解説『日本婦人問

題資料集成』第4巻, ドメス出版, 1979年, pp.482-491参照。
6) 天野正子「戦前期・近代化と女子高等教育」天野正子編『女子高等教育の座標』垣内出版, 1984年, p.55. 天野は戦前の女子高等教育は「体系的な知識や技術を身につけた女性専門職を大量に養成し供給するよりも, 社会の中や上の階層の「妻＝母」にふさわしい教養教育をあたえる場として, その社会的機能を果たした」と述べている。
7) 村田鈴子『わが国女子高等教育成立過程の研究』風間書房, 1980年, pp.127-130.
8) 同審議会には吉岡弥生が女性としてはじめて加わり, 戦時体制のもとで女性の公的領域への参加の拡大に貢献した。
9) 三井為友編集/解説『日本婦人問題資料集成』第4巻, ドメス出版, 1979年, pp.899-900.
10) 一方, 社会教育の分野では, 高等教育とは対照的な施策がとられた。 国が女性のみを行政的対象とすることは女性を差別的に扱うことであり, 民主主義の原理に反するとする成人教育担当官ネルソンをはじめ教育課の見解により, 1947年から52年まで婦人教育は文部省の予算から削除されることになり, 行政施策としての婦人教育は一歩後退することになる。詳細は9章参照。
11) 村井訳『アメリカ教育使節団報告書』講談社, 1979年, pp.39-40.
12) 同上書, pp.114-115.
13) 大学基準協会編『昭和22-32年 大学基準協会十年史』1957年, p.57. CIEは1951年「高等教育の改善に対する推奨事項勧告」を示して, 占領軍当局の大学教育政策の意図を示している。
14) 村井訳, 前掲書, p.18.
15) Lulu Homes, "Women in the New Japan," *Journal of American Association of University Women,* Spring 1948, p.138, pp.137-141.
16) Lulu Holmes, *Higher Education for Women in Japan, 1946-1948, interviewed by Helene M. Brewer,* Berkeley : University of California, 1968, pp.7-13.
17) *ibid.* p.11.
18) 寺崎昌男「高等教育」国立教育研究所編集・発行『日本近代教育百年史 6 - 学校教育 (4)』, 1974年, pp.429-430.
19) (財)大学婦人協会『大学婦人協会二十五年史』1970年を参照のこと。
20) 上村による藤田たきへのインタビュー (1991年8月28日, 東京中野の自宅)
21) Lulu Holmes, *op.cit.* 1948, pp.139-140.
22) CIE, "Memorandum from Ethel Weed to Chief, Policy and Programs Unit, Info. Div. / Subject: Information Plan to Stimulate to Women's Organizations to Advance the Cause of Equal Educational Opportunities for Men and Women, 19 November, 1946," *GHQ / SCAP Records,* Box no.5247.
23) Lulu H. Holmes, *op cit.* 1968, p.52. 1ヵ月に10日間程度は講演旅行をしていたという。
24) *ibid.* p.21.
25) アメリカ女性史における「女性の領域」・「シスターフッド」とフェミニズムの関係については, 有賀夏紀『アメリカ・フェミニズムの社会史』勁草書房, 1988年, pp.30-70を参照。
26) Lulu Holmes, *op.cit.* 1968, pp.19-20.

27）上村によるシーマンズへのインタビュー（1991年9月8日，フロリダ州マイアミの自宅）
28）Helen Hosp, "Education for Women," *Educational Leadership,* Feb. 1994, Vol.1, No.5, p.228.
29）大学基準協会編『昭和22-32年　大学基準協会十年史』, 1957年, p.56.
30）海後宗臣・寺崎昌男『大学教育』東京大学出版会, 1969年, pp.136-137.
31）Helen Hosp Seamans, "An Occupationaire Observes: The Progress of Japanese Women," p.27: p.59, *Helen Hosp Seamans Papers.*
文部省は大学教育では家政学以外のどの仕事も女性には不可能だとして反対したが，大学婦人協会からの陳情により不本意ながら認めることになった。そのため研修会開催の準備には協力的ではなかったと記述している。
32）参加者は，安東幸子（日本女子大学），小黒レイ（東京学芸大学），杉森エイ（東京女子大学），竹林やゑ子（福井大学），田中登美，田中睦子（奈良女子大学），常察久栄（神戸大学），中田はる（お茶の水女子大学），藤枝アイ（秋田大学），野上象子（東京学芸大学），見立千代（山形大学），村上澤（新潟大学），森田澄（愛媛大学），山田ひさ江（信州大学），吉田武子（お茶の水女子大学），森キクノ（香川大学），永井文（宮崎大学）である。『大学における女子のガイダンス―女子補導研究集会の要録とその研究』1950年1月, p.217参照。
33）CIE, "Memorandum from Adviser for Women's Education and Consultant on 'Training Course for Advisers of Women Students' to Director for EFEL Programs, 5 Jan. 1950," *GHQ SCAP / Records,* Box no.5651; 上村千賀子「占領政策と日本女子教育―戦後改革をすすめたアメリカの女性担当官たち」『UP』242号, 東京大学出版会, 1992年12月, pp.12-13.
34）上村によるシーマンズへのインタビュー（1991年9月8日，フロリダ州マイアミの自宅）
35）Donald Roden, "From 'Old Miss' to New Professional: A Portrait of Women Educators Under the American Occupation of Japan, 1945-52," *History of Education Quarterly,* Winter 1983, p.478.
36）Helen Hosp Seamans, "Letters from Members of the Deans and Advisers Institute, December 1949," *Helen Hosp Seamans Papers.*
37）Donald Roden, *op. cit.* 1983, p.471.
38）『大学における女子のガイダンス―女子補導研究集会の要録とその研究』1950年1月, pp.84-92。
39）同上書, p.369, 364.
40）上村によるシーマンズへのインタビュー
41）CIE, "Memorandum from Adviser for Women's Education and Consultant on 'Training Course for Advisers of Women Students' to Director for EFEL Programs, 5 January, 1950," *GHQ / SCAP Records,* Box no. 5651.
42）Helen Hosp Seamans, "An Occupationaire Observes: The Progress of Japanese Women," pp.19-25, *Helen Hosp Seamans Papers.*
43）Susan Hartmann, *The Home Front and Beyond-American Women in the 1940s,* Boston:

第8章　女子高等教育制度の改革

Twayne Publishers, 1995, pp.31-37; Mattie E. Treadwell, *United States Army in World War II-Special Studies of the Women's Army Corps,* Office of the Chief of Military History, Department of the Army, Washington D.C., 1954, pp.3-229.
44) Hartmann, *ibid.* pp.37-38.
45) *ibid.* p.38.
46) *ibid.* p.107.
47) Helen Hosp, "Education in a New Age," *Journal of the American Association of University Women,* Winter 1946, p.104.
48) Fred M. Hechinger, "Equality Education Urged-Sway of Male Deplored in Colleges for Women," *Washington Post,* Sept. 7, 1947. ビーアドもホワイトの意見に対して鋭い批判を投げかけている。第4章参照。
49) Hartmann, *op.cit.* p.112.
50) Mildred McAfee Horton, "Digest of Discussions of Committee IV," *Horton Papers.* 第6章参照。
51) "Education of Women, notes from Conference of Academic Deans held in conjunction with the Association of American Colleges, Cincinnati, January 1948," *GHQ / SCAP Records,* Box no.5638.
52) Hartmann, *op.cit.* pp.113-114.
53) スーザン・ファー「フェミニストとしての兵隊達──占領下における性役割論争」, 国際女性学会編『国際女性学会'78東京会議報告書』1978年, p.15.

*189*

第 9 章
# 婦人団体の民主化と女性教育改革

## 1　はじめに

　戦後，社会教育において一貫して取り組まれてきた女性を対象とする教育・学習は，男女共同参画推進体制の中で大きな転換期を迎えている[1]。戦後60年にわたる性役割の急激な変化をふまえ，男女共同参画社会における女性教育を展望するとき，その草創期である占領下の女性教育政策を解明することは重要な研究課題である。第9，10章では，CIE 教育課の女性教育政策と情報課の婦人団体民主化政策に焦点を当て，これらの政策の意図と具体的な方策を明らかにし，戦後日本の女性教育にどのような影響を与えたかを考察する。

## 2　女性教育改革を担った人々

　CIE 情報課女性問題担当官エセル・ウィード中尉は，女性の権利拡張のための政策立案，政治・経済・社会分野における女性の再教育，民主化に関する啓発活動を任務とし，特に婦人団体を担当する。総力戦体制に組み込まれていた戦時中の婦人団体を解体して民主的な婦人団体をつくることは占領政策がめざす女性解放にとって喫緊の課題であった。ウィードは，女性の集団を文化的な力として高く評価するとともに，女性問題を話し合い，解決する力を培う場として重視するとともに，民主的な手続きによる婦人団体の結成自体，民主主義の体得につながり，婦人団体活動は女性の封建制からの脱皮のための教育の場として考えたのである。

## 第9章　婦人団体の民主化と女性教育改革

　CIE 教育課で女性教育政策に関わったのは，女性教育・中等教育担当官アイリーン・ドノヴァン大尉（在任期間1945年10月–48年6月），女子高等教育顧問ルル・ホームズ（在任期間1946年8月–48年4月），成人教育担当官ジョン・ネルソン（在任期間1946年4月–50年8月）である[2]。カンザス高校英語・演劇・討論・話し方担当講師の経歴をもつネルソンは，ニューディール派の進歩的な思想の持ち主で，教育委員会法・社会教育法制定に尽力し，戦後成人教育に民主的な方向性を提示した人物である。また，ドノヴァン，ホームズの示唆を受けて成人教育における男女共学を推奨するが，女性のみを対象とした婦人教育は女性を差別的に扱うことになり，民主主義の教育原理に反するとしてこれを認めなかった。

　これらの CIE の担当官とならんで注目されるのは日本女性の活躍である。文部省では，1946年，7月に学校教育局に戦後初めて女性視学官として山室民子が起用され，村岡花子が学校教育局と社会教育局の嘱託となる[3]。正式な職員ではないが，大森（山本）松代は家庭科の教科内容の検討をおこない，ドノヴァンに協力を惜しまなかった[4]。

　1946年3月マッカーサーに提出されたアメリカ教育使節団報告書は，民主的な教育の方向性として，学校教育の男女共学を強調するとともに成人教育の重要性を指摘し，①PTA 活動，成人のための夜間クラスや学校公開講座，②地域社会活動に対する校舎の開放，②公立図書館の整備，③地域団体・職業団体等あらゆる組織における公開討論や議論の効果的な運用に対する援助の三つの目的を挙げ，これらを実現するために文部省の成人教育事業を活性化し，民主化しなければならないと勧告している[5]。

　第6章で述べたとおり，ドノヴァンは，教育使節団への講義で，女性の地位向上と民主主義の発達は密接な関連があり，女子教育の果たす役割は重要であると説き，講義に盛り込めなかった女子教育の問題の一つに公民教育，社会教育，母親学級を挙げている[6]。

## 3　占領下の婦人教育[7]

### ◇終戦直後の婦人教育

1945年，文部省に社会教育課が復活し，その分課規定に「家庭教育及婦人教育に関すること」，「青少年団体，婦人団体に関すること」が明文化された。

戦後文部省の最初の婦人教育施策は，「昭和20年度婦人教養施設ニ関スル件」（1945年11月24日，発社27号，社会教育局長より地方長官宛）で，母親学級の開設と母親学級において指導的な立場の女性を対象とした家庭教育指導者講習会の開設である。その趣旨は，「家庭ヲシテ真ニ子女育成ノ道場・国民道義確立ノ源泉タラシメ…我ガ国固有ノ家ノ精神ニ徹スベキハ固ヨリ」と規定し，「家制度」の堅持と「良妻賢母主義」という戦前そのままの方向性を特徴としている。

ついで4日後の11月28日，文部省は，公民教育の徹底，新しいリーダーの養成と自主的な婦人団体の育成をめざして，「婦人教養施設ノ強化ニ関スル件」（発社15号）を地方長官宛に通達している。「婦人教養施設設置要領」の要旨では，依然として「我ガ国伝統ノ婦徳ヲ涵養スルト共ニ道義ノ高揚ト教養ノ向上トヲ図リ」と良妻賢母主義を残している。ここでいう「婦人教養施設」とは，母の会，婦人会などの名称の如何を問わず自主的な教養訓練団体を意味し，施設の目的は，従来のいわゆる官製的あるいは軍国主義的色彩を取り去った郷土的施設として特色を発揮させること，「全面的一体の組織」ではないことを強調している。しかし，地域に基盤を置き，隣保協和を基調とし，なるべく国民学校通学区域を単位として設置し，顧問として市区村長，学校教職員，学識経験者等を委嘱することとしており，戦前の婦人団体の性格を一変させるものとは言い難い。これらの文書は，文部省が女性選挙権や女性解放が実現するなどの戦後の急激な変化へ対応をしようとしてはいるが，消化できないままに婦人教育の必要性のみが先行した部分があることを示している。

学校教育に関しては教育機会均等や男女共学制の整備に向けて準備が着々と進む一方，CIE教育課の社会教育への対応はたち遅れていた。当時のCIEの組織上の内部事情について，4月17日付会議報告で，ドノヴァンは，次のように記している[8]。「CIE教育課には成人教育担当のポストがあるが，ずっと空席

のままである。また，教育使節団来日の際にいろいろな分野の委員会が組織されたが，成人教育の委員会はつくられなかった」。また，6月4日のメモランダムでは，「成人教育において婦人教育の問題は重要な位置を占めているが，現在のところ真の婦人教育プログラムは実施されていない」として，「学校を終えた女性のための市民教育（世界の出来事や民主主義における新しい責任という内容）が県や市町村の段階で取り組まれなければならない」と提案する。しかしながら，文部省が婦人教養施設の一つとして開設を奨励した母親学級については，「地方の教育者によって組織・統制される危惧がある」と懸念を示している[9]。

◎ 成人教育の男女共学
**母親学級から両親を対象とした学級へ**　1946年4月6日，CIE教育課に成人教育担当官ネルソンが就任し，社会教育についての基本方針が明確になってくると，CIEの政策が社会教育行政の細部にまでおよび，公民教育，リーダーの養成，民主的な婦人団体の育成という三本だての方策は変更あるいは中止を余儀なくされる[10]。

その具体的な文書が1946年7月31日付文部省通達「昭和21年度婦人教養施設『母親学級』委嘱実施について」である。そこには，「従来単なる学校拡張事業であったこの施設はただ母親のみならず両親の教育の為に利用せらるべきであり，特に今後の施設の目的としては各人の公民的自覚の徹底に努め，時代の要請に応じて，男女均等の立場から婦人の地位向上を期するところに主眼をおくべきこと」とある。

これに先立って，ネルソン，文部省社会教育局寺中作雄社会教育課長，山室民子視学官等との会議が7月24日，26日，30日の3回にわたって開かれた。24日の第1回会議でネルソンは，母親学級は単に小学校区内の母親のための学校拡張講座にすぎないが，その受講生は母親クラブの会員であり，政府は間接的にもこのようなクラブや団体に補助金を出すべきではないとして，要綱には以下の点を含むよう示唆している[11]。

① 補助金は母親と<u>父親</u>（傍線—原文）のための学校拡張講座にあてられること

②講座は学校の施設内で実施されること

③いくつかの男女共学の模範的クラスを開設すること

④上記の学校拡張講座において市民性の涵養をより強調した提言を要綱に盛り込むこと

　7月26日の第2回会議では，文部省側から，母親学級は①学童の両親（傍線—原文）の教育機会とすること，②学校拡張講座とし地区内の学校の建物で開設されること，③公民教育や民主主義の原理に関する講座を強調すること，④参加者の希望により両親学級または成人学級という名前に変更できること，という改定案が示され，政府補助金は母親クラブという団体に対してではなく学校拡張講座に拠出されることで，文部省とネルソンの間で合意が成立する[12]。30日に日本文と英文の照合がおこなわれ，通達はネルソンによって承認される。ネルソンは後に博士論文の中で，「この通牒には，『母親学級』〔『両親学級』ではなく〕は日本における男女の厳格な社会的差別を助長しかねないということを除けば悔やまれる点はない」と記述している[13]。

　このように，CIE の示唆（とりわけドノヴァンの意見が強く反映）により，家庭教育の中心である母親のために民主主義の普及を目的として，戦前からある名称をそのまま使って各都道府県に委嘱した「母親学級」は，母親だけではなく父親も対象とする学校開放講座として成人教育の体系に入れられることとなる。

**社会学級へ**　　1947年10月，ネルソンは，寺中社会教育課長から CIE 教育課に提出された1947年度「母親学級」（あるいは「両親学級」「成人教育学級」）の委嘱の概要について，ホームズ，ドノヴァンと検討する。その結果，文部省は母親だけを対象とする学級にかわって男女のための成人教育学級を奨励すべきであるとの合意に達し，文部省はこれを了承する。その後，学級は母親や両親に限らず一般成人を対象としてその教養向上に資することとして，名称を「社会学級（community class)」とするのがふさわしいという提案がネルソンから文部省に伝えられる[14]。

　これを受けて，「母親学級」は，両親に限らず一般成人の教養向上に資することとなり，1947年10月24日付の通達「成人教養施設『社会学級』の委嘱について」では，名称も「社会学級」に変更される。さらに，1949年，社会教育法

48条により「社会学級」が正式名称となると,それまで明記されていた「婦人の地位向上」(1946年),「婦人の教養の一層の向上」(1947年)が開催要項の趣旨から削除され,成人教育一般に包含される。

「母親学級」から両親を対象とした「両親学級」,成人男女を対象とした「社会学級」への名称の変更は,成人教育における男女共学の推進をねらいとしたものである[15]。これは,国が女性のみを行政的な対象とすることは差別的に扱うことであり,民主主義の教育原理に反するとするネルソンはじめCIE教育課の見解による[16]。文部省の担当者は,日本の現状から見て,女性解放の趣旨を徹底させ,市民としての知識と能力を養うにはどうしても「女性を対象」とした集会の計画や資料の作成が必要であると主張したが,CIEの認めるところとはならなかったという[17]。このようにして,1947年から52年まで成人女性を対象とした婦人教育は文部省の予算から削除されることになり,行政施策としての婦人教育は一歩後退することになる。

### ◇婦人団体の民主化から婦人教育の振興へ

CIE情報課女性情報担当官エセル・ウィードは,婦人教育を成人教育一般に包含してしまうネルソンの相対主義的教育哲学[18]に基づく形式主義的な対応とは異なった立場に立った。すでに述べたように,ビーアドの影響を受け,女性の集団を文化的な力であると評価し,婦人団体は女性問題を明確化するとともに,民主主義の体験学習の場となると考えたウィードは,女性を対象とした民主的婦人団体の組織・運営の技術習得の機会を積極的に提供して,婦人教育推進の方向に進んだといえる。団体の民主化は日本女性の地位向上,ひいては日本の民主化にとって不可欠であるとするGHQの基本方針に基づいて展開されたウィードの政策は文部省の社会教育施策の主流としては取り上げられなかったが,地方軍政部・民事部の指導のもとに,都道府県教育委員会や労働省婦人少年局(1947年9月設置)・同職員室(1948年5月発足,後に婦人少年室に改称)の協力を得て,女性を対象とした民主主義の学習の場を提供し,一般女性に大きな影響を及ぼしていったといえる。

このような地方での女性の活動の高まりの中で婦人教育担当者から,婦人教育に関する指導,助言のあり方,婦人教育の問題点,指導者養成,婦人団体の

Ⅱ　占領政策と男女共学

振興についての全国的な意見の交換を求める強い要望が出される。

　文部省は，占領が終了する1951年9月に，「第1回全国婦人教育担当者研究協議会」（福島県），52年1月「第1回全国婦人教育研究集会」（東京）を開催した。戦後初めて都道府県の事務担当者及び婦人団体関係者が一堂に会したこれらの会議では，婦人教育振興の全国的な気運が醸成されるとともに婦人教育の強化が求められた。これを契機に1949年9月以来禁句とされていた「婦人教育」は官庁用語として復活し，女性の学習はさまざまな沿革を経て「婦人学級」としての態勢を整えることとなる[19]。

　次節では，戦後の女性教育の原点となったウィードの婦人団体民主化方策に焦点をあて，ウィードの目指したものとその意義を検討する。

## 4　婦人団体の民主化

### ◇終戦直後の婦人団体と文部省の施策

**自主的・国際的婦人団体の進出**　　1945年6月，本土決戦の声が高まる中で，大政翼賛会のもとで全国の女性を網羅した一大官製婦人団体である大日本婦人会が解散し，17～40歳の女子は国民義勇団女子隊に改組・編入され，名目上はいっさいの婦人団体が消滅した。

　終戦直後，いち早く行動を開始したのは，市川房枝，山高しげり，赤松常子，河崎なつ，山室民子，久布白落実など戦前の女性解放運動の指導者たちである。彼らは，8月25日「戦後対策婦人委員会」を結成し，参政権や政治結社の自由の実現を政府，政党に申し入れ，10月10閣議了解される。翌11日にはマッカーサーの五大改革指令が発せられ，冒頭に選挙権付与による女性解放が掲げられた。わが国始まって以来の大きな変革が女性の生活を揺り動かそうとしている気運のなか，最も早く団体として組織化されたのは，労働組合婦人部である[20]。戦時中の女性の職場進出，占領政策の重要事項として労働組合の結成が勧奨されたことにより，労働組合婦人部は，占領初期の女性の動きの中では常に主導権を握る勢いを示した。

　つづいて，長い間女性解放と参政権運動のために困難な努力を続けてきた団体が復活する。前述の戦後対策婦人委員会を基盤として，政治教育を目的に

「新日本婦人同盟」(後に,日本婦人有権者同盟に改称)が1945年11月3日に設立され,戦禍のため一時活動を中止せざるを得なかった「日本基督教婦人矯風会」(1886年創立),YWCA (1905年創立)が国際的連携のもとに活動を再開する。また,1946年3月1日「婦人民主クラブ」,10月1日「大学婦人協会」,11月23日「日本産婆看護婦協会」(後に社団法人日本看護協会に改称)がいずれもGHQの支援によって誕生した。さらに,1948年9月15日に,主婦の消費生活や福利指導をおこなう団体として,不良マッチ追放をきっかけに「主婦連合会」が奥むめお等によって結成され,羽仁説子をリーダーとする「全国友の会」も独自の活動を展開して注目と期待を浴びる。

**地域婦人団体の発生と文部省の施策**　女性解放のスローガンとともに華やかに誕生したこれらの婦人団体の動きは都市部を中心としたものであり,ごく少数の女性をふるいたたせているにすぎなかった。大多数の女性は急激な社会変化に呆然とし,生活に追われており,社会的活動や教育機会に参加する段階に進むにはなおかなりの時間を要した。

　このような状況の中で,文部省は,1945年11月24日「昭和20年度婦人教養施設に関する件」,11月28日「婦人教養施設強化に関する件」[21]を社会教育局長名で地方長官宛に通達している。これらの文書は,文部省が戦後の急激な変化に対応しようとしているが,戦前の婦人団体の性格を一変させるものではなく,未消化,不完全であることは,第2節で述べたとおりである。

　つづいて,12月4日,文部省は,これらの婦人教養施設のリーダーを養成するために「婦人教育刷新振興協議会」の開催を都道府県に委嘱し,各都道府県はそれぞれ100～200人を対象に,①女性選挙権付与に伴う政治教育,②社会的教養訓練の実際,③家庭教育の刷新振興,④生活改善,⑤婦人団体の組織運営について指導を開始する。当時の文部省婦人教育担当金子貞子(後の初代婦人教育課長)は,当時をふり返り,「少なくともこの二つの措置がその後に根を引き戦後の婦人団体の結成の素地をつくるものとなり,その気運を促進するに役だったということはまちがいなかろう」と記している[22]。

## ◇婦人教育研究会の開催とCIEの介入

　1946年4月23日,文部省は第1回婦人教育研究会を開催し,女性有識者27

人[23]に協力を求め,「日本の婦人教育をどう進めていくか」について意見を聞く会議を開催する。研究テーマは,今後の女性の公民啓発運動の検討と婦人団体の育成方策で,各界の女性指導者に民主的婦人団体の育成方針を諮り,民主的手続きによる婦人団体の育成を進める意図をもって計画されたものであった。

第2回は5月21日に開催され,文部省提案の「婦人団体のつくり方・育て方（案）」[24]が検討される。参加者から,文部省が再び婦人団体を官の力で組織させようとしているのではないかと危惧する意見と,戦後の事情から,新しい任務を担った日本女性が勇気と自信をもって立ち上がる環境をつくるためには,民主的な指導に限定することを原則にすれば社会教育行政がこれをおこなっても不自然ではない,という反対の意見が出され,検討は第3回に持ち越される。

これに先立つ5月3日,社会教育局から「婦人団体のつくり方・育て方（案）」の内容検討と都道府県への配布について意見を求められたドノヴァンは,婦人団体担当のウィードに検討を依頼する[25]。「民主的婦人団体はポツダム宣言にそった考え方を育てる最も効果的な媒体である」[26]という考えに基づいて婦人団体の民主化のための情報計画を立案中であったウィードは,以下の理由で「婦人団体のつくり方・育て方（案）」を認めることはできなかった。すなわち,この案で示された婦人団体育成策は,文部省が「何をすべきか」を示唆しており,行政区画をそのまま単位組織にして軒並み網羅的に加入する地域団体の奨励につながる危険性をもつものであり,会員の自由意思に基づいて結成し,その目的遂行のために自ら運営する婦人団体の育成につながらない,団体の民主化にとって最も重要な情報である「どのようにすべきか」という方法の提示に欠けている,と考えたからである。

ネルソンは,教育課内会議（5月9日）[27]とウィードとドノヴァンとの会議（10日）[28]でCIE内の意見をまとめ,6月6日開催の成人教育委員会で社会教育局職員に次のような示唆を与えている[29]。すなわち,「婦人団体指導者との会議で,文部省が婦人団体を組織化するという試みはいかなるものであってもリベラルな人々から好意的に受け入れられないであろうと指摘された。したがって,文部省が婦人団体を組織化することは望ましくない。文部省の任務は,団体の要求に応じた成人教育関係資料の提供にとどめるべき」であり,「すべての資料は情報資料の性質をもつものとして,<u>要求されたときのみ</u>入手できるも

のとする」30)（傍線—引用者）ことを強調している。

　婦人教育研究会は3回開かれ，文部省提案の「婦人団体のつくり方・育て方（案）」は廃案となる31)。それに代わってウィードがアメリカの各種団体の資料を参考に団体の組織と運営に関する民主的な手続きを内容とする『団体の民主化とは（Democratic Organization）』32)を編纂することとなる。この冊子は，1946年8月に全国の教育委員会や団体に配布され，団体民主化の教本として使われる。

　地方での婦人団体結成の動向やCIEの勧告（後述）を受けて，都市に生まれた労働組合や自主的な団体グループだけを対象にするよりは，むしろ，大多数の女性が加入している地域組織を根城に，実践を通して民主主義の体得を図ることが望ましいと文部省が考えるに至ったのは1948年の第2回社会教育研究大会の立案のときである33)。大会で配布された「昭和23年度社会教育研究大会資料5 婦人団体」には，行政の婦人団体に対する責務について以下の通り明記されており34)，社会教育法の「社会教育関係団体」の各項の基本となる。

　　婦人団体は自主的でなければならぬ。県庁からの統制や干渉を受くべきではない。社会教育課その他の役人は会員から特別に出席を請われるようなことのない限り婦人の集会に出席すべきではない。又婦人団体に対しては，国庫補助も与えられるべきではない。婦人団体の事務所は県庁内に設けられてはいけない。法律の範囲内で活動を続ける以上，すべての婦人団体は自主的に運営することができる。

◇ウィードの民主的婦人団体育成策

　地方で「婦人会」が次々と結成されるのを目の当たりにしたウィードは，「これらの"婦人会"は少数の例外を除いては戦時中の大日本婦人会の流れをくむものであり，今は何をしていいか分からない人たちのたまり場となっている。彼らは民主主義に基づいた団体のつくり方を知らないので，民主主義の考え方と方法を教える"学校"が必要である。婦人団体はそれを学ぶ学校である」35)と考え，1946年6月25日，「日本女性の間に民主的団体の発達を奨励するための情報計画」36)を立案し，GHQの政策として実施する。

　情報計画は，日本の婦人団体の現状分析，歴史的考察，民主化を阻む要因，

Ⅱ　占領政策と男女共学

民主的婦人団体の形成を援助するための具体的な方策が記されているウィードの婦人団体民主化のマスタープランである。その内容は次のようなものであった。

　先ず，政策立案の根拠として，1945年8月29日，マッカーサーに伝えられたトルーマン大統領の降伏後における日本占領の究極の目標に，民主的団体の形成奨励が掲げられていることをあげ，民主的婦人団体は，日本で最も遅れた人々の集団である女性に対してポツダム宣言の線にそった考えを育てる最も効果的な媒体であるとする。

　ついで，日本における婦人団体の歴史に言及している。戦前の日本における女性運動は，主婦，工場労働者，農村女性といった一般女性を参加させる術を知らない一部の知識人によって担われており，当時の訓練された指導者の多くは，日本女性の殆どを会員とする大日本婦人会の指導者となっていたこと，この婦人団体は，政府によって支配され，非民主的な性格をもっていたと指摘し，下記の通り，具体的に婦人団体の民主化を阻む要因を挙げ，最後に，民主的婦人団体の形成を奨励する計画の目的と方法を勧告している。

　民主化を阻む要因
　①民主的婦人団体の数は少なく極端に都市に偏在している。
　②多くの会員を擁する婦人団体は，事実上，大日本婦人会の遺物であり，リーダーは替わっていない。
　③民主的団体を形成し活動するには以下の情報に欠けており，多くの婦人団体はCIEに情報を求めている。
　　　団体の目的，組織の方法，役員の責任と権限の範囲，会員の義務と権利，会議の手続き，自由な討論，自由な世論の伝達媒体としての団体，市民運動の支援と建設的な行動，法律制定を支援するための組織力の行使の方法
　④政府は補助金によって婦人団体を規制している。
　⑤経験豊かなリーダーが少ない。
　⑥文化団体，労働組合，政党といった男女混合の団体では，女性は低い地位に置かれている。これは，彼らの自信や経験のなさ，さらにたいていの場

合男性の偏見が原因である。女性は団体の中心から離れて別個にセクションをつくる傾向があり，中心部とこのセクションは殆ど関係をもっていない。
⑦女性は男性による「婦人部」の指導を容認している。
計画の目的
①婦人団体の会員に民主的な団体運営と手続きを教える。
②新しいリーダーの訓練
③民主的婦人団体に女性の社会・経済・政治的地位向上のためのキャンペーンの計画・実施方法を教える。
④国や地方における政策決定参加の技術を向上するよう婦人団体に奨励する。
⑤SCAPの目的を女性に周知させる媒体として使う。
⑥男女混合の団体への積極的参加を促す。
⑦諸外国の民主的婦人団体に関する情報を提供する。
⑧外国の婦人団体や類似の団体との密接な連携を確立する。
方法
婦人団体調査の実施，婦人団体指導者との会議開催による民主的運営手続きの助言，パンフレットの作成，女性雑誌・新聞・ラジオ放送・映画・CIE図書館・学校等あらゆる媒体の利用，アメリカの婦人団体リーダーの招聘を通じて「団体の民主化」を啓発することを勧告する。

　ここで挙げられている阻害要因の①～④は婦人団体に限らず当時のすべての団体にみられる民主化を阻む要因であるが，⑤～⑦は婦人団体特有のジェンダー問題である。また，計画の目的では①②⑤は団体一般に共通する項目であるが，他の③④⑥⑦⑧は特に婦人団体に適用されるべき目的である。このように，上記計画の目的は，団体の民主化と女性問題解決の両方を包含している。ジェンダーの視点にたって民主的団体の組織・運営の方法を日本女性に情報提供することによって民主主義の理念を体得させると同時に男性支配からの解放を目指すというウィードの基本的考え方が示されている。
　この方針は，婦人教育を成人教育に包含し，婦人団体に対しては求められたときのみ資料を提供するにとどめるべきであるとするネルソンの方針[37]とは

大きな相違があったといえる。ネルソンとウィードの団体に対する方針の違いは，それぞれが管轄し指導する労働省と文部省の間での婦人教育の所管をめぐる問題となって表出することになる[38]。

◇地方軍政部 CIE 女性問題担当との連携

ウィードの政策は，GHQ / SCAP を足場とした中央省庁や婦人団体への指導にとどまらず，地方軍政部（Military Government, MGと表記）[39] CIE 女性問題担当官と連携して，地方の婦人団体の民主化にまで及んでいる。

まず，MG を通じて地方の婦人団体の調査を実施する。調査結果から，少数の例外を除いて殆どの婦人団体は戦時中の大日本婦人会と同様の方法で組織され，近隣グループが町－市－県レベルの婦人団体へとつながっており，顧問や事務局がしばしば男性である，地方公共団体が団体に補助金（50~300円）を出し，担当部局の全職員が当局に強い影響力をもつ政党の職員であるといった実態が明らかとなり，情報計画で想定された婦人団体の民主化を阻む阻害要因が立証される。ウィードはこのデータをもとに，①地方公共団体関係者は婦人団体の顧問や会長になってはならない，②すべての地方公共団体は団体に補助金を拠出してはならないという2項目を日本政府（内務省）に勧告するよう民政局（Government Section, GS と表記）に提案する[40]。この勧告は，前述の通り第2回社会教育研究大会の資料と「地方における社会教育団体の組織について」（1948年7月14日，都道府県知事宛社会教育局長通牒）に明記されることになる。

次に，ウィードは，婦人団体民主化のための情報計画を作成して MG / CIE 女性問題担当官の婦人団体活動に関する具体的な業務を次のように提案する[41]。

①団体活動における民主主義の原理と政治・経済・社会的な女性の地位向上達成のための婦人団体プログラムと方法を教えること

②民主化に関心をもつ婦人団体のメーリングリスト作成：各府県軍政チーム女性問題担当は会員50人以上の婦人団体名簿をSCAP・CIE女性問題担当室へ提出すること

③希望する婦人団体へ情報シートを送付すること

④婦人団体を視察して情報シートの活用状況や婦人団体のニーズを把握し，民主的な方法により指導し活気づけること（特に意図的に活発でないリーダ

第9章 婦人団体の民主化と女性教育改革

ーに接触）

⑤女性リーダーのための短期訓練コースの計画と実施を指導すること

ウィードの指令を受けて第八軍政部は25地区軍政部と都道府県軍政チームの女性問題担当官25人を対象に第1回女性問題会議（1947年12月1日～3日）を開催する。会議では，婦人団体，女子高等教育，女性労働，保育・公衆衛生，公共福祉，青年団，男女共学，新しい家庭科を含む中等教育，教師研修プログラムなど女性問題担当官が守備範囲とすべき多岐にわたる内容が取り上げられ，任務について共通理解を図る[42]。

MG / CIE 女性問題担当官の任務は，婦人団体の民主化の促進と社会形成参加のための情報と教育機会の提供という基本的な目標にむけ，婦人団体と女性教育を監視・奨励することであり，彼らは詳細な女性問題チェックリスト[43]に従って任務を遂行し，GHQ / SCAP・CIE 女性問題担当室へ報告することが義務づけられていた。各地に展開した MG / CIE は職員の人数が限られており，1948年3月情報課と教育課に分離独立したのちも，女子教育・婦人教育・婦人団体は一括して女性問題担当官の所掌事務となっており，これらについての実施報告書はANNEX-1（後にANNEX-E-1）に分類されて，GHQ / SCAP・CIEへ送られたので，ウィードは逐次詳細に地方の実情を把握することができた。

ウィードの企画は MG / CIE 女性問題担当官を対象とした研修にとどまらなかった。次の取り組みは，1948年7月，日本人指導者を対象とした女性指導者講習会（Leadership Training Institute）[44]の開催である。講習会は全国三ヵ所（熊本，盛岡，浦和）で開かれ，「女性は婦人団体活動を通してどのようにコミュニティに参加するか」を主題に分科会構成によるワークショップという意欲的なものであった。第10章で詳述するように，この講習会は，占領軍が直接一般女性を対象に民主主義の学習機会を提供するきっかけとなる。つぎに，地方軍政部が指導者訓練コース（Leadership Training Course）を各ブロック，県毎に開催し，やがて，地方教育委員会や婦人少年室の協力のもとに市町村段階へと波及し，地方段階で婦人団体活動を中心とした婦人教育活動が芽生えていったといえる。

さらに，ウィードは，地方視察，人材派遣，会議開催，情報啓発活動を通して，MG / CIE 女性問題担当官と連絡・協力をおこなっている。第2章で述べた

Ⅱ　占領政策と男女共学

女性政策推進ネットワークを基盤に，GHQ の担当官や日本女性指導者は各地で開かれる会議や講習会の講師として派遣されている。1ヵ月の1/3を地方視察にあてることを通してウィードは数多くの女性と出会い，地方の実情をより深く理解するようになる。

## 5　ウィードのめざしたものとその軌跡

　婦人団体民主化方策に焦点を当て，ウィードのめざしたものと軌跡を考察してきたが，次のようにまとめることができる。
　第一に，ビーアドの思想に共鳴し，女性の集団を文化的な力として評価し，婦人団体を，「女性の視点」に基づいて女性問題を話し合い，民主主義の体験学習の場として重視したウィードの婦人団体民主化方策は，女性の主体性を培う上で重要な役割を果たした。その意味で，戦後婦人教育の原点として位置づけることができる。ここで，ウィードの婦人団体民主化方策の基本的考え方を整理しておこう。
　①CIE は日本女性自らが団体の民主化に取り組むように支援する。それには団体の民主的な運営や手続きなどの情報提供に徹する。
　②すべての問題を網羅した地縁的団体ではなく，個人の興味，関心から集まった同好的グループであること，選挙による役員の選出，会長に知事夫人や男性を推薦しないこと，行政の干渉から自由であることなどの民主的な婦人団体としての要件を充たすよう指導する。
　③女性を対象とした民主主義の教育・学習の場，女性問題や生活課題を認識し解決策を見つける場として婦人団体を位置づける。
　④日本女性の地位向上のための諸改革の施策立案・実施をバックアップする指導者養成の場とする。
　⑤婦人団体活動をとおして世界の女性運動との連携をめざす。
　⑥女性問題は女性だけの問題ではないので，男女混合の団体をつくり，男女が協力して問題解決することをめざさなければならない。
　第二に，ネルソンとウィードの間に，「女性教育」をめぐって意見の相違が顕在化し，成人教育一般と女性を対象とした婦人教育の推進という二つの流れ

第9章　婦人団体の民主化と女性教育改革

山形市での講演（エセル・ウィード）1947年6月11日

富山市での講演（M. グレラム）1947年1月24日

## Ⅱ　占領政策と男女共学

がつくられたことである。片岡弘勝の分析に示されているように，ネルソンの成人教育思想の特徴は，「プラグマティズムの相対主義の立場に立つ教育哲学を基礎にして，すべての社会構成員に意思決定への参加の機会の平等を保障し，その決定に対する責務の平等を求めるという方法としての民主主義を理論的核心とするものであった。…しかしながら，プラグマティズムの相対主義的立場は，方法，手続き，過程，技術を重視する一方で，内容規定の民主主義を軽視するという形式的性格を帯びる傾向がある。意思決定へのすべての者の参加の機会が保障されているとはいえ，そのような『参加の機会』を活用し得ない者，とりわけいわゆる社会的弱者の権利が必ずしも十分に保障されない恐れがある」[45]。

　前述の基本的考え方①にみられるようにウィードもネルソン同様民主主義の方法の指導と情報提供を基本的姿勢とする。しかし，国が女性のみを行政的対象とすることは民主主義の教育原理に反するとして，婦人教育を成人教育一般に包含したネルソンの意見とは異なった立場にたつ。遅れた集団である女性の地位向上を実現するためには，③④⑤の通り婦人団体の民主化と女性を対象とした教育が不可欠であると考えた。このようなウィードの方針は，文部省の施策に取り入れられることはなかったが，地方軍政部と連携して草の根レベルで女性を対象とした実践的な民主主義の学習の場を提供し，一般女性に大きな影響を及ぼすことになったといえる。

　第三に，⑥と関連して，ウィードの女性の組織化は女性の集団の分離ではなく，公的世界に女性を統合するための足場を築くことをめざしており，男女協働，男女共学を視野に入れていたことに注目しなければならない。

　1951年9月，福島県で開催された戦後初めての文部省婦人教育担当者研究協議会に出席したウィードは，挨拶の中で，「何よりも嬉しいことは，この会が皆さん自身の要求によってもたれたことである。……いつも会合に臨んで喜ばしく思うことは，みんなが非常に変化していることである。……婦人団体の問題については，皆さんは伝統的な考えを持つ婦人会ととりくんでよく闘ってきたわけだが，真のデモクラシーの意義をわきまえ，デモクラシーの考えのもとにしっかり婦人会を指導してほしい」と述べ，最後に，「この会は第1回目の会議であるが，今後は特別に婦人と定めずに男の方も一緒に集まり，男女共学

ともども協力し合って研究してほしいと思う」と結んでいる[46]。

占領開始の当初から取り組んできた日本女性の自立に対する援助がこのように実を結びつつあることを喜び，さらに将来は男女共同参加の会議へと発展することを期待して，ウィードは日本を去ったのである。

## 6　ウィードの主張と婦人団体との落差

本章では，ウィードの民主的婦人団体育成とその理念を明らかにし，上記政策の文部省の婦人団体育成策への影響と，地方軍政部 CIE 女性問題担当への指導について考察した。

以上の考察から，ウィードの政策は戦後日本の婦人団体再編育成過程に大きな影響力を及ぼしたといえる。しかしながら，留意しなければならないことは，婦人団体が一方的にウィードの指導によってつくられ，学習活動を展開したのではない。

既に多くの論者によって指摘されているように，ドノヴァンはじめ CIE 担当官たちによって批判された戦前日本の「家」制度のもとでの良妻賢母主義イデオロギーは，第一次世界大戦後に登場した大都市の新中間層以上の階層の間では変化していた[47]。1923年ビーアドが東京で出会った女性たちはリーダーとして活発に団体活動をおこなっていたという証言からも明らかである。ウィードの女性政策推進ネットワークの一翼を担った女性たちはこのような近代的な「家庭」の出身者であったために，民主的婦人団体の理念を受容し，活動を積極的に展開するのは容易なことであった。

また，ウィードの政策は，終戦直後にみられる一般女性の自発的な活動の芽生えに呼応するものでもあった。婦人団体を視察しその印象をウィードは次のように語っている[48]。「どこへ行っても女の人が熱心で，何とかして自分たちの団体を伸ばして行かう，民主的な線に沿った団体にして行かうという熱意をもっていることでした」。

一方，ウィードの主張する民主的婦人団体の理念が当時の社会に浸透するには様々な障害があったと考えられる。第一に，敗戦とともに大日本婦人会は解散したが，地縁的な村落共同体が崩壊しない限りその一部である女性の生活集

Ⅱ　占領政策と男女共学

団としての組織は存在し続けた。このような社会では、個人をベースにしたアメリカ社会の成り立ちとは異なっており、当時の日本の土壌（特に農村）には根付きにくかった。第二に、政策を実施する段階では、地方軍政部CIE女性問題担当官と婦人団体との関係は支配・被支配の関係におかれ、言葉が通じないこともあり、押しつけとして受け取られることが多かったことである。第三に、日々の生活に追われる多くの日本女性が自ら生活課題や女性問題を見つけ、その解決に取り組むまでには未だ至っておらず、昭和30年代の婦人学級の到来まで待たなければならなかった。第四の障害は、国際環境の変化によるものである。すなわち、冷戦の進行に伴う占領政策の変化は、労働組合内の婦人部組織の解体や「婦人の日」をめぐっての婦人団体間での対立を招来したといえる。

　婦人団体の戦前と戦後における連続・非連続、占領期の占領政策の変化が文部省施策や婦人団体に及ぼした影響に関する考察を深めるためには、CIE地方軍政部、民事部（1949年に改称）の取り組みと婦人団体の対応、占領政策一般の変化に対するGHQ内部でのウィードをはじめとする女性担当官の行動を解明することが必要である。次章では地方軍政部CIEの組織と女性問題担当官の活動を取り上げる。

注
1）上村千賀子「社会教育・生涯学習政策とジェンダー」日本社会教育学会編『ジェンダーと社会教育―日本の社会教育第5集』東洋館出版社，2001年，pp.18-32.
2）ドノヴァンとホームズのプロフィールと活動については，本書第6,8章参照。
3）本書第7章参照。
4）1946年12月23日現在の女性教育プロジェクトと担当者は次の通りである。（　）内はプロジェクトのメンバー。
（1）高等教育：①大学の基準と認定（文部省：松井，10大学学長），②女子教育研究会（女子専門学校等代表，ホームズ，ドノヴァン），③女子専門学校連盟（女子大学の基準について検討）（②に同じ），④日本大学婦人協会（ホームズ，ドノヴァン），⑤学生組織（学生組織の代表，ホームズ），⑤カリキュラム（ホームズ）
（2）中等教育：①カリキュラム（家庭科教育審議会委員，大森，ドノヴァン），②学生組織（学生組織代表，ドノヴァン），③男女共学：a 男女共学パンフレットの作成（山室，ドノヴァン，ホームズ），b ラジオ等メディア利用による共学に関する座談会（リンゼイ，ドノヴァン）
（3）女子教育に関する情報プログラム：女子教育問題の関心を高めるための活動（情報課グレラム，ウィード；教育課ドノヴァン，ホームズ）

（4）成人教育：①成人教育プログラムへの女子教育問題の導入（ドノヴァン），②PTAに関する情報提供（ドノヴァン），③通信教育の内容を家庭教育中心から社会科学や時事問題を取り入れた学習へ移行（ドノヴァン）
（5）女性教師との会議（山室，ドノヴァン）
（6）職業教育における女性問題（モス，ドノヴァン）
　cf. CIE, "Memorandum to Orr from Donovan and Holmes, 23 December 1946, Women's Education," *GHQ / SCAP Records,* Box no.5638.
5）アメリカ教育使節団報告書と社会教育政策の関係については以下の論文参照。
　井上恵美子「アメリカ対日教育使節団報告書と占領軍社会教育政策の形成」小川利夫・新海英行編『GHQの社会教育政策』大空社，1990年，pp.53-86.
6）Donovan, "Remarks of Capt. Eileen Donovan, Education Division CIE, GHQ, SCAP — Women's Education meeting for U.S. Education Mission on 14 March 1946, " *op.cit. GHQ / SCAP Records,* Box no.5247.
7）「婦人教育」とは社会教育における成人女性の教育・学習活動をいう。戦前は家庭教育振興のために母親学級が推進された。戦後GHQにより女性のみを対象とする婦人教育が禁止されたが，1953年に婦人教育予算が復活し，61年には文部省社会教育局に婦人教育課が設置される。98年には同課は男女共同参画課になり，2001年から婦人教育は女性教育に改称された。
8）CIE, "Conference with Captain Donovan — Weed, Goodridge, Roest, 17 April 1946," *GHQ / SCAP Records,* Box no.5247.
9）CIE, "Memorandum to Major Orr by Donovan, 4 June 1946," *GHQ / SCAP Records,* Box no. 5638.
10）CIE教育課の婦人教育政策については，伊藤めぐみ「CI＆E教育課の婦人教育政策」小川利夫・新海英行編，前掲書，pp.209-233. 文部省の政策については，婦人教育の歩み研究会著『自分史としての婦人教育』ドメス出版，1991年参照。
11）CIE, "Report of Conference by Nelson：Request for Approval of Monbusho Plan to Provide Subsidies to Mothers Classes, 24 July 1946," *GHQ / SCAP Records,* Box no.5745.
12）Nelson, "Proposed Monbusho directive concerning encouragement of and provision of Subsidies to Mother's Classes, 26 July, 1946," *GHQ / SCAP Records,* Box no.5745.
13）ネルソン著・新海英行監訳『占領期日本の社会教育改革』大空社，1990年，p.93.
14）CIE, "Conference Report by Nelson , 4 October 1947," *GHQ / SCAP Records,* Box no.5745.
15）CIE, "Memorandum to Orr from Nelson; Subject: Adult Education Program, 18 Oct. 1946, *GHQ / SCAP Records,* Box no. 5745; Nelson, "Adult Education, 26 Feb. 1947," *GHQ / SCAP Records,* Box no.5745. ネルソンはドノヴァンやホームズの意見を取り入れ，成人教育計画において成人教育への男女共学を奨励している。
16）文部省社会教育局『社会教育10年の歩み—社会教育法施行10周年記念』1958年, p.94.
17）文部省社会教育局『婦人教育資料：婦人教育15年の歩み』1961年, p.2.
18）ネルソンの成人教育思想については，以下の論文を参照。片岡弘勝「J. M. ネルソンの成人教育思想—『相対主義的教育哲学』の特質—」小川利夫・新海英行編『GHQの社会教育政策』大空社，1990年，pp.25-40. 新海英行「J.M. ネルソン研究—ネルソン

論文における社会教育観を中心に」名古屋大学教育学部社会教育研究室編『社会教育研究年報』第9号, 1992年, pp.1-6.
19) 占領期の民主的団体の育成，婦人学級の普及，国際婦人年以降の女性問題学習の系譜については，以下を参照。日本女性学習財団，「特別企画シリーズ〔戦後60＋1からのステップアップ〕対談：日本の女性たちは何を切り拓き，獲得してきたのか（前編）—占領政策・婦人解放を起点として—」『ウィ・ラーンWe learn』638号, 2006年1月, pp.3-7. 日本女性学習財団，「特別企画シリーズ〔戦後60＋1からのステップアップ〕対談：日本の女性たちは何を切り拓き，獲得してきたのか（後編）—婦人学級から学ぶこれからの女性学習—」『ウィ・ラーンWe learn』639号, 2006年2月, pp.3-8.
20) 組合数13,622, 組合員数3,936,815人。このうち女子の組合員数は963,847人で，約1/4を占めていた（絲屋寿雄，江刺昭子『戦後史と女性の解放』合同出版，1997年, p.31.)。
21) ネルソンは後に博士論文においてこの通達について，「再び政府は民間団体たるべきものを組織するという仕事を始めていたのである」，「婦人団体に何をすべきかを通告する『監督者』の業務は，ほとんどの場合，婦人が民主主義的な手続きを実行することを助けることにはならない」と批判して，文部省は婦人団体の組織化に関与すべきではないと強調している（M. J. ネルソン著・新海英行監訳『占領期日本の社会教育改革』大空社, 1990年, pp.93-94)。
22) 文部省社会教育局, 前掲書, 1958年, p.104.
23) 出席者は，村岡花子，奥むめお，河崎なつ，赤松常子，竹内茂代，ガントレット恒子，伊福部敬子，宮本百合子，山田わか，高良とみ，羽仁説子，山高しげり，山室民子，市川房枝，山本杉，宮城タマヨ，佐多稲子，久布白落実，松岡洋子，平田ノブ，管支那子，小池初枝，山梨トキコ，井上松子，吉田玉之緒，香川綾，加藤シヅエの27人である。
24) CIE,「婦人団体のつくり方・育て方（案）」*GHQ / SCAP Records,* Box no. 5250.
25) CIE, "Weekly Report by E. Donovan : Women's Education, ( 3 May – 9 May, 1946)," *GHQ / SCAP Records,* Box no.5638.
26) CIE, "Conference with Captain Donovan — Weed, Goodridge, Roest, 17 April 1946," *GHQ / SCAP Records,* Box no.5247.
27) CIE, "Weekly Report ( 3 – 9 May), by J. Nelson, 10 May, 1946," *GHQ / SCAP Records,* Box no.5745.
28) CIE, "Weekly Report (10–16 May), by J. Nelson," *GHQ / SCAP Records,* Box no.5745.
29) CIE, "Memorandum to Major Orr from J. Nelson: Conference with Members of the Board of Social Education of the Ministry of Education," *GHQ / SCAP Records,* Box no.5745.
30) CIE, "Weekly Report, 17–23 May, by Nelson," *GHQ / SCAP Records,* Box no.5745.
31)「婦人団体のつくり方・育て方（案）」の分析については下記の論文を参照されたい。松尾純子「民主主義の曲解—占領期の女性団体『民主化』政策の理念と展開」『立教日本史論集』第7号, 1998年1月, pp.60-63.
32) 連合軍総司令部民間情報教育部編纂『団体の民主化とは（Democratic Organization)』社会教育連合会, 1946年8月27日。冊子には，団体結成の目的，準備工作，会則・附

第9章　婦人団体の民主化と女性教育改革

則，役員の任務，委員会，議事進行法，総会，動議と票決，役員の選挙等が具体的に例示され，民主主義の基本的なルールが述べられている。松尾純子は，『団体の民主化とは』は，戦前から連続する全体主義的な考え方に対置されたものであって，「反共を基調とするアメリカン・デモクラシー」ではないと述べており，この点について筆者も同じ意見である。松尾，同上書，pp.55-79.
33) 文部省社会教育局，前掲書，1958年，p.105．大会は各県二ヵ所で3日間にわたって開催され，CIE 関係者，文部省関係者，地方の教育指導者，新聞・放送関係者，図書館・公民館等の代表，労働組合代表，学校長の代表とならんで10人の婦人団体代表が参加することとなる。開催要項には，「全体として婦人の参加者の数をできるだけ多く選ぶこと」が条件として加えられている。
34) 文部省社会教育局『昭和23年度社会教育研究大会資料』，1948年，pp.67-69.
35) CIE, "Conference with Captain Donovan — Weed, Goodridge, Roest, 17 April, 1946," *GHQ / SCAP Records,* Box no.5247.
36) CIE, "Memorandum to Chief, Plans & Policy Unit from E. Weed, 25 June 1946: Information Plan to Encourage the Development of Democratic Organization among the Women of Japan," *GHQ / SCAP Records,* Box no.5246.
37) 新海英行は，ネルソンの民間団体再編の特徴について次のように指摘している。「青年・婦人団体（特に地域青年団・婦人会）の再編・民主化についてはほとんど関心が示されていない。青年・婦人政策が管轄外の政策領域であったためであろうか，またはそれらの団体の存在意義を否定的にとらえていたためかは不明であるが，ネルソンが最重視したのが PTA と社会教育連合会であったことは明確である」（新海英行「J・M・ネルソン『占領下日本の社会教育改革プログラム』（1954年）について」名古屋大学教育学部研究室編『社会教育文献研究』Vol.5, 1985年10月，pp.15-16）
38) 労働省婦人少年局の設置により，文部省の婦人教育活動が婦人少年局によって奪われてしまうのではないかという危惧をもった文部省の再三の訴えに対して，両者の業務を調整するために，1947年10月2日，ネルソンはドノヴァンとウィードとの会議を開く。この会議でネルソンは，教育は文部省がおこなうものであり，婦人少年局の女性教育に果たす役割については否定的な見解を表明している。cf. (CIE, "Conference Report: Education Division by J. Nelson, 2 Oct. 1947: Bureau of Social Education Activities," *GHQ / SCAP Records,* Box no. 5355).

　会議に同席したドノヴァンは，「ネルソンは労働省の小さい局が文部省の教育事業を奪って，文部省を落胆させてしまう結果になることをおそれているが，当該担当はそのような見解をとらない。婦人少年局が実施している事業は文部省がおこなうすべての事業に貢献している。文部省は労働省によって仕事を奪われる危険性はない」と報告しており，同じ教育課に所属しているドノヴァンとネルソンの意見の相違がうかがわれる。cf. (CIE, "Report of Conference by E. Donovan, 2 Oct. 1947: Opportunities for Cooperation and Implementation in the Work of Education Division, Information Division, Education Ministry and Labor Ministry," *GHQ / SCAP Records,* Box no.5358.
39) 地方軍政部は1945年9月から10月にかけて占領軍が日本全土に進駐した後，実戦部隊の中から民事行政に適性のあるスタッフを集めて組織された。地方軍政部は日本政

Ⅱ　占領政策と男女共学

府が占領政策を忠実に履行しているかどうかを監視するために設置され，各種レベルの軍政本部と都道府県軍政チームから成る。詳細は第10章参照。
40) CIE, "Memorandum to Chief, Government Section, from E. Weed, 7 August 1946," *GHQ / SCAP Records,* Box no.5250.
41) E. Weed, "Information Plan to Further the Democratization of Women's Organizations," *GHQ / SCAP Records,* Box no.5250.
42) Headquarters Eighth Army, Military Government Section, CIE Branch, APO 343, "Women's Affairs Program,"（Unofficial for Information Only手書き-引用者）*GHQ / SCAP Records,* Box no. 3081. カルメン・ジョンソン著　池川順子訳『占領日記：草の根の女性たち』ドメス出版，1986年, pp.99-102.
43) *ibid.*
44) M. Glerum, "Leadership Training Institute: Program Planning of Organizations for Better Communities, Urawa, Saitama Prefecture, 26-27-28, July 1948," *GHQ / SCAP Records,* Box no. 5246.
45) 片岡，前掲書, pp.42-43.
46) 文部省「第一回全国婦人教育担当者研究協議会におけるウキード中尉のあいさつ」『全国婦人教育担当者研究協議会の記録』抜粋，1951年，『婦人問題資料集成』2巻, pp.668-669.
47) 例えば，小山静子『家庭の生成と女性の国民化』勁草書房, 1999年。矢口徹也「戦後初期における『婦人教育』政策にみられる性別教育官の検討」日本社会教育学会編『日本の社会教育第45集　ジェンダーと社会教育』東洋館出版社，2001年，pp.101-114.
48) エセル・ウィード「婦人團體に就いて—ウキード中尉に訊く」『教育と社会』1巻5号，1946年，pp.28-34.

第 10 章
# 地方軍政部女性問題担当官の任務と活動

## 1 はじめに

　対日占領政策遂行過程において，多くの重要な意思決定が実施機関としてのGHQ / SCAP に委ねられていたが，同様に，地方軍政部（Military Government Sections, Military Government Teams, MG と表記）にも地方の諸施策の成否を左右する裁量権が付与されていた。したがって，地方軍政部民間情報教育課（MG/CIEと表記）女性問題担当官の活動に関する分析は，当該時期における婦人教育・婦人団体の諸施策を実証的且つ多角的に究明する上で，きわめて重要な意味をもつ。

　本章では，この趣旨に基づき，従来の研究では十分な解明がなされていない地方軍政組織と任務，とりわけ，MG / CIE 女性問題担当官の組織上の位置づけとその活動，GHQ / SCAP・CIE 情報課女性問題担当室との関係を明らかにし，MG / CIE 女性問題担当官の活動が，地方レベルでの婦人教育活動の発生に及ぼした影響を考察する。

## 2 地方軍政組織

### ◇地方軍政組織の成立と変遷[1]

　連合国軍の対日占領は，GHQ / SCAP が日本政府に対して命令を出し，日本政府がその命令の施行を代行する間接統治の形態をとっていたが，単にGHQ / SCAP の中央政府に対する指令にとどまらず，日本政府が占領政策を忠実に履

Ⅱ　占領政策と男女共学

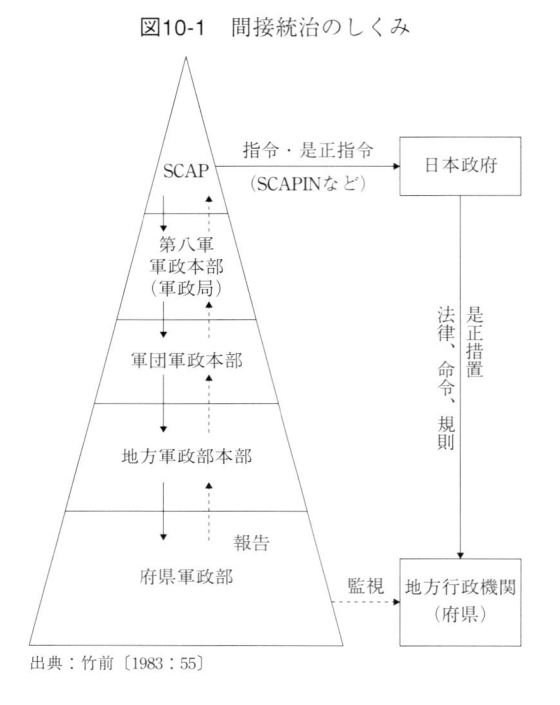

**図10-1　間接統治のしくみ**

```
            SCAP ──指令・是正指令──→ 日本政府
                  (SCAPINなど)
         第八軍
         軍政本部                     是　法
         (軍政局)                     正　律
                                     措　、
         軍団軍政本部                  置　命
                                         令
         地方軍政部本部                  、
                                         規
                   報告                   則
         府県軍政部 ──監視──→ 地方行政機関
                                    (府県)
```

出典：竹前〔1983：55〕

行しているかどうかをチェックする目的で地方軍政部が設置され，地方軍政部を構成する各種レベルの軍政本部（M.G. Sections）と都道府県軍政部（M.G. Teams）が地方の末端組織における実施状況を監視していた（図10-1）。

地方軍政部は1945年9月から10月にかけて占領軍が日本全土に進駐したのち，実戦部隊の中から民事行政に適性のあるスタッフを集めて組織されたが，その組織の確立と変遷は次の三期に分けることができる。

第一期は，占領開始から1947年初めにかけて第八軍司令部・第八軍軍政組織が確立された時期である。「非軍事化政策」を主な目的としたこの期の日本占領は，当初，第八軍と第六軍がそれぞれ日本の東西を折半する形で進められたが，順調な占領の進展により，45年末には部隊の縮小再編がおこなわれ，第八軍が全土を支配する体制が確立される。以後，第八軍司令官が地方進駐部隊を統括し，地方軍政事務を掌握することとなり，46年7月1日，日本の行政区分に即応して，2軍団，8地区軍政部（Regional Teams / District Teams），45都道府県軍政部（Prefectural Teams）が設置された（図10-2）。

第二期は，1947年初めから49年夏までで，地方軍政組織の充実期である。職員が増員され，情報課と教育課が分離独立して設置される。これに伴い，多くの分野で積極的に民間人や女性が起用され，地方軍政組織が拡充された。しかし，地方軍政部の職員の数が限られていたため，1948年3月に民間情報教育課が教育課と情報課へ分離独立したのちも，女性教育（女子教育と婦人教育）と

第10章 地方軍政部女性問題担当官の任務と活動

**図10-2 第八軍軍政組織図**（1946年7月8日現在）[M.G. Section, The 8th U.S. Army]

軍団軍政部
[M.G. Section, I corps or IX corps]

第八軍軍政部（横浜）

第一軍団軍政部（京都）
第九軍団軍政部（仙台）

地区軍政部
[M.G. Regional Teams or M.G. District Teams]

都道府県軍政部
[M.G. Prefectural Teams]

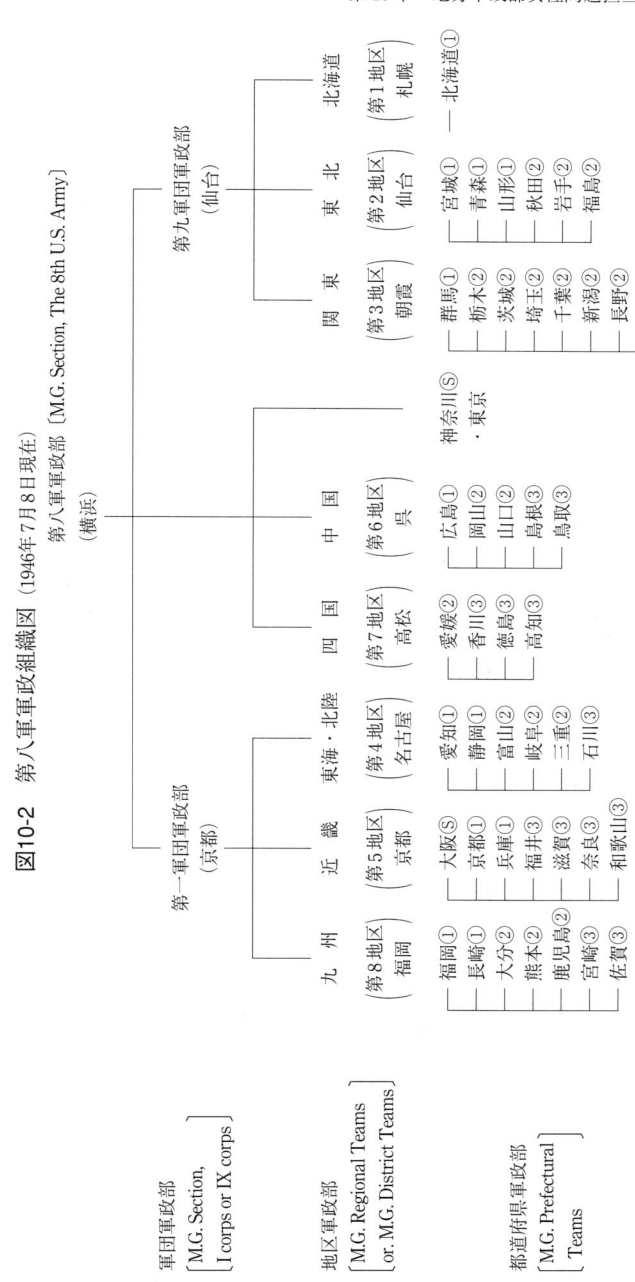

- 九州（第8地区 福岡）
  - 福岡①
  - 長崎①
  - 大分②
  - 熊本②
  - 鹿児島②
  - 宮崎③
  - 佐賀③

- 近畿（第5地区 京都）
  - 大阪(S)
  - 京都①
  - 兵庫①
  - 福井③
  - 滋賀③
  - 奈良③
  - 和歌山③

- 東海・北陸（第4地区 名古屋）
  - 愛知①
  - 静岡①
  - 富山②
  - 岐阜②
  - 三重②
  - 石川③

- 四国（第7地区 高松）
  - 愛媛②
  - 香川③
  - 徳島③
  - 高知③

- 中国（第6地区 呉）
  - 広島①
  - 岡山②
  - 山口②
  - 島根③
  - 鳥取③

- 神奈川(S)・東京

- 関東（第3地区 朝霞）
  - 群馬①
  - 栃木②
  - 茨城②
  - 埼玉②
  - 千葉②
  - 新潟②
  - 長野②
  - 山梨③

- 東北（第2地区 仙台）
  - 宮城①
  - 青森①
  - 山形①
  - 秋田②
  - 岩手②
  - 福島②

- 北海道（第1地区 札幌）
  - 北海道①

備考 都道府県地域類型 (S)特別地域 ①第一級地域 ②第二級地域 ③第三級地域
出典：阿部［1983：16］

婦人団体の民主化を含む女性問題は一括して女性問題担当官の所掌事務となっていた。この時期の女性問題担当官の活動は，学校視察を主とした監視から学校および地方教育行政当局に対する具体的な指導助言と婦人団体の民主的組織化へとその重点が移行する[2]。

第三期は，1949年秋から52年の占領終結までで地方軍政組織の合理化がおこなわれた時期である。1949年末，末端の地方軍政組織である都道府県軍政部が全廃になり，地区単位組織に集約されるとともに，第八軍および第一・第九両軍団の軍政司令部局も廃止され，それに代わる担当部局が GHQ / SCAP 内に設置される。同時に従来の「軍政」局・部の呼称が「民事」局・部（Civil Affairs Section/Teams）へと変更される。

また，民事局の教育政策の重点が婦人団体や PTA の民主的組織化など社会教育分野へ移ったことから，地方民事部は後援協力者としての立場へ変化すると同時に，日本人スタッフが多く採用されるようになる。一方，占領政策の右傾化，中央と地方の軍政組織の一体化に伴い，民主化政策の見直しがおこなわれ，教育の政治活動の規制など一部の施策については強い指導方針を堅持する側面もあった。

1951年6月，GHQ 民事局と地方民事部は廃止され，その業務は GHQ 内の各部局に分散して引き継がれる。例えば，教育課と情報課は GHQ / SCAP・CIE に移り，各地方には CIE 地方事務所が置かれた。52年1月末には，この CIE 地方事務所も廃止となり，地方における占領管理機構は完全に消滅する。

◇ 地方軍政部の任務と権限

MGの任務と権限は公式には，1945年12月2日付マッカーサーの訓令129a号[3]において提示されている。末端の都道府県軍政部担当官の任務については次のように記されている[4]。

MG 担当官の任務は，SCAP の命令が遵守されているかどうかを監視すること，第八軍の補足命令に従うこと，施設の調達，日本の地方政府関係者との連絡と情報入手，第八軍への報告，地方政府関係者への助言となっている。MGの禁止事項として，統治ではないので，緊急の事態を除いては地方政府に命令を発し直接的な指揮権を行使してはならないとされ，日本人職員の任命解雇権

は日本の地方政府にあった。

　MG / CIE 教育課担当官が職務執行上の直接の拠としたのは，第八軍から軍政部へ発せられた施行命令，施行覚書，命令書簡である。さらに，第八軍から3ヵ月ごとに優先課題が提示された。担当官は月例軍政活動報告書と特別活動報告書からなる軍政施行報告書の提出を義務づけられていた。女性問題・女性教育関係の報告書はANNEX-E，（のちに，ANNEX-E-1）により，GHQ / SCAP・CIE へ送付された。また，監視を徹底するために地方査察が実施された。地方査察には，第八軍司令部が半年毎におこなうチーム査察と，軍団ないし地区軍政部が随時おこなう地方視察があり，担当者はチェックリストを携行して査察して報告書を作成した。MG と地方政府との連絡のために定例連絡会議が開催され，この会議には，双方の幹部職員が出席し，上部 MG からの指示事項の伝達と当面の政策課題の趣旨・方法について指導・助言がおこなわれた。

　このほかに，MG / CIE 担当官が GHQ / SCAP・CIE の指令を理解し，地方での活動の指針としたものに『CIE Bulletin』[5] がある。この刊行物には，CIE の最重点事項が主題としてとりあげられており，CIE の刊行物の中でも最も重要な資料のひとつである。ここには，女性の地位向上，男女共学，婦人団体の民主化など，女性問題・女性教育をテーマとした記事が全体の紙面の10％以上を占めており，いかにこの分野の改革に力点がおかれていたかを証明している。

## 3　地方軍政部女性問題担当官の活動

### ◇女性問題担当官の職務と陣容

　MG / CIE 女性問題担当官の任務の基本的な目標は，婦人団体の民主化を促進し，日本女性の社会形成参加を推進するための情報と教育機会を提供することである。ウィードからの婦人団体民主化のために MG / CIE 女性問題担当官がおこなうべき活動の提案[6] を受けて，第八軍司令部 CIE は具体的な活動のためのチェックリスト（後述）を作成し，都道府県軍政チームはその方針に従って任務を遂行してその結果を GHQ / SCAP・CIE へ逐次報告することが義務づけられていた。

　MG / CIE では職員の数が限られていたので，女性問題担当官が女性問題と

Ⅱ　占領政策と男女共学

女性教育（女子教育と婦人教育）を一括して担当したので，GHQ / SCAP・CIE の情報課と教育課の方針の相違によって生じる問題を最小限にくいとめ，地方での女性を対象とした教育・学習機会の拡大に重要な影響を及ぼした。

　1947年以降の地方軍政組織の充実期には，占領教育政策の重点が婦人団体の民主化などの社会教育分野に移行し，女性の登用が奨励されたことから，MG / CIE 教育課では，全課員に占める女性の割合が増えている。とりわけ女性問題全般を扱う女性問題担当官は全員女性で構成され，1948年6月には27人が全国に配置されていたことは，男女共同参画社会の今日の時点からみても目を見張る陣容である（表10－1）。彼等は，地方の女性の実態を目の当たりにして，理想と現実の狭間で苦悩する[7]。

### ◇女性問題担当官の活動と目的

　1947年12月1～3日，第八軍司令部 CIE は，25地区軍政部・都道府県軍政チームの女性問題担当官25人を対象に，婦人団体，女子高等教育，女性労働，保育と公衆衛生，公共福祉，青年団，男女共学，中等教育（男女を対象とした新しい家庭科を含む），教師のための研修プログラムを内容とした第1回女性問題会議（Women's Affairs Conference）を開催する[8]。この会議には GHQ / SCAP の各セクションの担当者（ウィード，ホームズ，スタンダー，オルト，ウイルソン，タイパー，ドノヴァン，オズボーン），日本の婦人団体関係者（羽仁説子，藤田タキ，松岡洋子，上代タノ），山川菊栄婦人少年局長が講師として参加し，女性問題に関する基本的な施策について講義と討議がおこなわれた。異文化社会の日本でとまどっていた担当官たちはこの会議で女性問題の指針を得ると同時に，多くの仲間たちに出会い勇気づけられたという[9]。

　初めて一堂に会したこの会議は，女性問題担当官の職務について共通理解を図る機会でもあった。会議で使用された非公式資料には，下記の通り，女性問題担当官の基本的活動と目的，チェックリストが記載されている[10]。これらの項目には男女共同参画社会の現在にも通用する団体運営や男女共学政策の重要課題が含まれている。

　1　基本的活動
　　（1）婦人団体の監視と奨励

第10章　地方軍政部女性問題担当官の任務と活動

**表10-1**　各県軍政部女性問題担当官（1948年6月7日現在）

第八軍　横浜　Emily Hathaway

| | | | | | |
|---|---|---|---|---|---|
| 第九軍 | 東北地区 | 第九軍仙台 | Marie Gagner | | |
| | | 青森 | Lucille Godarre | | |
| | | 山形 | Cannie Manning（Mrs.） | | |
| | | 宮城（仙台） | Helen Smith | | |
| | | 新潟 | Fannie Mayer（Mrs.） | | |
| | 関東地区 | | Eleanor Lee | | |
| | | 栃木（宇都宮） | Francis Edwards | | |
| | | 千葉 | Elsie Whitman（Mrs.） | | |
| | | 長野 | Cora Lee | | |
| | | 東京都 | Jean Smith | | |
| 第一軍 | 東海北陸地域 | | Luella Hoskins | | |
| | | 愛知（名古屋） | Jean Spenser | | |
| | | 岐阜 | Ruth Davies | | |
| | 近畿地区 | | Aileen Adenton | | |

| | | |
|---|---|---|
| 第一軍 | 京都 | Bernice MacWarland（Mrs.） |
| | 兵庫（神戸） | Clara Spooner |
| | 大阪 | Pearl Corn |
| | 九州地区（福岡） | Charolette Crist（Mrs.） |
| | 長崎 | Petty Gill |
| | 大分（別府） | Ruth Dennis |
| | 熊本 | Hellen Gaskill |
| 第八軍 | 四国地区（高松） | Carmen Johnson |
| | 愛媛（松山） | Capt. Snyder |
| | 中国地区（呉） | Margaret Groth |
| | 広島 | Marian Craig |
| | 岡山 | Ardith Todd |

CIE, "Military Government Women's Affairs officers, *GHQ / SCAP Records*, Box no. 5246より作成

①団体の民主化と民主的手続きに関する会員教育
②地域単位の婦人団体の利害関心に基づくグループへの再組織化
③団体内の支配の分散
④政府の統制からの解放
⑤連盟の結成は小グループの建設的な活動を前提とすること
⑥建設的なプログラムに会員を参加させること
⑦リーダーの訓練と指導
（2）女子教育の監視と奨励
①男女平等教育の確保
②政治的・社会的男女平等達成のための男女共学の推進
③男性と同等の女性のための専門的訓練の推進
④学校における職業訓練プログラムの奨励
⑤新カリキュラムと教育改革に対する一般の人々の支持と理解の促進
（3）教育・情報プログラム推進のための軍政部の他のセクションとの協力
①②（省略）
2　基本的目的

Ⅱ　占領政策と男女共学

　　日本女性による社会への建設的な貢献を促進するために，団体の民主化を実施し，基礎的な情報と教育機会を提供すること。その際以下の点に留意すること：
①月毎に特別プログラムを組み込んだ長期的プログラムを計画すること
②数多くの多様な活動を満遍なくおこなうこと
③できるだけ多くのグループのメンバーと平等に接触すること
④団体，地方公共団体，学校に対する指導の結果をフォローアップすること
⑤次の事項を強調し奨励すること
　　＊グループのメンバーとして参加すること
　　＊集会，討議，行事に男女が共同参加すること
　　＊青年活動や学生活動に少年・少女が参加すること
　　＊有能な女性を学校や行政機関の管理職に登用すること
　　＊グループのリーダーと連携すること
　　＊情報プログラムを通じて一般大衆にいきわたるように啓発に努めること
　　＊男性は社会的・政治的に女性と対等であることを認めること
3　チェックリスト
①団体のリストを入手したか
②団体の事務局とリーダーを知っているか
③団体の規約を調査したか
④団体やクラブのプログラムと活動に精通しているか
⑤県・郡レベルで連合体がつくられているか
　　＊連合体または全国組織の団体本部と傘下団体との関係
　　＊傘下団体は独自のプログラムを企画・実施しているか
⑥冊子『団体の民主化とは』が県下の全グループに配布されているか
⑦青年男女は議事法の研修を受けているか
⑧社会教育課の活動に精通しているか
　　＊職員が誰であるか知っているか，彼らは民主社会の目的や原理を理解しているか

＊女性グループとの関係
＊課員に有能な女性を登用するためにどのような努力がおこなわれたか
＊成人教育プログラムの内容
＊成人教育会議への女性の参加状況

◇ **女性指導者訓練コース**

　女性を対象とした教育機会の必要性を痛感したGHQ／SCAP・CIE（ウィード）と第八軍政部CIEは，1948年7月，日本の女性指導者を対象に女性指導者講習会（Leadership Training Institute）を全国3ヵ所（熊本市7/8-9，盛岡市7/15-16，浦和市7/26-28）で開催し，日本女性に民主主義について学ぶ機会を提供する。事業名は「よいコミュニティをつくるための団体の事業計画」で，「女性は婦人団体活動を通してどのようにコミュニティに参加するか」を主題に，討議方法と事業計画の立案を学ぶモデル事業の提示，全体会，分科会討議と発表というプログラムで実施された。

　浦和市の講習会[11]での参加者の評価は，民主主義のテクニック・会議の進め方（講義―討議―評価）・メンバーの役割分担・メディアの利用方法・世界の女性運動が学べた，男女の共同討議がよかった，アメリカ人の態度がよかったとおおむね好評であった。しかし，時間が足りない，男性の教育が必要，日本女性のレベルを考慮していない，日本人だけでやりたかったというマイナスの評価もみられた。今後の取り組みとして，社会教育課と共同で郡単位の訓練コースを開催することが提案されている[12]。

　アメリカ国務省から派遣された女性問題コンサルタントのドリス・コクレンは，ほとんどの日本人はコミュニティをよくするための長期計画を立案した経験がなかったが，討論会での報告や提案は詳細な内容で，参加者による評価委員会では貴重な意見が出されたと講習の成果を高く評価し，今後は，他の地域の状況を考慮して，MG主催の講習会開催を勧告している[13]。講習会は成功裏にすすめられたことから，1948年から50年まで地方軍政（民事）部が主催する指導者訓練コース（Leadership Training Course）が各ブロック・県毎に開催される。

　しかしながら，民主的団体の議事法と手続きを内容とした訓練コースは必ず

しも効果的に婦人団体に受容されたわけではなかった。東海北陸地区軍政部は，訓練コースが失敗した原因について，講義形式による大集会で，討議やデモンストレーションの時間が少なかったこと，参加者が遠慮深く，その上自分の所属団体に情報を伝達することに無関心であることを企画者と講師は想定していなかったことを挙げている。結局「良きメンバーシップ」の重要性についての認識を欠いたコースであったと反省し，これらの要因を改善するための新たな企画を提案している[14]。このような試行錯誤を繰り返し，やがて，地方教育委員会の主催のもとで市町村段階へと波及し，婦人団体活動を中心とする婦人教育活動が芽生えていったのである。

さらに，女性問題担当官は，学校の男女共学実施状況を把握すると同時に，父母や教師に対して男女共学について正しい認識を深める教育をおこない[15]，各県の実施状況をGHQ/SCAP・CIE教育課のドノヴァンとホームズへ報告している[16]。ネルソンの指示に従って文部省は行政施策から婦人教育を削除したが，地方の婦人教育の実態と文部省の方針との間には大きな隔たりがあった。1948年度の婦人教育予算は前年度と比べてどの都道府県においても大幅に増額されている[17]。

## 4 なぜ地方において婦人教育活動が芽生えたか

以上のことから，MG/CIE女性問題担当官の存在と活動は，民主的婦人団体の再編，男女共学などの諸施策を具体的に実施する上で大きな役割を果たし，地方において婦人教育活動を芽生えさせるきっかけをつくったといえる。しかしながら，一方で，間接統治を補完し，全国一斉に政策を浸透させる上で決め手となり得なかったことも事実である。その要因と背景について，（1）占領管理機構でのMG/CIE女性問題担当官の位置づけ，（2）その陣容と姿勢，（3）日本側地方婦人教育担当者の認識と対応という点から考察し，本章のまとめとしたい。

最初に，占領管理機構におけるMG/CIE女性問題担当官の位置づけについてである。既に述べたように，文部省はネルソンの指示に従って，女性のみを対象とした婦人教育事業を行政施策から削除した。しかし，地方の実情を最も

よく知る立場にあった女性問題担当官は，女性の地位向上をめざした婦人団体の民主化や学校の男女共学等一連の活動の重要性を認識し，かなり忠実にGHQ/SCAP・CIEの指令に従い，地方教育委員会や婦人少年室の協力を得て，女性を対象とした事業を実施した。また，1948年地方軍政部CIEの組織改革により，教育課と情報課に分離独立するが，その後も女性問題担当官が女性教育と女性問題を一括して担当したので，ネルソンとウィードの方針の違いに左右されることなく活動を進めることができた。さらに，地方軍政部には，地方の実態に合わせて対処する裁量権が与えられていたので，多様な取り組みが可能であった。このことは他方で，高校における男女共学制の導入にみられるように，東西両地区の教育施策実施上の相違を生み出す要因ともなった。

第二に，MG/CIE女性問題担当官の陣容と姿勢の問題についてである。1948年の地方軍政組織拡充期に婦人団体の民主化が優先課題として取り上げられ，女性の登用が奨励されたことにより，全員女性からなる女性問題担当官が増員されて任命された。もっとも，このような重要な任務を遂行するには担当官の数が少ない上，頻繁に転勤し，或いは短期間で帰国したので，決して十分な陣容とはいえなかったが，占領という非常事態とはいえ，今から60年前の日本全土に27人の女性問題担当官が女性の地位向上のために配置されていたということは画期的なことである。

各都道府県社会教育課は女性問題担当官の指導のもとに団体の民主化を進めるが，両者の関係は，地域の特質，担当官の教養や資質，性格などにより多様であった。自発性を尊重した指導は時代の明るい気分を醸成した。例えば新潟県の婦人教育担当者高橋ハナは，女性問題担当官F.メイヤーについて，「温厚で誠実な人柄であり，わかり易いことばで民主主義を説明し，具体例を上手に用い，理解するまで時を急がず説明したので，県内多くの婦人に尊敬され慕われた」と述べている[18]。ウィードの通訳として地方視察に同行した椛島敏子や四国地方軍政部の担当官カルメン・ジョンソンは筆者のインタビューに答えて，彼らが日本女性の役割モデルとして積極的に受け入れられることが多かったことを明らかにしている[19]。

他方では，女性問題に関心がない，或いは地域の特質を十分考慮しない担当官の場合には，団体の規約や討議法など形式的な指導にとどまり日本側関係者

との間にトラブルを引き起こす例もあった[20]。その場合は,婦人団体民主化は占領軍による押しつけとしてとらえられ,各地で異文化衝突を起こしている。

しかしながら,彼等の活動が他の教育施策の実施と比較してより大きな成果を収めることができたのは,GHQ／SCAP・CIE,MG／CIE,地方教育委員会,婦人少年室の関係者が日本女性の解放という共通目的達成に向けて努力したことによるものであろう。

最後に,日本側婦人教育指導者の認識と対応について考えてみたい。多くの日本人にとってマッカーサーやGHQ／SCAPは遠い存在であったが,身近にいるMG担当官は占領の権化として受け取られ,しかも初めての被占領体験による無力感・屈辱感が指導・助言を絶対命令と錯誤させる原因となった。地方当局の行政能率上,団体間の対立を解決する手段として,当事者の自己保身や言いのがれの手段として,MGの威力を利用する場合も見られた。女性問題担当官たちの使命に燃えた指導助言や柔軟な姿勢も日本側地方教育担当者の認識と対応によってどのようにも受け取られ,定着への鍵は後者に委ねられていたといえる。

終戦直後の日本は戦争中の重圧感から解放され自由への息吹を求めた明るい気分に充たされた時代でもあった[21]。とりわけ女性たちにとって,女性問題担当官たちは女性解放の指導者として受け入れられ,個人に根ざした自発性を尊重した「婦人団体の民主化」は解放への具体的な道標を示すものであったといえる。占領軍による民主主義の指導において,オリエンテーション,ディスカッション,デモンストレーションといった言葉が多用されたために,「ションション時代」と揶揄し,アメリカ民主主義の教化として受けとった者もあったが,神奈川県婦人教育担当であった志熊敦子は,「民主主義の技術を獲得するプロセスのなかで女性たちみずからが民主主義の考え方を身につけていく学習を意識変革の方法として」位置づけて実践している[22]。このような努力が地方における自発的な婦人教育活動を芽生えさせる契機となり,多数の草の根のリーダーを輩出させる重要な要因になったといえよう。

## 5 戦後の歴史の教訓をふまえて

占領が終了し，日本経済が高度成長期に達すると，次第に婦人教育は女性の特性教育論と結びついて強調されるようになり，占領期において追求された女性教育改革の模索は影を潜め，性役割の固定化の方向へと向かう。今，男女共同参画政策に求められているのは，特性論に基づく「女性」の本質主義を脱構築し克服することであるが，もとより，本質主義を克服することは女性を無化することではない。多様な女性の立場からの異議申し立てによって「女性」を脱構築しながら，「戦略的本質主義」（スピバック）[23]として，「女性」というカテゴリに依拠する必要があるといえよう。ジェンダーの視点を欠いた成人教育における男女共学は，再び女性を不可視の状態にし，実質的な男女平等を達成することができない。女性自身による女性問題の解決をめざしたエンパワーメントの学習とその価値を男女がともに学ぶこと，その両方が場と目的に応じて展開されることが必要である。占領下におけるGHQ／CIE女性問題担当官たちの模索は今日なお引き続く問題であり，男女共同参画社会の女性教育の課題を考えるうえで多くの示唆を得ることができる。

注
1) 阿部彰『戦後地方教育制度成立過程の研究』風間書房，1983年．
2) 阿部彰「対日占領における地方軍政―地方軍政部教育担当課の活動を中心として」『教育学研究』49巻2号，1982年, p.156.
3) 阿部，同上書, p.153.
4) TIE Section, GHQ, FEC, APO 500, "Occupation Report – Military Government in Japan," *Troops Information Program Service,* Vol.4, N0.13, 9 Feb. 1948, pp.98-99.
5) Mitsuo Kodama, ed. *CIE Bulletin* (*2 June 1947- 21 December 1949*), Meisei University Press, 1985.
6) 第9章参照
7) 地方軍政部CIE教育・女性問題担当の活動については，下記を参照されたい。
カルメン・ジョンソン著・池川順子訳『占領日記―草の根の女たち』ドメス出版，1986年; 土田元子「『メーヤー手記』に見る占領教育政策の展開―新潟県下の教育改革を中心に―」上智大学アメリカ・カナダ研究所編『アメリカと日本』彩流社，1993年; 萩尾重樹編著『キング女史と鹿児島―日米の出会い五十年の果実』南日本新聞社，

1999年.
8) CAS, "Headquarters 8th Army, Military Government Section, CI&E Branch Woman's Affairs Conference," *GHQ / SCAP Records,* Box no.3081.
9) 上村によるカルメン・ジョンソンへのインタビュー（1991年9月13日，ワシントン市のカルメン・ジョンソンの自宅にて）.
10) GAS. *op .cit.* 基本的活動として掲げられている「婦人団体の監視と奨励」と「女子教育の監視と奨励」は，それぞれ，ウィードの「婦人団体民主化のための情報計画」，ドノヴァンとホームズの「男女平等・共学推進計画」に基づいている。チェックリストは第八軍女性問題担当の作成である。チェックリストには，婦人団体，学校教育，政治教育，公衆衛生と福祉，農業・家族・社会改革の項目が盛り込まれているが，ここでは婦人団体に関する具体的活動の指針のみを列挙する。
11) M. Glerum, "Leadership Training Institute: Program Planning of Organizations for Better Communities, Urawa, Saitama Prefecture, 26-27-28, July 1948," *GHQ/SCAP Records,* Box no. 5246.
12) Headquarter Kanto Government Region, APO 201, 9 Sep. 1948, to E. Weed, etc., "Impression of Delegates to the Urawa Leadership Training Institute, and Plans for Future Local Institutes," *GHQ / SCAP Records,* Box no. 5246.
13) D. Cochrane, "From Women's Affairs Consultant and Women's Information Officer to Chief, CIE Section, 3 August, 1948, Subject : Leaderships Training Institute at Urawa, Saitama, 27-28 July," *GHQ / SCAP Records,* Box no. 5246.
14) Headquarters, Tokai-Hokuriku Military Government Region, APO 710 (Nagoya, Honshu), "Report on Women's Training Course in Democratic Organization," *GHQ / SCAP Records,* Box no.2975；伊藤めぐみ「愛知県および東海北陸軍政部による婦人教育活動の展開―大学婦人協会の設立と『女性の訓練コース』の開催を中心に―」戦後名古屋市婦人教育史研究会編『戦後名古屋の婦人教育―回顧と展望―』1994年，pp.25-32.
15) CIE, "Education for Women-Prepared by CI&E Education Division," *GHQ / SCAP Records,* Box no.2957, no.5662.
16) CIE, "Extract Field Liaison Report-Women's Education :Holmes & Donovan," 1947, *GHQ / SCAP Records,* Box no. 5651.
17) CIE, Folder Title : "Prefectural Social Education Activities, Sep.1947-Aug. 1949," *GHQ / SCAP Records,* Box no.5744.
18) 高橋ハナ「占領下における地域婦人団体の発足―新潟県の事例を中心として」婦人教育の歩み研究会編『自分史としての婦人教育』ドメス出版，1991年，pp.58-59.
19) 上村による椛島敏子へのインタビュー（1992年2月4日，ヒルトンホテルロビーにて）；上村によるカルメン・ジョンソンへのインタビュー（1991年9月13日，ワシントン市のカルメン・ジョンソンの自宅にて）.
20) 岐阜県の女性問題担当官 R. デーヴィスは，実情を無視した急激且つ強力な民主化への指導をおこない，教育委員会と軋轢を起こし，時には婦人会内部の対立を引き起こしたとされる（伊藤めぐみ「岐阜県占領期婦人教育の展開」名古屋大学教育学部社会教育研究室編『社会教育研究年報』第7号，1988年，pp.50-52).

富山県の女性問題担当官ホスキンスは，井戸端会議を嫌い，自分の意見は堂々と言うべきだとして意見発表大会の設置を強く主張し，1950年から毎年1回開催されるようになったが，現在でも続いておこなわれている（平川景子「被占領期における富山県の婦人の学習」早稲田大学大学院文学研究科教育学研究室『教育学評論』第10号，1987年，pp.32-43）。平川は，戦後民主主義普及活動は「土着」の民主主義を育てず，アメリカの民主主義の教化であるという仮説に基づき，軍政部は各種婦人会を成立させて，一元的な組織を排しつつその網羅性を巧みに利用した点で戦前と戦後の連続性を主張している。

21) 天野正子『占領下の女性の意識と行動―自由の息吹へのあこがれ』日本女子社会教育会，1991年。上村による椛島敏子へのインタビュー（1992年2月4日）
22) 瓜映子・豊田千代子「地方における『婦人団体の民主化』の現実―神奈川県の場合」第7回全国女性史研究交流のつどい実行委員会編『新ミレニアムへの伝言―第7回全国女性史研究交流のつどいinかながわ』ドメス出版，1999年，p.116.
23) ガヤトリ・スピバック，上村忠男訳『サバルタンは語ることができるか』みすず書房，1998年

# 年　表

| 年 | 占領政策・GHQの女性に関する政策 | 日本の女性に関する政策・運動 |
|---|---|---|
| 1913 | アリス・ポール，議会連合結成 | |
| 1915 | ビーアド『市政における女性の仕事』 | |
| 1920 | アメリカ女性参政権獲得 | |
| 1922~23 | ビーアド来日 | |
| 1931 | ビーアド『女性の理解について』 | 小泉郁子『男女共学論』 |
| 1933 | ビーアド『女性の目を通してみるアメリカ』 | |
| 1935 | 世界女性史資料センター設立（~1940） | 石本（加藤）シヅエ　*Facing Two Ways* |
| 1937 | | 12.10　教育審議会設置 |
| 1939 | 9月　第二次世界大戦勃発 | |
| 1941 | ビーアド『ブリタニカ百科事典』 | |
| 1942 | 5.15　陸軍女性補助部隊（WAAC）設置 | |
| 1943 | 1月　ドノヴァン，WAAC入隊<br>5月　ウィード，WAAC入隊<br>7.1　陸軍女性部隊（WAC）設置 | |
| 1944 | 3.6　占領教育計画『日本の行政・文部省』<br>6.23　陸軍省民事部編『民事ハンドブック　日本』<br>7.1　ヒリス・ローリー草案「日本軍政下の教育制度」提出 | |
| 1945 | ビーアド『歴史における力としての女性』<br>4月　「極東における政治的・軍事的諸問題，降伏後の日本帝国の軍政・教育制度」（SWNCC107）<br>5.8　ドイツ,無条件降伏<br>7.19　ゲーツ，「日本人の再方向付けのための積極政策」提出<br>7.30　ボールス草案「日本教育制度」提出<br>8.15　第二次世界大戦終結<br>8.29　SWNCC指令「降伏後における米国の対日方針」マ元帥に通達<br>9.22　アメリカ太平洋陸軍総司令部（GHQ／USAFPAC）に民間情報教育局（CIE）設置<br>10.2　GHQ／SCAP設置<br>10.11　五大改革指令（女性選挙権付与）<br>10.22　「教育制度に対する管理政策」 | 8.17　ポツダム宣言受諾<br>8.25　東久邇宮内閣成立<br>9.15　戦後対策婦人委員会結成<br>9.15　新日本建設の教育方針<br><br><br>10.9　幣原内閣成立<br>10.10　女性選挙権閣議了解<br>10.15　教育方針中央講習会開催 |

*228*

| | | | |
|---|---|---|---|
| | | 10.23 「日本教育制度改定のための政策」(SWNCC108シリーズ) 形成<br>10.30 ウィード CIE 企画班 (~52.4), ドノヴァン CIE 教育課 (~48.6) に着任<br>11.2 ウィード, 加藤らと会談<br><br>11.21 ウィード, 加藤らと婦人諮問委員について協議 | | 11.2 新日本婦人同盟結成 (1950.11 日本有権者同盟と改称)<br>11.3 治安警察法廃止 (勅令638号)<br>11.21 政党結成と婦人部の設置<br>11.24 昭和20年度婦人教養施設ニ関スル件 (発社27号)<br>11.28 婦人教養施設ノ育成強化ニ関スル件 (発社15号)<br>12.4 女子教育刷新要綱 (閣議決定) 婦人教育刷新協議会ニ関スル件 (発社43)<br>12.15 選挙法改正 |
| 1946 | 1.4 軍国主義者の公職追放・超国家主義団体の解散指令<br>マ元帥, アメリカ教育使節団派遣依頼<br>1.9 日本側教育家委員会設置指令<br>ダイク局長, 婦人局設立について婦人諮問委員会委員と会談<br>2.3 マ元帥日本国憲法草案作成指示<br>女性を投票させるための情報プラン (ダイク局長覚書に添付)<br><br>2.10 日本国憲法 GHQ 草案完成<br>2.12 ウィードの全国遊説開始<br>2.13 「日本人の再方向づけのための積極政策」(SWNCC-162/4) 決定<br>3.5 アメリカ教育使節団来日<br>3.14 ドノヴァンの「女子教育の講義」<br><br>3.30 アメリカ教育使節団報告書提出<br>4.5 ネルソン CIE 成人教育担当に着任 (~'50.8)<br>4.7 アメリカ教育使節団報告書発表<br><br>4.26 CIE 教育課, 文部省社会教育局社会教育課と協議開始<br>5.3 ドノヴァン、ウィードに「婦人団体のつくり方・育て方 (案)」について意見を求める<br>5.8 CIE, 婦人局の内務省内設置案 | | 1.1 昭和21年1月1日詔書に関する件 (訓令)<br><br><br>1.15 大学設置委員会発足<br><br>2.5 総選挙ニ対処スベキ啓発運動ノ強化推進ニ関スル件<br>日本側教育家委員会設置<br><br><br>2.21 昭和21年度大学入学者選抜要領通達<br><br><br>3.16 日本国憲法日本側改正草案発表<br>婦人民主クラブ結成<br><br><br>4.10 衆院議員総選挙, 女性39人当選<br>4.17 憲法改正草案発表<br>4.23 第1回婦人教育研究会<br><br><br><br>5.15 文部省「新教育指針」で女子教育のあり方を示す |

*229*

| | |
|---|---|
| 5.9 ネルソン,ウィード,ドノヴァン「婦人団体のつくり方・育て方（案）」を検討 | 5.21 第2回婦人教育研究会「婦人団体のつくり方・育て方（案）」発表,廃案となる |
| 6.20 マ元帥，女性国会議員と会見 | 5.22 第一次吉田内閣成立 |
| 6.24 ミアーズ，GHQ / SCAP 内に女性問題担当部門の設置を勧告 | 5.24 文部省「新教育指針」で女子教育のあり方を示す |
| 6.25 ウィード「日本女性の間に民主的団体の発達を奨励するための情報プラン」提案 | |
| 6月 ドノヴァン,国民学校令施行規則第51,63条の撤廃を提案 | |
| 7.1 コーエン，ミアーズの提案に反対 | |
| 地方軍政部（2軍団8地区軍政部45都道府県軍政部）設置 | 7.9 山室民子文部省視学官,村岡花子・松岡洋子嘱託に任命 |
| 7.16 ドノヴァン，日高学校教育局長と会談 | |
| 7.24/26/30 ネルソン・寺中社会教育課長,母親学級の文部省案について検討会議 | |
| 7.27 ドノヴァン,陸軍特別賞受賞 | |
| 7.29 労働諮問委員会報告書提出（ヘレン・ミーアズ，婦人少年局の労働省内設置提案） | 7.31 昭和21年度婦人教養施設「母親学級」委嘱実施について（発社137号） |
| 8.7 ウィード，都道府県の婦人団体調査結果についての覚書 | 8月 加藤シヅエ，女性省を提案 |
| 8.9 ホームズ，女子高等教育顧問に就任（~48.4） | 8.10 教育刷新委員会発足 |
| 8.17 ハッシー，女性のブロック化に反対 | |
| 8.21 婦人局の労働省内設置が GHQ の公式政策となる | |
| 8.27 ウィード「団体の民主化とは」作成 | 8.27 「団体の民主化とは」，社会教育連合会より刊行 |
| 8.29 CIE，男女共学推進政策決定 | |
| 9.5 「日本教育制度の改定のための政策」（SWNCC108/1）承認 | 10.1 大学婦人協会結成 |
| 9.23 ウィード，陸軍特別賞受賞 | 10.4 教育刷新委員会第二特別委員会（第2回）「男女共学」の検討 |
| 10.31 ウィード,「女子教育会議」開催 | 10.9 国民学校令一部改正，国民学校の男女共学制を許可 |
| 11.18 CIE，関口隆克審議室長と会談．男女共学を要請 | 11.3 日本国憲法公布 |
| 11.21 CIE，関口室長と教育基本法文部省案（第二案）を検討 | 11.11 教育刷新委員会第一特別委員会（第8回）「女子教育」の検討 |
| 11.25 CIE，関口室長と三訂版検討． | 11.23 日本産婆看護婦協会結成 |

| | | |
|---|---|---|
| | 英文で合意に達する<br>12.13　CIE, 文部省案を修正し「男女共学」を明記 | 11.29　教育刷新委員会第3回総会「男女共学」の検討<br>12月　加藤ら社会党議員,婦人局の労働省内設置を提案<br>12.21　教育基本法文部省案に「男女共学」が明記される<br>12.27　教育刷新委員会第17回総会,学制と男女共学の採択<br>12.29　文部省教育基本法要綱案作成 |
| 1947 | | 1.15　文部省, 教育基本法案作成<br>1.30　文部省, 法制局の指摘により教育基本法案の「女子教育」の見出しを「男女共学」へ修正 |
| | 2.10　ハッシー民政局長,コーエン経済科学局長, 労働省内に婦人局設置を示唆 | 2.24　参議院議員選挙法公布<br>2.28　教育刷新委員会第25回総会で報告確認<br>3月　教育基本法, 枢密院で修正の後第92回帝国議会で可決<br>3.5　「父母と先生の会－教育民主化の手引き」発行 |
| | 3.27　極東委員会指令「日本教育制度改革に関する政策」(FEC-092/指令092/3)<br>4.11　「日本の教育制度刷新に関する極東委員会」指令<br>4.19/21　GS, ESS, CIE, 厚生省案を検討 | 3.9　戦後初の国際婦人デー<br>3.31　教育基本法・学校教育法公布<br>4.1　新学制による小・中学校発足<br>4.5　第1回統一地方選挙<br>4.7　労働基準法公布<br>4.14　厚生省, 婦人年少者部門の労働基準局内設置案提出<br>4.17　地方自治法公布<br>4.20　第1回参議院議員選挙女性議員10人選出 |
| | 5月　ホームズ, 女子学生会議開催 | 5.2　谷野せつ, 厚生省労働基準局婦人労働課長に就任<br>5.3　日本国憲法施行<br>5.24　労働省設置準備委員会発足<br>5月～7月　文部省・都道府県主催社会教育研究大会開催 |
| | 6.7　ホームズの呼びかけで全国女専学生協議会開催 | 6.1　片山社会党首班連立内閣成立<br>6.9　日教組婦人部設立<br>7.8　大学基準協会設立<br>7.31　昭和21年度婦人教養施設母親学級委嘱（両親学級を奨励）<br>8.1　婦人局に関する婦人会議開催<br>8.9　婦人少年局長人事：加藤,山本杉を推薦<br>8.19　加藤,山川菊栄を推薦<br>9.1　労働省発足（婦人少年局長山川菊栄） |

*231*

年　表

|  |  |  |  |
|---|---|---|---|
|  |  | 10月　ネルソン，ホームズ，ドノヴァン「母親学級」の委嘱要綱を検討，<br><br>12.2　ネルソン,寺中課長会談：婦人教育をめぐる労働省と文部省の協議について<br>12.1～3　地方軍政部，第1回女性問題会議開催 | 9.1　労働基準法施行<br>10.24　昭和22年度成人教養施設「社会学級」の実施について通知（母親学級を社会学級）に改称<br>10.26　改正刑法公布（姦通罪廃止）<br>11.15　世界円卓会議開催YWCA再建<br>12.22　改正民法公布（家族制度廃止）<br>改正戸籍法公布 |
| 1948 | 1.6　ロイヤル米陸軍長官，対日政策転換声明（日本を反共の防壁に）<br>1.15　スタンダー，労組婦人部の自主的傾向を批判，権利の二重行使になるとして婦人部組織の解体を示唆<br>3月　地方軍政部CIEが教育課と情報課に分離独立<br><br><br><br><br><br>7月　女子高等教育顧問ヘレン・ホスプ・シーマンズ着任（~50.3）<br>7.8～28　CIE，女性指導者講習会開催（8-9熊本，15-16盛岡，27-28浦和）<br><br><br><br><br>8月　ホスプ，学生生活改善協議会の組織化を提案 | 1.6　純潔教育の実施について（発社1号）<br>2月　「婦人の日」論争（3.8か4.10か）<br>2.3　第2回社会教育研究大会開催について<br>3月　厚生省児童局に保育課設置<br>3.10　芦田内閣成立<br>3.25　新制大学12校認可（津田,日本,東京,聖心,神戸女学院を含む）<br>4月　社会学級開設委嘱開始<br>4.1　児童福祉法施行<br>民生委員改正，女性18.6％<br>4.10　初の婦人の日大会<br>4.19　日本民主婦人協議会結成<br>4.27　東京都地域婦人団体協議会結成<br>5.15　婦人少年局地方職員室発足<br>5.18　社会福祉施設費増額期成会結成<br>5.31　婦人少年問題審議会設置<br>6.27　第1回全国PTA協議会<br>7月　全国婦人団体調査<br>7.13　優生保護法公布<br>7.14　「地方における社会教育関係団体の組織について」（発社197号）<br>7.15　教育委員会法公布<br>厚生省医務局に看護課設置<br>7.28　労働者教育に関する労働省・文部省了解事項を通達<br>7.31　政令201公布,公務員の団体交渉権・罷業権拒否<br>8.7　日教組婦人部政令201，GHQの婦人部解体指示に反対<br>9.15　主婦連合会結成（会長奥むめお）<br>10.4　教育指導者講習（IFEL）開始 |

| | | |
|---|---|---|
| | 10.5 ウィード,教育委員への女性の進出を奨励 | 10.5〜 教育委員選挙（女性委員39人）<br>10.19 第二次吉田内閣成立<br>11.1 農林省生活改善課設置,課長山本松代<br>12.1 「父母と先生の会」参考規約送付（発社302） |
| | 12.10 国連総会「世界人権宣言」採択 | 12.10 NHK婦人課長に江上フジ就任 |
| 1949 | | 1.23 第24回衆議院議員総選挙,女性議員12人当選<br>1.28 「純潔教育基本要項」通達<br>2月〜3月 婦人少年局廃止反対運動<br>2.16 第三次吉田内閣成立<br>2.21 公私立新制大学79校設置許可（11私立女子大学を含む） |
| | 3月 ホスプ,全国学生指導講習会開催<br>3.8 ウィード,「3.8の国際婦人デーに参加しないで4.10〜16の婦人週間を祝え」と談話発表<br>3.11 スミス,「女性労働者は労組内の男女別意識を捨てよ」と声明<br>4.8 ウィード,婦人週間を前に「地方における女性の政治進出」を強調 | 3.3 第3回国際婦人デー<br><br>4月 新制大学発足<br>4.10 第1回婦人週間<br>5.2 婦人団体協議会結成<br>5.31 新制国立大学69校設置（お茶の水・奈良女子大学等）<br>6.2 山室民子,文部省社会教育局社会教育施設課長<br>6.10 社会教育法公布 |
| | 7.4 マ元帥,アメリカ独立記念日に「日本は反共の防壁」と演説<br>CIEイールズ,大学での共産主義教授の排除を勧告<br>7.10 GHQ労組員のレッドパージ指令 | 婦人少年局地方職員室職員首斬り反対運動 |
| | 9.15 GHQシャウプ勧告<br>10.1 中華人民共和国成立<br>10.7 ドイツ民主共和国成立 | 9.26 川崎市で初の成人学校開設<br>10.10〜12.23 女子学生部長のための「女子補導研究集会」開催（ホスプの指導）<br>10.21 通信教育認定規定公布<br><br>11月 昭和24年度成人教養講座「社会学級」の実施について<br>11.22 民婦協,国際民主婦人連盟に加盟 |

年　表

| 1949 | | 12.9　中学校の職業科と家庭科の併合について通達<br>12.15　私立学校法公布 |
|---|---|---|
| | 年末　第八軍，第一・第九軍団軍政司令部局が廃止され，GHQ内に設置。民事局・部に名称変更 | |
| 1950 | 9.22　第二次教育使節団報告書提出 | |
| 1951 | 6月　GHQ民事局・地方民事部廃止　地方にCIE地方事務所設置 | 9.19～22　第1回全国婦人教育担当者研究協議会 |
| 1952 | 4月　ウィード離任 | 1.27～29　第1回全国婦人教育研究集会 |

# 参考文献

**著書・論文**

阿部彰　1982　「対日占領における地方軍政―地方軍政部教育担当課の活動を中心として」『教育学研究』49巻2号, 151-163

阿部彰　1983　『戦後地方教育制度成立過程の研究』風間書房

Allen, Ann　1986　"The News Media and the Women's Army Auxiliary Corps: Protagonists for a Cause." *Military Affairs*, 50(2), 77-83

天野正子　1984　『女子高等教育の座標』垣内出版

――――　1991　『占領下の女性の意識と行動―自由の息吹へのあこがれ』日本女子社会教育会

有賀夏紀　1988　『アメリカ・フェミニズムの社会史』勁草書房

――――　1985　「新しい歴史の創造を求めて―アメリカ女性史研究, 最近の動向」歴史学研究会編『歴史学研究』No.542, 61-71

――――　1997　「ポストフェミニズム？―アメリカ女性の現状と第二波フェミニズムのゆくえ」『東大アメリカンスタディーズ』2号, 62-77

――――　1999　「多文化主義とフェミニズム―女性史からジェンダーの歴史へ」『多文化主義のアメリカ―揺らぐナショナル・アイデンティティ』115-138

朝日ジャーナル編　1984　『女の戦後史1　昭和20年代』朝日新聞社

Beard, Charles　1913　*An Economic Interpretation of the Constitution of The United States*, Macmillan（1974　池本幸三訳『合衆国憲法の経済的解釈』研究社）

――――　1922　*The Economic Basis of Politics*, Knoppf, 1922.（1949　清水幾多郎訳『政治の経済的基礎』白日書院）

――――　1943　*THE REPUBLIC-Conversations on Fundamentals*（1988　松本重治訳『アメリカ共和国　アメリカ憲法の基本的精神をめぐって』みすず書房）

――――　1948　*President Roosevelt and Coming of the War 1941: A Study in Appearances and Realities*, New Heaven, Yale University Press

――――・Mary Beard　1914　*American Citizenship*, New York: Macmillan

参考文献

―――― 1921 *History of the United States*, New York: Macmillan 1921 (Later eds. have subtitle; *A Study in American Civilization*); Rev. ed., 1929. 2nd., rev. ed.,1932. 3rd. rev. ed., 1934 (1964 松本重治・岸村金治郎・本間長世訳 『新版アメリカ合衆国史』岩波書店)

―――― 1927 *The Rise of American Civilization*, 2 vols., New York : Macmillan

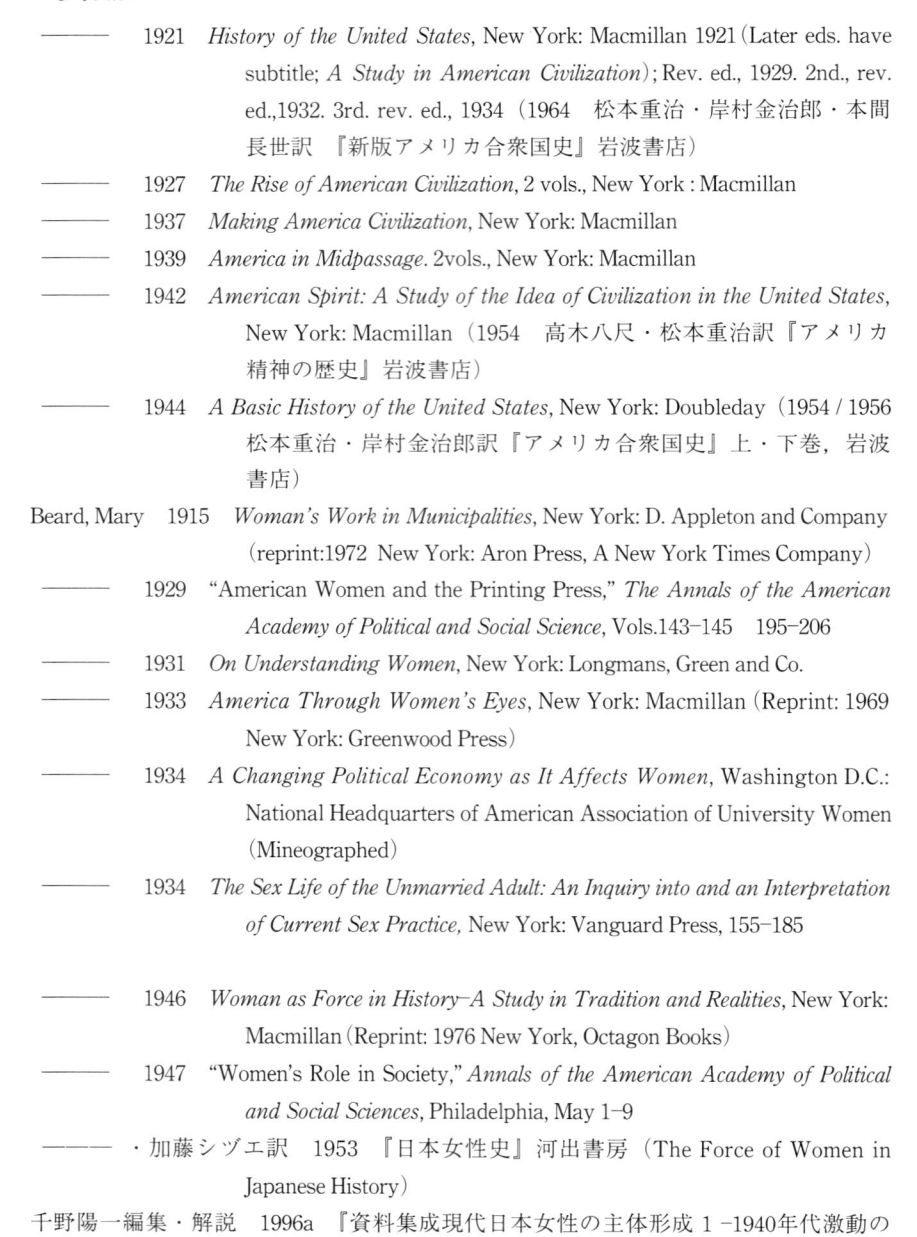

―――― 1937 *Making America Civilization*, New York: Macmillan

―――― 1939 *America in Midpassage*. 2vols., New York: Macmillan

―――― 1942 *American Spirit: A Study of the Idea of Civilization in the United States*, New York: Macmillan (1954 高木八尺・松本重治訳『アメリカ精神の歴史』岩波書店)

―――― 1944 *A Basic History of the United States*, New York: Doubleday (1954 / 1956 松本重治・岸村金治郎訳『アメリカ合衆国史』上・下巻, 岩波書店)

Beard, Mary 1915 *Woman's Work in Municipalities*, New York: D. Appleton and Company (reprint:1972 New York: Aron Press, A New York Times Company)

―――― 1929 "American Women and the Printing Press," *The Annals of the American Academy of Political and Social Science*, Vols.143-145 195-206

―――― 1931 *On Understanding Women*, New York: Longmans, Green and Co.

―――― 1933 *America Through Women's Eyes*, New York: Macmillan (Reprint: 1969 New York: Greenwood Press)

―――― 1934 *A Changing Political Economy as It Affects Women*, Washington D.C.: National Headquarters of American Association of University Women (Mineographed)

―――― 1934 *The Sex Life of the Unmarried Adult: An Inquiry into and an Interpretation of Current Sex Practice*, New York: Vanguard Press, 155-185

―――― 1946 *Woman as Force in History-A Study in Tradition and Realities*, New York: Macmillan (Reprint: 1976 New York, Octagon Books)

―――― 1947 "Women's Role in Society," *Annals of the American Academy of Political and Social Sciences*, Philadelphia, May 1-9

――――・加藤シヅエ訳 1953 『日本女性史』河出書房 (The Force of Women in Japanese History)

千野陽一編集・解説 1996a 『資料集成現代日本女性の主体形成 1 -1940年代激動の十年』ドメス出版

―――― 1996b 『資料集成現代日本女性の主体形成2 −1950年代前期「逆コース」に直面して』ドメス出版

Cook, Miriam・Angela Woollacott, eds. 1993 *Gendering War Talk*, Princeton: Princeton University Press

Cott, Nancy F. 1987 *Grounding of Modern Feminism*, Yale University Press

Cott, Nancy F. ed. 1991 *Woman making History−Mary Ritter Beard Through her Letters*, Yale University Press

―――― 2002 「平等権と経済的役割―1920年代における平等権修正条項をめぐる対立」リンダ・K. カーバー，ジェーン・シェロン・ドゥハート編著 有賀夏紀・杉森長子・瀧田佳子・能登路雅子・藤田文子編訳『Women's America ウィメンズ　アメリカ　論文編』ドメス出版，141−162

（財）大学婦人協会　1970　『大学婦人協会二十五年史』

大学基準協会編　1957　『昭和22−32年　大学基準協会十年史』

男女共同参画型社会研究会編　1994　『共同研究：男女共同参画型社会の形成と女性の高等教育』

ダワー，ジョン・W.　猿谷要監修，斎藤元一訳　1987　『太平洋戦争に見る日米摩擦の底流―人種偏見』TBSブリタニカ

――――　三浦陽一・髙杉忠明・田代泰子訳　2001　『敗北を抱きしめて』上・下　岩波書店

江原由美子編　1998　『性・暴力・ネーション　フェミニズムの主張4』勁草書房

エヴァンス，サラ・M.　小檜山ルイ，竹俣初美，矢口祐人訳　1997『アメリカの女性の歴史―自由のために生まれて』明石書店

遠藤泰生　1998　「ビアード夫妻と1920年代の日本」本間長世・亀井俊介・新川健三郎編『現代アメリカ像の再構築：政治と文化の現代史』東京大学出版会，141−147

ファー，スーザン　1987「女性の権利をめぐる政治」坂本義和・R. E. ウォード編『日本占領の研究』東京大学出版会，459−504

――――　1978　「フェミニストとしての兵隊―占領下における性役割論争」国際女性学会編『国際女性学会78東京会議報告書』13−17

Friedl, Vicki L.　1996　*Women in the United States Military, 1901−1995 : A Research Guide and Annotated Bibliography*, Westport, Connecticut: Greenwood Press.

藤田たき　1979　『わが道――こころの出会い』ドメス出版

婦人教育の歩み研究会　1991　『自分史としての婦人教育』ドメス出版

参考文献

ゴードン,ベアテ・シロタ　平岡磨紀子訳　1995　『1945年のクリスマス』柏書房

Hartmann, Susan　1982　*The Home Front and Beyond: American Women in the 1940s*, Boston: Twayne Publishers.

林太郎　1970　「新制女子大学と家政学部の創設事情」『東京家政学院大学紀要10』 19-35

林恭子　2003　「戦後大学婦人協会の成立と展開―愛知支部を中心として」『名古屋大学大学院教育発達研究科　社会教育研究年報』17　127-137

Hechinger, Fred・M. Hechinger　Sept.7, 1947　"Equality Education Urged-Sway of Male Deplored in Colleges for Women," *Washington Post*

Higonnet, Margaret Randolph, et al. eds.　1987　*Behind the Lines*, New Haven: Yale University Press.

朴木佳緒留　1987/1988　「アメリカ側資料よりみた家庭科の成立過程（一）（二）（三）（四）」『日本家庭科教育学会誌』第30巻3号・第31巻1号・2号

─────　1996　『ジェンダー文化と学習』明治図書

Hopper, Helen M.　1982　"Kato Shizue, Socialist Party MP, and Occupation Reforms Affecting Women, 1945-1948: A Case Study of the Formal vs. Informal Political Influence of Japanese Women," *The Occupation of Japan: Educational and Social Reform,* (The Proceedings of a Symposium and Webb Center, Old Dominion University Sponsored by The MacArthur Memorial Foundation, October 16-18, 1980), Norfolk: Gatling Printing and Publishing Co.　375-399

萩尾重樹編著　1999　『キング女史と鹿児島―日米の出会い五十年の果実』南日本新聞社

橋本紀子　1982　「1930年代日本の男女共学論と共学制度実現運動」『教育学研究』第49巻3号　275-285

─────　1992　『男女共学の史的研究』大月書店

平川景子　1987　「被占領期における富山県の婦人の学習」早稲田大学大学院文学研究科教育学研究室『教育学評論』第10号　32-43

平原春好編　1978　『教育基本法文献撰集　義務教育…男女共学第4条／第5条』学陽書房

樽松かおる　2000　『小泉郁子の研究』学文社

広瀬裕子　1982　「戦後学制改革期における男女共学化に関する一考察」『教育学研究』第49巻3号　296-304

Holmes, Lulu　1948　"Women in the New Japan," *Journal of American Association of*

参考文献

       *University Women*, (Spring) 137–141
――― 1968 *Higher Education for Women in Japan, 1946–1948*, interviewed by Helene M. Brewer, Berkeley: Bancroft Library, University of California
Hosp, Helen 1946, "Education in a New Age," *Journal of the American Association of University Women* (Winter)
――― 1949 "Education for Women," *Educational Leadership*, Vol.1, No.5
シーマンズ, ヘレン・ホスプ・土持法一訳「ある占領体験者の観察：戦後における日本女性の変遷と向上」『戦後教育史研究』第4号　明星大学戦後教育史研究センター　120–132
市川房枝監修　1969　『戦後婦人の動向―婦人の民主化を中心として』婦選会館
―――　編　1978　『日本婦人問題資料集成』第2巻　ドメス出版
イエロリーズ, ジェームズ　1995　「対日占領政策における教育改革―その政治的背景と人物」『戦後教育史研究』第10号　明星大学戦後教育史研究センター　26–55
飯森彬彦　1990.11　「占領下における助成対象番組の系譜・1：『婦人の時間』の復活」『放送研究と調査』2–19
井上恵美子　1990　「アメリカ対日教育使節団報告書と占領軍社会教育政策の形成」小川利夫・新海英行編『GHQの社会教育政策』大空社　53–86
Inoue, Kyoko 1991 *MacArthur's Japanese Constitution–A Linguistic and Cultural Study of its Making*, The University of Chicago Press
Ishimoto, Shizue 1935 *Facing Two Ways, The Story of My Life*, New York: Farrar & Rinehart 1935.　1994　加藤シヅエ著・船橋邦子訳『ふたつの文化のはざまから　大正デモクラシーを生きた女 Facing Two Ways』不二出版
伊藤めぐみ　1988　「岐阜県占領期婦人教育の展開」名古屋大学教育学部社会教育研究室編『社会教育研究年報』第7号　1988年　40–52
―――　1990　「CI&E 教育課の婦人教育政策」小川利夫・新海英行編, 前掲書, 209–233
―――　1994　「愛知県および東海北陸軍政部による婦人教育活動の展開―大学婦人協会の設立と『女性の訓練コース』の開催を中心に―」戦後名古屋市婦人教育史研究会編『戦後名古屋の婦人教育―回顧と展望―』25–32
伊藤康子　1974　『戦後日本女性史』大月書店
絲屋寿雄・江刺昭子　1997　『戦後史と女性の解放』合同出版

参考文献

ジョンソン,カルメン　池川順子訳　1986　『占領日記―草の根の女たち』ドメス出版

海後宗臣・寺崎昌男　1969　『大学教育』東京大学出版会

片岡弘勝　1990　「J・M・ネルソンの成人教育思想―『相対主義的教育哲学』の特質」小川利夫・新海英行編『GHQ の社会教育政策』大空社　25-40

加藤シヅエ　1988　『愛は時代を越えて』婦人画報社

――――　著・船橋邦子編　1988　『最愛の人勘十へ―加藤シヅエ日記』新曜社

Kerber, Linda K.　1991　"The Challenge of Women's History," *Magazine of History*　32-34

カーバー,リンダ K.　ジェーン・シェロン・ドゥハート編著,有賀夏紀・杉森長子・瀧田佳子・藤田文子　1992　『Women's America ウィメンズ　アメリカ　論文編』ドメス出版

木田宏監修　1987　『証言　戦後の文教政策』第一法規

Koikari, Mire　1997　"Gender, Power, and Politics in the United States Occupation of Japan, 1945-1952," A dissertation submitted in partial fulfillment of the requirements for the degree of Doctor of Philosophy (Sociology) at the University of Wisconsin.

Kodama, Mitsuo, ed.　1983　*CIE*(*15 February 1946*)*Education in Japan, Educational Documents of Occupied Japan* Vol. I, Meisei University Press（児玉三夫訳　1983　『日本の教育：連合国軍占領政策資料』明星大学出版部）

――――　1985　*CIE Bulletin*(*2 June 1947-21 December 1949*), Meisei University Press

国立教育研究所編集・発行　1974　『日本近代教育百年史6―学校教育（4）』

――――　1974　『日本近代教育百年史6―社会教育（2）』

国立教育研究所　1984　『戦後教育改革資料2：連合国軍最高司令官総司令部民間情報教育局の人事と機構』[昭和56年度～昭和58年度文部省科学研究費補助金総合研究（A）「連合国軍の対日教育政策に関する調査研究」報告書,研究代表者：佐藤秀夫)]

――――　1988　『戦後教育改革資料6：海外学術研究報告書・占領期日本教育に関する在米資料の調査研究』（研究代表者：佐藤秀夫）

――――　1991　『戦後教育改革資料10　米国対日教育使節団に関する総合的研究』

小山静子　1999a　『家庭の生成と女性の国民化』勁草書房

――――　1999b　「男女共学論の地平」藤田英典・黒崎勲・片桐芳雄・佐藤学編『教育学年報7　ジェンダーと教育』世織書房　219-242

久保義三　1984　『対日占領政策と戦後教育改革』三省堂

参考文献

倉敷伸子　1996　「地域婦人団体の女性『民主化』教育―性差と民主化をめぐる一考察」赤澤史郎・栗屋憲太郎他編『年報日本現代史第2号　現代史と民主主義』東出版　274-286

Lane, Ann　1983　"Mary Ritter Beard: Woman as Force (1876-1958)," Dale Spender ed., *Feminist Theorists : Three Centuries of Women's Intellectual Traditions*, The Women's Press

───　1988　"Mary R. Beard," *Notable American Woman*, Harvard University Press

───　ed. & with a New Preface 1988 *Mary Ritter Beard: Sourcebook*, Boston : Northeastern University Press

前田多門　1958　「追憶のなかから拾い出すビーアド博士の人格・功業」東京市政調査会『都市問題』第49巻第9号　1-16

松尾純子　1998　「民主主義の曲解―占領期の女性団体『民主化』政策の理念と展開」『立教日本史論集』第7号　56-79

松本悠子　1998　「アメリカ人であること・アメリカ人にすること―20世紀初頭の『アメリカ化』運動におけるジェンダー・階級・人種」」『思想』No.884　52-75

Mayo, Marlene J.　1980　"Psychological Disarmament: American Wartime Planning for the Education and Re-education of Defeated Japan, 1943-1945," *The Occupation of Japan: Education and Social Reform, The Proceedings of a Symposium Sponsored by the MacArthur Memorial*, Old Dominion University, The MacArthur Memorial Foundation, 16-18 October 1980　21-127

松尾純子　1998　「民主主義の曲解―占領期の女性団体『民主化』政策の理念の展開」『立教日本史論争』第7号　55-79

Mears, Helen　1942　*Years of the Wild Boar: An American Woman in Japan*, Westport, Con: Greenwood Press

───　1948　Mirror for Americans: JAPAN（1995　伊藤延司訳『アメリカの鏡・日本』メディアファクトリー）

Meyer, Leisa Diane　1992（Fall）　"Creating G.I. Jane: The Regulation of Sexuality and Sexual Behavior in the Women's Army Corps during World War II," *Feminist Studies*, vol.18, no.3　581-601.

───　1996　*Creating GI Jane: Sexuality and Power in the Women's Army Corps During World War II*, New York : Columbia University Press

明星大学戦後教育史研究センター編　1993　『戦後教育改革通史』明星大学出版部

参考文献

御厨貴・小塩和人　1996　『忘れられた日米関係―ヘレン・ミアーズの問い』筑摩書房
三井為友編集/解説　1979　『日本婦人問題資料集成』第4巻　ドメス出版
文部省社会教育局　1948　『昭和23年度社会教育研究大会資料』
――――　1958　『社会教育10年の歩み―社会教育法施行10周年記念―』
――――　1961　『婦人教育資料：婦人教育15年の歩み』
文部省調査普及局編集　1951　『文部時報　日本における教育改革の進展―文部省報告書・第二次アメリカ教育使節団報告書』第880号
守田幸子・雨宮昭一　1998　「占領期における地域女性の『主体』形成―茨城県の婦人会結成を中心に」『茨城大学地域総合研究所年報』No.31　39-51
村井実訳・解説　1979　『アメリカ教育使節団報告書』講談社
村田鈴子　1980　『わが国女子高等教育成立過程の研究』風間書房
中村政則編　1994　『近代日本の軌跡6　占領と戦後改革』吉川弘文館
ネルソン，M. J.　新海英行監訳　1990　『占領期日本の社会教育改革』大空社
日本近代教育史料研究会編　1995　『教育刷新委員会・教育刷新審議会会議録』第1巻（総会1）岩波書店
――――　1997　『教育刷新委員会・教育刷新審議会会議録』第6巻（特別委員会1）岩波書店
日本女性学習財団　2006a　「特別企画シリーズ〔戦後60＋1からのステップアップ〕対談：日本女性たちは何を切り拓き，獲得してきたか（前編）―占領政策・婦人解放を起点として」『We learn ウイ・ラーン』638号　3-7
――――　2006b　「特別企画シリーズ〔戦後60＋1からのステップアップ〕対談：日本の女性たちは何を切り拓き，獲得してきたのか（後編）―婦人学級から学ぶこれからの女性学習―」『ウィ・ラーン We learn』639号　3-8
日本女子大学成瀬記念館編　2000　『日本女子大学史資料集第六　新制日本女子大学成立関係資料―GHQ/SCAP文書を中心に』
西清子編著　1985　『占領下の日本婦人政策：その歴史と証言』ドメス出版
Nomura, G. Mieko,　1978　"The Allied Occupation of Japan: Reform of Japanese Government Labor Policy on Women," a dissertation to the Graduate Division of the University of Hawaii in partial fulfillment of the requirements for the degree of Doctor of Philosophy in History

## 参考文献

縫田曄子・椛島敏子 1986 「あらゆる分野への全面参加：インタビュー 占領初期の婦人対策に参集した椛島敏子さん」『婦人展望』365号 12-16

小川晃一・石垣博美編 1985 『戦争とアメリカ社会』木鐸社

Ogawa, Mariko 1997 "Women's Liberation under the U.S. Occupation in Japan, A thesis submitted in partial fulfillment of the requirements for the degree of Master of Science at Mankato States University

女たちの現在を問う会編 1985 『銃後史ノート：特集 女たちの戦後・その原点』復刻7号通巻10号

Rawls, J. 1971 *A Theory of Justice*, Harvard University Press（矢島鈞次監訳 1979 『正義論』紀伊国屋書店）

歴史学研究会編 1990 『日本同時代史1：敗戦と占領』青木書店

連合軍総司令部民間情報教育部編纂 1946 『団体の民主化とは（Democratic Organization）』社会教育連合会

Research & Analysis Branch, Office of Strategic Services, ed. 1994 *Army Service Forces Manual: Civil Affairs Handbook, Japan Section 1: Geographical and Social Background*, Headquarters, Army Service Forces.

Roden, Donald 1983（Winter） "From 'Old Miss' to New Professional: A Portrait of Women Educators Under the American Occupation of Japan, 1945-52," *History of Education Quarterly*, 469-489（論文には発行年が手書きで May 1984と修正されている）

労働省婦人少年局 1947 『婦人局はなにをするところか』

―――― 1951 『アメリカの働く婦人』

ルソー，ジャン＝ジャック 梅根悟・勝田守一監修，長尾十三二・原聡介・永冶日出雄・桑原敏明訳 1971 『世界教育学撰集 エミール3』明治図書出版

斎藤真 1974 「ビアード―歴史状況と歴史研究」チャールズ・A・ビアード，池本幸三訳斎藤真解説『合衆国憲法の経済的解釈』研究社 5-25

酒井はるみ 1985 「家庭科創設期の『家族関係』」『家族研究年報』No.10 41-52

―――― 1989 「『家族』（教科書）にみる文部省とCIE」お茶の水女子大学心理・教育研究会『人間発達研究』第14号 5-11

―――― 1995 『教科書が書いた家族と女性の戦後50年』労働教育センター

佐々木陽子 2001 『総力戦と女性兵士』青弓社

佐藤千登勢 2003 『軍需産業と女性労働―第二次世界大戦下の日米比較』彩流社

Scott, Joan W. 1984 "Women and War: A Focus for Rewriting History," *Women's Studies*

参考文献

　　　　　　　　　　　*Quarterly*, Vol. XII, no.2　2-6.
――――　荻野美穂訳　1992　『ジェンダーと歴史学』平凡社
新海英行　1985　「J.M. ネルソン『占領下日本の社会教育改革プログラム』（1954年）について」名古屋大学教育学部研究室編『社会教育文献研究』Vol.5　1-6
――――　1992　「J.M. ネルソン研究―ネルソン論文における社会教育観を中心に」名古屋大学教育学部社会教育研究室編『社会教育研究年報』第9号　1-6
袖井林二郎・竹前栄治編　1992　『戦後日本の原点（上）―占領史の現在』悠思社
スピバック，ガヤトリ　上村忠男訳　1998　『サバルタンは語ることができるか』みすず書房
杉森長子　1996　「アメリカにおける女性の戦争参加を巡る論争」『歴史評論』No.552　89-98
鈴木英一　1983　『日本占領と教育改革』勁草書房
武田清子　1995　『戦後デモクラシーの源流』岩波書店
竹前栄治　1970　『アメリカ対日労働政策の研究』日本評論社
――――　1978　「戦後教育改革序説（上）―アメリカの初期対日教育改革構想（竹前）」『東京経済大学学会誌』第105号　1-45
――――　1981　「現代史の証言（9）民主化推進期の労働政策 ― T. コーエン総司令部労働課長にきく」『東京経済大学会誌』122号　91-150
――――　1983　『GHQ』岩波書店
――――　2002　『GHQ の人びと―経歴と政策』明石書店
――――・中村隆英監修，天川晃・荒敬・竹前栄治・中村隆英編集　1996　『GHQ日本占領史　10　選挙制度の改革』（小松浩解説・訳）日本図書センター
谷野せつ　1987　「婦人少年局・室の誕生の経緯とその任務について」全労働省労働組合『1983年5月17日に開かれた，全労働第7回婦人少年行政組合員全国集会における記念講演の記録』
東京市政調査会編　1958　「ビーアド博士と新聞報道」『チャールズ・A．ビーアド』22-285
――――　1962　『財団法人東京市政調査会40年史』
豊田真穂　2000　「アメリカ占領下の日本における女性労働改革―保護と平等をめぐる論争を中心に」『アメリカ研究』第23号　43-59
舘かおる　1978　「東京女子高等師範学校の大学昇格運動―戦前日本の女子大学構想」

『お茶の水女子大学人文科学紀要』第31巻 59-78

高橋ハナ 1991 「占領下における地域婦人団体の発足―新潟県の事例を中心として」婦人教育の歩み研究会編『自分史としての婦人教育』ドメス出版

The United States Education Mission to Japan 1946 "The Report of the United States Education Mission to Japan submitted to the Supreme Commander for the Allied Powers," (in Virginia C. Gildersleeve Papers)

Trainor Joseph C. 1983 Educational Reform in Occupied Japan: Trainor's Memoir Meisei University Press

土持ゲーリー法一 1991 『米国教育使節団の研究』玉川大学出版部

土田元子 1993 「『メーヤー手記』に見る占領教育政策の展開―新潟県下の教育改革を中心に」上智大学アメリカ・カナダ研究所編『アメリカと日本』彩流社 130-156

Tsuchiya, Yuka 1993-94 "Democratizing the Japanese Family: The Role of the Civil Information and Education Section in the Allied Occupation 1945-52" The Japanese Journal of American Studies No.5 137-162

土屋由香 1994 「アメリカの対日占領政策における女子高等教育政策―二人の女子高等教育顧問に焦点を当てて」『地域文化研究』20号 123-153

土屋（森口）由香 1995 「アメリカの対日占領政策における民法改正―女性の法的地位をめぐって」『アメリカ研究』第29号 155-176

――― 1998 「再教育とジェンダー―アメリカの対日占領政策における女子教育改革計画の起源」『地域文化研究広島大学総合科学部紀要』24巻 145-172

Treadwell, Mattie E. 1954 U.S. Army in World War II: Special Studies. The Women's Army Corps. Washington D.C.: Office of the Chief of Military History, Department of the Army.

Turoff, Barbara K. 1979 Mary Beard as Force in History Monograph Series Number 3 Dayton, Ohio: Wright State University

鶴田敦子 1998 「『男女共学』から『男女平等教育（ジェンダー・イクイティの教育）』へ」日本教育学会『教育学研究』第65巻第4号 315-323

上村千賀子 1986 「終戦直後（昭和20-21年）における婦人教育―GHQ占領政策資料を中心として」国立婦人教育会館『婦人教育情報』14号 第一法規 22-26

――― 1988a 「戦後婦人教育の原点をたずねて―占領下の婦人教育」（財）日本

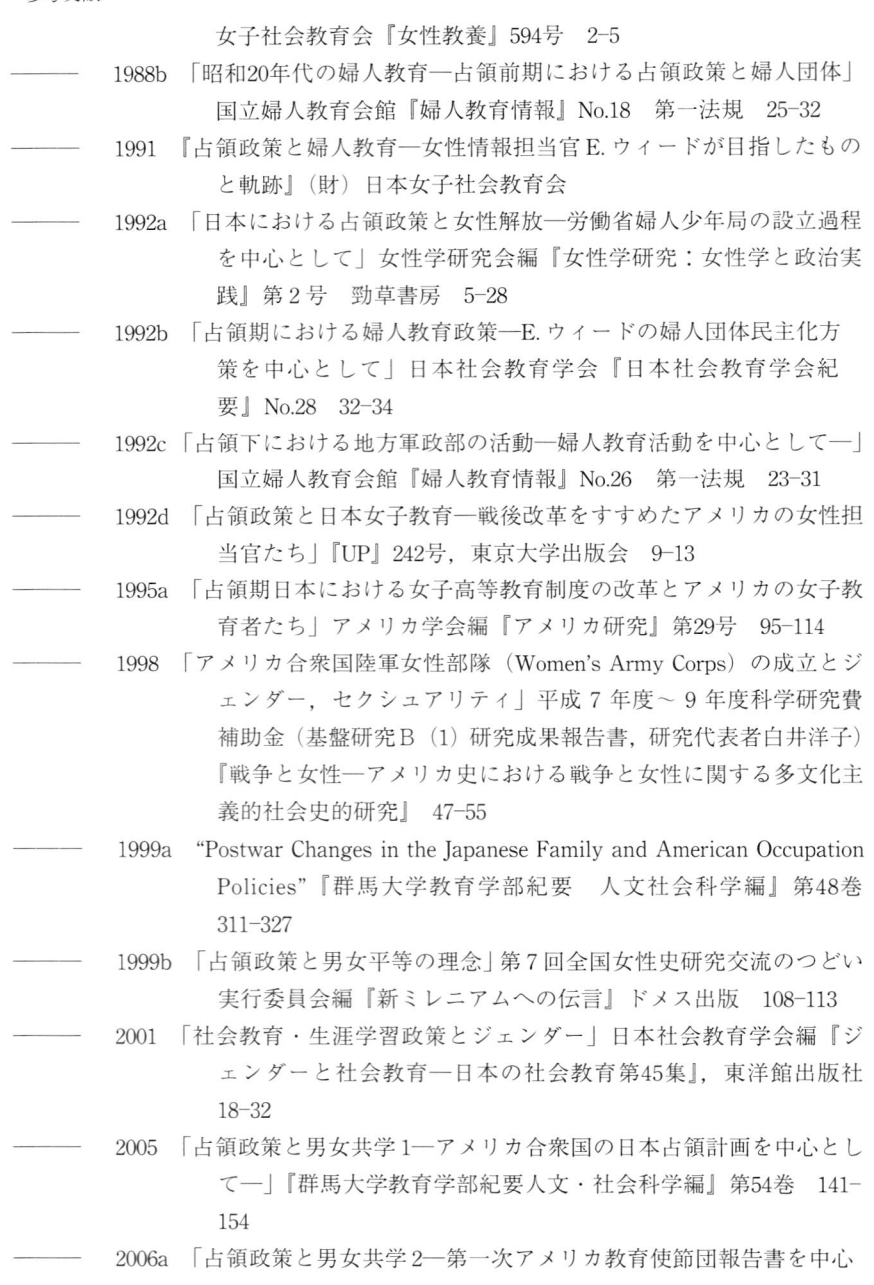

参考文献

　　　　　　　　　　女子社会教育会『女性教養』594号　2-5
―――　1988b　「昭和20年代の婦人教育―占領前期における占領政策と婦人団体」
　　　　　　　　　　国立婦人教育会館『婦人教育情報』No.18　第一法規　25-32
―――　1991　『占領政策と婦人教育―女性情報担当官E.ウィードが目指したもの
　　　　　　　　　　と軌跡』（財）日本女子社会教育会
―――　1992a　「日本における占領政策と女性解放―労働省婦人少年局の設立過程
　　　　　　　　　　を中心として」女性学研究会編『女性学研究：女性学と政治実
　　　　　　　　　　践』第2号　勁草書房　5-28
―――　1992b　「占領期における婦人教育政策―E.ウィードの婦人団体民主化方
　　　　　　　　　　策を中心として」日本社会教育学会『日本社会教育学会紀
　　　　　　　　　　要』No.28　32-34
―――　1992c　「占領下における地方軍政部の活動―婦人教育活動を中心として―」
　　　　　　　　　　国立婦人教育会館『婦人教育情報』No.26　第一法規　23-31
―――　1992d　「占領政策と日本女子教育―戦後改革をすすめたアメリカの女性担
　　　　　　　　　　当官たち」『UP』242号，東京大学出版会　9-13
―――　1995a　「占領期日本における女子高等教育制度の改革とアメリカの女子教
　　　　　　　　　　育者たち」アメリカ学会編『アメリカ研究』第29号　95-114
―――　1998　「アメリカ合衆国陸軍女性部隊（Women's Army Corps）の成立とジ
　　　　　　　　　　ェンダー，セクシュアリティ」平成7年度～9年度科学研究費
　　　　　　　　　　補助金（基盤研究B（1）研究成果報告書，研究代表者白井洋子）
　　　　　　　　　　『戦争と女性―アメリカ史における戦争と女性に関する多文化主
　　　　　　　　　　義的社会史的研究』　47-55
―――　1999a　"Postwar Changes in the Japanese Family and American Occupation
　　　　　　　　　　Policies"『群馬大学教育学部紀要　人文社会科学編』第48巻
　　　　　　　　　　311-327
―――　1999b　「占領政策と男女平等の理念」第7回全国女性史研究交流のつどい
　　　　　　　　　　実行委員会編『新ミレニアムへの伝言』ドメス出版　108-113
―――　2001　「社会教育・生涯学習政策とジェンダー」日本社会教育学会編『ジ
　　　　　　　　　　ェンダーと社会教育―日本の社会教育第45集』，東洋館出版社
　　　　　　　　　　18-32
―――　2005　「占領政策と男女共学1―アメリカ合衆国の日本占領計画を中心とし
　　　　　　　　　　て―」『群馬大学教育学部紀要人文・社会科学編』第54巻　141-
　　　　　　　　　　154
―――　2006a　「占領政策と男女共学2―第一次アメリカ教育使節団報告書を中心

として」『群馬大学教育学部紀要人文・社会科学編』第55巻　187-213
―――　2006b　「60年の軌跡から学ぶ女性のエンパワーメント―占領期の日米の女性たちの戦後改革推進を通して」『月刊ウィラーン We learn』日本女性学習財団　Vol.640　3-6
上野千鶴子　1998　『ナショナリズムとジェンダー』青土社
―――　1999　「英霊になる権利を女も？―ジェンダー平等の罠」『同志社アメリカ研究』第35号　47-57
上杉佐代子　1984　「第二次大戦下のアメリカ女性―『労働参加がもたらしたもの』をめぐって」『歴史評論』No.407　69-76
瓜映子・豊田千代子　1999　「地方における『婦人団体の民主化』の現実―神奈川県の場合」第7回全国女性史研究交流のつどい実行委員会編『新ミレニアムへの伝言』ドメス出版　113-116
ウィード, エセル　1946　「婦人團體に就いて―ウキード中尉に訊く」『教育と社会』1巻5号　28-34
ウルストンクラーフト, メアリ　白井堯子訳　1980　『女性の権利の擁護』未来社
レイ, ハリー　勝岡寛次訳　1993　「CIE教育課員の態度・性格・教育観が教育改革に果たした役割」明星大学戦後教育史研究センター編『戦後教育史研究』第9号　1-48
矢口徹也　2001　「戦後初期における『婦人教育』政策にみられる性別教育観の検討」日本社会教育学会編『日本の社会教育第45集　ジェンダーと社会教育』東洋館出版社　101-114
山川菊栄生誕百年を記念する会編　1990　『現代フェミニズムと山川菊栄』大和書房
山崎紫生　1988　「投票する女性―婦人参政権行使のための占領軍の政策」『高崎商科短期大学紀要』創刊号　93-115
山嵜雅子　2002　「敗戦直後の民間教育運動と男女平等―京都人文学院における男女共学実践を事例として」『立教大学教育学科研究年報』45　35-48
山之内靖・ヴィクター・コシュマン・成田龍一編　1995　『総力戦と現代化』柏書房
谷中寿子　1997　「戦争とジェンダー」『アメリカ史研究』20号　3-9
安川寿之助　1982　「男女平等教育と日本の教育学研究」日本教育学会編『教育学研究』第49巻3号　244-254
依田精一　1979　「占領政策における婦人解放」中村隆英編『占領期日本の経済と政治』東京大学出版会　267-300
米田佐代子　1972　『近代日本女性史下』新日本出版社

参考文献

由井大三郎　1989　『未完の占領改革―アメリカ知識人と日本民主化構想』東京大学出版会

Zunz, Oliver　1998　*Why the American Century*, The University of Chicago Press.

**未公刊資料**

Beard, Mary　メアリ・ビーアドの書簡類（Sophia Smith Collection, Smith College Library所蔵）

Donovan, Eileen　1986　*The Papers of Eileen R. Donovan*, The National Institute for Education Research of Japan, Photographed by Satow Hideo at Tampa, Florida.（国立教育政策研究所所蔵）

*Emily Woodward Papers*　（国立教育政策研究所所蔵）

*GHQ / SCAP ・Records*（国立国会図書館所蔵）

*Helen Hosp Seamans Papers*　（MacArthur Memorial Library所蔵）

*Mildred McAfee Horton Papers*　（国立教育政策研究所所蔵）

『大学における女子のガイダンス―女子補導研究集会の要録とその研究』1950.1（お茶の水女子大学図書館所蔵）

*Papers of Alfred R. Hussey*　（Asia Library, University of Michigan所蔵）

*Virginia C. Gildersleeve Papers*　（国立教育政策研究所所蔵）

## あとがき

　半世紀を越えた戦後の時の流れのなかで，ともすれば忘れがちだが，戦後改革の原点に関わった人々の証言にふれることは大切である。1991年の秋，私は，第二次世界大戦後の占領下で日本の女性政策をすすめた女性担当官をアメリカの自宅に訪ねてインタビューする機会を得た。最初に訪れたのは，フロリダ州マイアミで静かに余生を送っていた元フロリダ大学教授，ヘレン・ホスプ・シーマンズ博士（当時89歳）である。私の訪問を首を長くして待っていた彼女は，手元に残っていた占領関係資料のすべてを私に託して次のように語ってくれた。

　1949年から女子高等顧問として滞日勤務した２年間は，私の長い人生の中のハイライトとして忘れることができない経験です。占領当局だけではなく，日本の文部省や教育機関の代表者の方たちに，男女平等の教育機会を実現するための長期的な政策について提案するという仕事は，私にとってとても魅力的なことでした。私は，このような日本での仕事は，1880年代にアメリカ西部のフロンティアで活躍した女子教育の先駆者たちの仕事と同じようなものであると考えていました。当時の日本女性は，狭い意味の「良妻賢母」に縛られていました。彼女たちは夫に従うように教育され，自分で考え，判断し，子どもをよき市民に育てるための教育を受けてきませんでした。また，女性が大学教育を受け，家庭の外で活躍することに価値があるとは一般に認められていませんでした。戦後の日本女性の地位の向上にはめざましいものがあります。それを可能にした重要な歴史的要因として，占領期の女子教育の改革を最初に挙げたいと思います。私は，第二の母国である日本での任務を宣教師のような「使命感」をもって果たしたのです。

　残されている力をふりしぼるように熱心に語りかける年老いたシーマンズ博士の話に感動した私は，即座に，「あなた方がおやりになったことを歴史の記

あとがき

録に書きとめるように努力します」と心をこめて応えた。

　5年あるいは2〜3年の短い任期を終えると、ウィード中尉はアジア関係書店を開き、ドノヴァン大尉は外交官の道を、ホームズ博士とシーマンズ博士は再び大学へと、4人の担当官はそれぞれのコースを歩んだ。ホームズ博士は、複雑な思いを抱いて日本を去ったという。彼女は、「日本の女子学生は、自分たちのためにおこなわれた改革の意味を深く理解し、与えられた教育機会を十分活用していない」と嘆くと同時に、この改革は当時の日本社会が許容する範囲を超えたものであることを認めていたのである。なぜなら、性差別禁止を人権条項に包含した日本国憲法は、母国アメリカ合衆国憲法や州の法律よりもはるかに進んだものであったからである。

　「占領期の滞日経験は人生のハイライト」「使命感を持って仕事をした」という感想は、その後お会いした3人の担当官、フロリダ大学元民間情報教育局教育課長マーク・オア氏（当時78歳）、元地方軍政部女性問題担当官カルメン・ジョンソン氏（当時82歳）、日本国憲法24条起草者・元民政局職員、ベアテ・シロタ・ゴードン氏（当時69歳）から共通に聞くことができた。

　1989年から92年にかけては、アメリカの担当官と連携して日本での戦後改革を精力的に推進してこられた日本の女性指導者の方々に貴重なお話を伺うことができた。元ウィードの女性問題顧問、加藤シヅエ氏（ウィードとビーアドの関係について：1989年5月23日、1992年7月16日）、元大学婦人協会会長・婦人少年局長藤田たき氏（大学婦人協会、婦人少年局設立、女子高等教育について：1991年8月28日）、元通訳の椛島敏子氏（団体の民主化、婦人問題担当室について：1992年2月4日）、元生活改善課長山本松代氏（家庭科の男女共学：1992年2月19日）、元文部省職員塩ハマ子氏、元神奈川県婦人教育担当志熊敦子氏、元新潟県婦人教育担当高橋ハナ氏、元東京都婦人教育担当貞閑晴氏（占領期の婦人教育活動：1990年〜）。これらの方々は積極的にあるいは日米の異文化にとまどいながらも日本女性の将来を展望してそれぞれの立場から不屈な努力をされた。

　本書では、占領期の日米の女性たちが日本女性の解放の夢にかけた情熱とその仕事を再現してその意味を検討したが、このことが彼らの夢を未来へと架橋するとともに新しい研究の礎になることを願っている。

あとがき

　本書のもとになった論文・原稿を書くにあたっては，多くの方々にお世話になった。国立婦人教育会館在職時代の女性教育史研究（9・10章）では，専門職による研究発表の機会を与えてくださった歴代の館長（縫田曄子・志熊敦子・前田瑞枝・大野曜の諸氏），同僚，社会教育学会の方々から助言や激励を受けた。また，1・2・3・4・8章はアメリカ研究や女性学，5・6・7章は教育学の諸分野の研究者の方々の研究成果から多くを得ている。

　GHQ等の第一次資料や第二次資料の収集には，国立女性教育会館女性教育情報センター，群馬大学図書館，国立国会図書館，国立教育研究所（当時），明星大学図書館，アメリカ国立古文書館，スミスカレッジ図書館，ダグラス・マッカーサー・メモリアル古文書館，コロンビア大学バトラー図書館，カリフォルニア大学ボークロフト図書館，ハーバード大学シュレジンガー図書館，ハーバード大学日米交流プログラム長スーザン・ファー氏（当時）にお世話になった。研究遂行には，文部省科学研究費補助金（B），エッソ女性研究者奨励金の助成を受けた。

　また本書は，勁草書房編集部の町田民世子さんの1990年以来15年間にわたる辛抱強い援助と適切な助言がなければ，決して陽の目をみることはなかったであろう。心から感謝申し上げたい。

　　　　2006年9月

　　　　　　　　　　　　　　　　　　　　　　　　　　上村　千賀子

# 人名索引

## ア 行

赤松常子　　22, 29, 52, 54, 196
芦田均　　148
アズカナジ，アンネ（Askanasy, Anne）　　73, 82
天野貞祐　　148
アロウッド，ロイ（Arrowood, Roy W.）　　112
アンダソン，メアリ（Anderson, Mary）　　58, 60
石田あや　　30
石原謙　　127
市川房枝　　22, 29, 32, 80, 84, 196
井上秀　　113, 117, 127
ウィード，エセル（Weed, Ethel）　　5, 21, 23, 25, 26, 27, 29, 30, 31, 32, 35, 36, 37, 38, 44, 45, 49, 50, 51, 52, 53, 54, 55, 56, 59, 60, 61, 62, 67, 72, 74, 77, 79, 83, 84, 85, 87, 144, 145, 175, 190, 195, 196, 198, 199, 201, 202, 203, 204, 206, 207, 217, 218, 221, 223
ウィーラー，H. B. 准将（Wheeler, H. B.）　　86
ヴェブレン，ソースタイン（Veblen, Thorstein）　　68
植村環　　122
ウェルズ，H. G.（Wells, H. G.）　　80
牛山栄治　　149, 151
ウッドワード，エミリー（Woodward, Emily）　　72, 115, 116, 117, 121, 132, 133, 171
ウルストンクラーフト，メアリ（Wollstonecraft, Mary）　　128
エーミス，ロバート（Amis, Robert T.）　　51
江口愛子　　81
江口労働次官　　55
円地文子　　145
オア，マーク（Orr, Mark）　　112, 144, 157
及川規各　　151
大森松代（山本松代）　　191
奥むめお　　80
オズボーン，モンタ L.（Osborne, M. L.）　　144, 153, 154, 218

オルト，グレース E.（Alt, Grace E.）　　218

## カ 行

久布白落実　　196
カーレー，ヴェルナ A.（Carley, Verna A.）　　158
柿沼昊作　　125
笠原政江　　54
笠原よし子　　30
片岡弘勝　　206
加藤シヅエ（石本静枝）　　29, 30, 31, 49, 50, 53, 67, 81, 82, 83, 84, 85
椛島敏子　　30, 31, 223
金子貞子　　197
上代タノ　　175, 218
ガリック，F. A.（Gulick, F. A.）　　99
河井道　　117, 118, 119, 121, 129, 146, 147, 148, 149, 160
河北（伊藤）和子　　30, 31
河崎なつ　　196
川島武宜　　
ガントレット恒子　　30
ギブンス，ウィラード（Givens, Willard）　　120
ギルダースリーブ，バージニア C.（Gildersleeve, Virginia C.）　　72, 115, 117, 120, 125, 135, 145, 171, 173
キレン，ジェームズ（Killen, James）　　51
久米愛　　30
倉橋惣三　　149, 150
グリフィス，ハリー（Griffith, Harry E.）　　112
グレラム，M.（Glerum, M.）　　30, 31
クローチェ，ベネデット（Croce, Benedetto）　　72
ゲーツ，A. L.（Gates, A. L.）　　103, 104
ケリー，フローレンス（Kelley Florence M.）　　57
小泉郁子（清水郁子）　　96
コーエン，セオドーア（Cohen, Theodre）　　48, 49, 51

253

人名索引

コクレン，ドリス（Cochrane, Doris） 221
コット，ナンシー（Cott, Nancy） 76
後藤新平 79
小宮豊隆主査 125
小山静子 96
近藤鶴代 54, 55
コンプトン，W. M.（Compton, W. M.） 123, 125

## サ 行

榊原千代 156
坂本真琴 81
鷺沼登美枝 30
佐多稲子 29
佐野利器 149
サリヴァン，J.F.（Sullivan, J.F.） 51
サンガー，マーガレット（Sanger, Margaret） 79, 81
シーマンズ，ヘレン・ホスプ（Seamans, Helen Hosp） 172, 176, 177, 178, 179, 180, 181, 183
志熊敦子 224
幣原喜重郎 22
島崎ちふみ 30
清水郁子（小泉郁子） 158, 159
清水金次 125
清水安三 158
シュレジンガー，アーサー（Schlesinger, Arthur） 68
シュワイマー，ロシカ（Schwaimmer, Rosika） 72
ジョンソン，カルメン（Gohonson, Carmen） 223
シロタ，ベアテ（Sirota Beate） 30
スタンダー，ゴルダ（Stander, Golda） 30, 50, 51, 54, 218
スチムソン陸軍省長官（Stimson, Henry） 15
スティーヴンス，D.H.（Stevens, David H.） 125
ストーン，M.（Stone, M.） 30
ストッダード，ジョージ D.（Stoddard, George D.） 115, 117, 127, 135
スペンス，E.（Spence, E.） 30
スミス，J.（Smith, J.） 51, 54

スミス，ミード（Smith, Mead） 51, 54
関口鯉吉 147, 148
関口泰 151
関口隆克 147, 148, 149, 152, 153

## タ 行

ダイク，K.R.（Dyke, K.R.） 27, 35, 44, 111
タイパー，D.M.（Typer, D.M.） 218
高木八尺 123
高橋ハナ 223
竹内シゲヨ 145
竹下豊次 151
田中耕太郎 146
田中二郎 153
田中文部次官 154
谷野せつ 50, 52, 54, 55, 145, 176, 180
塚本太郎 27, 30
土持ゲーリー法一 130
鶴田敦子 161
鶴見愛子 81
鶴見佑介 81
テーラー，ハロルド（Tailor, Harold） 184
デフェラリ，R.J.（Deferrari, Ray J.） 125
デル・レ，A.（Del Re, A.） 112
デューイ，ジョン（Dewey, John） 68, 79, 80, 136
寺中作雄 193
戸田貞三 150
ドノヴァン，アイリーン（Donovan, Eileen） 5, 28, 30, 31, 112, 113, 114, 118, 119, 120, 121, 129, 131, 141, 142, 143, 144, 145, 153, 156, 157, 158, 159, 160, 161, 171, 176, 191, 194, 198, 207, 218, 222
富田（高橋）展子 30, 31
鳥養利三郎 125
トルーマン（Truman, Harry S.） 200
トレーナー，ジョセフ（Trainor, Joseph C.） 142, 152, 153, 154, 155, 157

## ナ 行

中野つや 145
南原繁 117
新島伊都子 82
ニコルス，J. R.（Nichols, J. R.） 153
新渡戸こと子 81

人名索引

ニュージェント，ドナルド R.（Nugent, Donald R.） 112, 113, 146
ネルソン，ジョン（Nelson, John） 144, 158, 191, 193, 194, 195, 198, 201, 202, 206, 222
ノルヴィエル，ジョン（Norviel, John） 112

ハ　行

バーナード，ジョン（Barnard, John） 112
橋本紀子 96
長谷川時雨 82
ハッシー，アルフレッド（Hussey, Alfred R.） 48, 49, 51
羽渓了諦 148, 151
羽仁説子 29, 117, 197, 218
東久邇宮稔彦 22
パンクハースト，エミリン（Pankhurst, Emmeline） 56
ビアド，チャールズ（Beard, Charles） 56, 68, 69, 70, 73, 74, 79, 80, 83
ビアド，メアリ（Beard, Mary） 21, 23, 29, 38, 53, 56, 57, 58, 59, 60, 61, 62, 67, 68, 69, 70, 71, 72, 73, 74, 75, 76, 77, 78, 79, 80, 81, 82, 83, 84, 85, 86, 87, 129, 184, 195, 207
ビーチャー，キャサリン（Beecher, Catharine） 180
日高第四郎 143, 145, 156, 157
ヒックス，W.（Hicks, W.） 27
ヒックマン，エミリー（Hickman, Emily） 115
ヒューズ，エヴェレット（Hughes Everetts） 7
平沢和重 177
平塚らいてう 80
平林たい子 145
広瀬裕子 96
ファー，エドワード（Farr, Edward H.） 112
ファー，スーザン（Farr, Susan） 28
フィップス，アニタ（Phipps, Anita） 6, 7
深尾須磨子 145
藤田たき 29, 54, 175, 176, 218
藤本萬治 127
二方義 156, 157, 158
ブラックストーン，ウィリアム（Blackstone, William） 71
フリッケ，ジュリア（Flikke, Julia） 8

ベアストック，A.（Behrstock, A.） 27
ベネディクト，ルース（Benedict, Ruth） 81
ボートン，ヒュー（Borton, Hugh） 101, 103
ホートン，ミルドレッド・マッカーフィ（Horton, Mildred M.） 11, 115, 116, 117, 122, 124, 125, 126, 129, 134, 135, 150, 171, 182, 184
ホームズ，ルル（Holmes, Lulu） 28, 30, 31, 120, 135, 144, 145, 153, 156, 160, 172, 173, 174, 175, 176, 191, 194, 218, 222
ホール，R. K.（海軍大尉）（Hall, Robert K.） 112, 113
ポール，アリス（Paul, Alice） 57
ボールス，ゴードン T.（Bowles, Gordon） 100, 101, 103, 115, 135
星野あい 117, 118, 120, 121, 125, 146, 175
ホビー，ウィリアム（Hobby, William） 10
ホビー，オベタ・カルプ大佐（Hobby, Obeta Culp） 10, 11, 12, 13, 14, 15
堀切善次郎 22, 24
ホワイト，リン T.（White, Lynn T.） 74

マ　行

マーシャル，ジョージ（Marshall, George） 7, 8, 9, 10, 15
前田多門 83, 110, 170
松井正夫 156
松岡洋子 29, 143, 156, 218
マッカーサー，ダグラス（Douglas MacArthur） 22, 23, 24, 25, 32, 37, 38, 49, 85, 86, 98, 109, 110, 111, 115, 127, 191, 200, 224
マッカート，W. F.（Marquat, W. F.） 46, 48
マッカレン，ロバート（MacAllen, Robert G.） 112
マッキントッシュ，ミリセント（McIntosh, Millicent C.） 72
マックリッシュ，アーチボルド（MacLeish, Archibold） 102
ミアーズ，ヘレン（Mears, Helen） 46, 47, 48
ミード，マーガレット（Mead, Margaret） 129
三井礼子 82
ミッチェル，M.（Mitchell, Marian P.） 30
ミヤカワ，T. A.（Miyakawa, I. A.） 98
宮本百合子 29

*255*

人名索引

ミラー, フレダ（Miller, Frieda）　60
務台理作　148
村岡花子　81, 143, 157, 191
メイヤー, F.（Mayer, Fanny H.）　223
モス, ルイス（Moss, Louis）　145
森山よね　146

## ヤ　行

安川寿之助　95
山川菊栄　30, 52, 53, 55, 145, 176, 180, 218
山際武利　149
山口シズエ　145
山崎匡輔　151
山高しげり　22, 145, 196
山田わか　145
山室民子　29, 143, 156, 157, 158, 161, 191, 193, 196
山本杉　29, 52
山本松代（大森松代）　28
吉岡弥生　81, 84, 127, 156
吉武恵市　52
吉田茂　55
吉田セイ　145

## ラ　行

ライシャワー, エドウィン O.（Reischauer Edwin O.）　104
リンゼイ, D.（Lindsay, D.）　30
ルーズベルト大統領夫人（Roosevelt, Eleanor）　10
ルソー, ジャン=ジャック（Rousseau, Jean=Jacques）　128
レイ, ハリー（Wray, Harry）　160
ロウスト, P. K.（Roest, Pieter K.）　30
ローデン, ドナルド（Roden, Donald）　179
ロジャーズ, エディス・ナース（Rogers, Edith Nourse）　8, 9, 10, 182
ロビンソン, ジェームス・ハーベイ（Robinson, James Harvey）　68

## ワ　行

和田小六　174
渡辺道子　30
ワナメーカー, パール A.（Wanamaker, Pearl A.）　115, 116, 117, 121, 130, 131, 171
ワンダリック, H.（Wunderlick, Herbert J.）　112

# 事項索引

## ア 行

新しい歴史学（New History） 68
アメリカ海軍女性予備役隊（WAVES） 9, 11, 13, 14, 116
アメリカ陸軍女性部隊補助部隊沿岸警備隊（SPAR） 9
アメリカ教育使節団（第一次） 95, 101, 109, 115, 116, 117, 118, 121, 122, 123, 142, 150, 171, 184, 193
―― 報告書 96, 97, 105, 121, 122, 127, 132, 134, 136, 141, 142, 146, 150, 151, 155, 161, 171, 173, 191
――（第二次） 159

アメリカ大学協会（Association of American colleges） 184
アメリカ大学婦人協会（American Association of University Women） 8, 74, 173, 174, 177
アメリカ陸軍女性関係長官（Director of Women's Relations,United States Army） 6
アメリカ陸軍女性部隊（Woman's Army Corps, WAC） 4, 5, 9, 10, 11, 12, 13, 15, 16, 17, 18, 21, 26, 182, 185
―― 女性補助部隊（Woman's Army Auxiliary Corps, WAAC） 4, 5, 7, 8, 9, 10, 11, 12, 13, 14, 15, 16, 17, 18, 25, 26, 182
アメリカ労働省婦人局 45, 46, 53, 59, 129
ウィード＝ビーアド往復書簡 21, 37
ウィメンズ・クラブ（Women's Club） 182
エンパワーメント 5, 18, 38, 225
大阪女子大学 172
お茶の水女子大学 172
オリエンテーション 224

## カ 行

改正選挙法 32
ガイダンス 176, 177, 178, 181, 182, 185
カウンセリング 177, 178, 179, 181, 182
学制改革 97

学校拡張講座 194
学校教育法 159, 172, 174
家庭教育指導者講習会 192
関東大震災 79, 81, 82
機会の平等 168
議会連合（Congressional Union） 57
教育委員会法 191
教育基本法 95, 96, 141, 146, 151, 152, 154, 159, 160, 186
教育刷新委員会 95, 97, 117, 141, 146, 150, 151, 155, 160, 161, 162, 172, 174, 175
教育指導者講習会（IFEL） 178
教育勅語 142
教育令 168
京都女子専門学校 126
共立薬科大学 172
極東小委員会（Subcommittee for the Far East, SFE） 100, 103, 104
ギルダースリーブ文書（Gildersleeve Papers） 124, 128
クリーヴランド計画 25
―― 方式 26
経験主義教育 136
結果の平等 168, 171, 185
結婚準備教育 184
広義の良妻賢母 119, 171, 175, 181, 185
―― 教育 120, 129, 134, 136, 175
公共性 77, 87
高知女子大学 172
高等女学校 169
降伏後における米国の初期の対日方針 103, 104, 111
神戸女学院大学 172, 173
国際基督教大学 116
国際大学婦人連盟（International Federation of University Women） 116
国際婦人年（International Women's Year） 53, 95
国際連合憲章（United Nations Charter） 116
黒人女性全国連盟（National Council of Negro

*257*

事項索引

Women, NCNW） 12
黒人女性兵士　13, 17
国内本部機構（ナショナルマシナリー）　63
国民化　3, 5
国民学校令　143, 145
国民学校令施行規則　149
国務・陸軍・海軍三省調整委員会（State-War-Navy Coordinating Committee, SWNCC）　100
五大改革指令　22, 32, 110, 196
コンシャスネス・レイジング　76, 77

## サ　行

CIE Bulltein　217
GHQ / CIE女性問題担当官　225
── 室　202, 203
GHQ / SCAP　83, 213
GHQ / SCAP・CIE　217, 218, 221, 223, 224
GHQ民事局　216
GHQ / USAFPAC　83, 111
シスターフッド　176, 180, 186
実際的ニーズ　136
実践女子大学　172
指導者訓練コース（Leadership Training Course）　203, 221
社会学級（community class）　194, 195
社会教育　190, 191, 192, 193, 218
── 関係団体　199
── 法　191, 194, 199
社会福祉施設費増額期成同盟　54, 55
自由学園　126
主婦連合会　197
女医会　182
女子英学塾　169
女子学生会議　176
女子学生部長会議　181
女子教育　96, 113, 114, 116, 118, 119, 120, 121, 125, 133, 135, 146, 147, 149, 151, 153, 154, 155, 160, 161, 169, 170, 173, 175, 176, 180, 191, 203, 218, 219
── 改革　111
── 観　97, 128, 133, 168
── 刷新要綱　110, 113, 118, 151, 170, 171
女子高等教育　74, 116, 122, 124, 125, 126, 133, 136, 145, 168, 169, 171, 185, 186, 203
── 顧問　116, 120, 135, 168, 172, 173, 176, 185, 191
── 制度　185
── 制度改革　168, 184
女子差別撤廃条約　132
女子専門学校　113, 114, 146, 169, 175, 185, 186
女子保護規定　53
女子補導研究集会　178, 179, 181
女性解放（women's emancipation）　5, 21, 22, 23, 24, 48, 49, 61, 83, 86, 111, 196, 224
女性教育　190, 204, 214, 217, 223, 225
── 改革　225
── 政策　190, 191
女性指導者講習会（Leadership Training Institute）　221
女性陣営（women's block）　25, 32, 49, 61
女性政策推進ネットワーク　5, 28, 32, 61, 62, 142, 160, 186, 204, 207
女性選挙権行使キャンペーン　22, 26, 32, 47, 61
女性選挙権付与　22, 24, 32
女性の視点（women's angle）　55, 56, 58, 62, 63, 68, 70, 76, 129, 204
女性の立場（women's standpoint）　54, 56
女性の領域　81, 176, 186
女性兵士　4, 5, 11, 12, 13, 14, 15, 16, 17, 18
女性問題　27, 29, 36, 45, 46, 47, 50, 51, 52, 68, 201, 216, 217, 218, 223
── 会議（Women's Affairs Conference）　203, 218
── 顧問　29, 67, 83
── コンサルタント　221
── 担当官　222, 224
女性労働　203
── 監督官　50
女性を投票させるための情報プラン　35
ションション時代　224
新日本建設ノ教育方針　110, 170
新日本婦人同盟（後に日本婦人有権者同盟に改称）　29, 35, 197
新婦人協会　80
成人教育　191, 201, 204, 225
── 会議　158, 221
── プログラム　221
成人教養施設　194
聖心女子大学　172

258

政党婦人部　55
性別役割分業　162
世界女性史エンサイクロペディア　73, 82, 83
世界女性史資料センター（World Center for Women's Archives, WCWA）　72, 73, 83
積極的差別是正　136
選挙法改正　24
全国女性党（National Women's Party）　57, 58
全国友の会　197
戦後計画委員会（Post-War Programs Committee, PWC）　100
戦後対策婦人委員会　22, 196
戦時情報局（Office of War Information, OWI）　98
専門学校　127
──令　169
戦略局（Office of Strategic Services, OSS）　98
戦略的ニーズ　136
戦略的本質主義　225
占領教育改革計画　97, 98
総力戦　10
──体制　3

## タ 行

大学基準協会　174
大学設置基準　172, 174
大学婦人協会　174, 182, 186, 197
大学令　169, 170
大日本婦人会　196, 199, 200, 202, 207
第八軍政組織　214
第八司令部（CIE）　214, 217, 218, 221
男子教育　119, 147
男女共学　95, 96, 97, 98, 99, 101, 102, 105, 106, 109, 113, 114, 115, 116, 119, 120, 121, 122, 124, 125, 126, 127, 128, 130, 131, 132, 133, 136, 141, 142, 143, 144, 145, 147, 148, 149, 150, 151, 152, 153, 154, 155, 156, 158, 159, 160, 161, 162, 163, 164, 168, 171, 177, 178, 179, 183, 185, 186, 191, 194, 203, 206, 217, 219, 222, 223, 225
──条項　146, 160, 161, 162
──制　121, 130, 170, 172, 173 185, 192
──政策　160, 218
──パンフレット　155, 158
男女共同参画会議　63
──社会　218, 225

──推進体制　190
──政策　63, 225
男女同一労働同一賃金の原則　53
男女の教育機会の均等　102, 103, 106, 109
男女平等　168, 178, 179
──教育　95, 96, 105, 127, 128, 134, 162, 185, 219
──教育政策　98
男女別学　150
──規定　144, 145
男女別教育　162
男性兵士　12, 14, 15, 16, 18
団体の民主化とは（Democratic Organization）　199, 220
治安警察法第5条の改正　80
チェックリスト　203, 217, 218
地方教育委員会　203, 224
地方軍政部（Military Government, MG）　206, 213, 214
地方軍政部（MG）CIE　223, 224
──女性問題担当官　202, 203, 207, 208, 213, 217, 222, 223
地方査察　217
地方視察　203, 204
地方分権化　152
地方民事部　216
調査分析部（Research and Analysis Branch, R&A）　98
津田塾専門学校　126
津田塾大学　172
ディスカッション　224
デモンストレーション　224
ドイツ人再教育諮問委員会　102, 103
東京市政調査会　79
東京女子医学校　169
東京女子高等師範学校　110
東京女子大学　126, 172
東京婦人連合会　81
統合参謀本部（JCS）　100
統合戦後委員会（Joint Postwar Committee）　100
同志社女子専門学校　127
特性教育　95, 96, 132, 136, 162
──論　133, 134, 162, 225
都道府県軍政部担当官　216

*259*

事項索引

## ナ 行

奈良女子高等師範学校　127
奈良女子大学　172
日本側教育家委員会　109, 116, 117, 118, 122, 123, 124, 127, 146, 184
日本教育制度ニ対スル管理政策　112, 113
日本教育制度の改訂のための政策（SFE-135）104, 105
日本基督教婦人矯風会　197
日本国憲法　162, 186
日本産婆看護婦協会（後に社団法人日本看護協会に改称）197
日本女子大学（校）169, 172
日本女性史エンサイクロペディア編纂会　82
日本人の再方向づけのための積極政策（SWNCC-162シリーズ）104, 105
日本大学婦人協会　126, 172, 175, 176
年少労働課　53
ノースウェスタン大学民事要員訓練所　26, 28

## ハ 行

白人女性兵士　17
バックラッシュ　39, 63
母親学級　191, 192, 193, 194, 195
平等教育　73, 74
平等権修正条項（Equal Right Amendment, ERA）57, 68
フェミニスト　68, 70, 71, 74, 75, 78, 84
―― 宣言（Feminist Declaration）71
フェミニズム　61, 68, 70, 71, 74, 75, 76, 77, 78, 83, 86, 129
フェミニズム運動（女権拡張運動, feminism movement）25, 49, 136
―― 第一波　62, 96
―― 第二波　62, 129
部局間極東地域委員会（Inter-divisional Area Committee on the Far East, 極東地域委員会, FEAC ともいう）100, 101, 103
福祉ボランティア団体　6
婦人課　53
婦人会　199, 206
婦人学級　196, 208
婦人教育　192, 195, 196, 198, 201, 202, 203, 204, 206, 213, 218, 222, 224
―― 研究会　197, 199
―― 施策　192
―― 担当者　222, 223
婦人教養施設　192, 197
婦人局　44, 45, 50, 52, 59, 60
婦人クラブ総連盟（General Federation of Women's Club）8
婦人参政権獲得期成同盟　81
婦人児童課　53
婦人諮問委員会　29, 35, 44
婦人少年局　22, 26, 32, 44, 45, 47, 51, 52, 53, 54, 55, 56, 58, 60, 61, 62, 83, 195
―― 地方職員室　54
婦人少年室　195, 203, 224
婦人少年問題審議会　54, 55
婦人団体　21, 26, 27, 53, 54, 55, 81, 176, 190, 195, 196, 197, 198, 199, 200, 201, 202, 203, 204, 206, 207, 208, 213, 216, 218, 219, 221
―― のつくり方・育て方（案）198, 199
―― （の）民主化　83, 200, 202, 203, 206, 214, 216, 217, 218, 219, 222, 223, 224
―― 民主化方策　196, 204
婦人民主クラブ　29, 197
婦人問題企画推進本部　63
普通教育　168, 169
プラグマティズム　206
平安女子専門学校　127
兵隊憲章（GI Bill of Right）183
ホートン文書（Horton Papers）126
母性保護　57
ポツダム宣言　24, 27, 101, 103, 110, 198, 200

## マ 行

ミシガン大学民事要員訓練所　112
民間管理部隊（Civilian Conservative Corps）7
民事局・部（Civil Affairs Section/Teams）216
民主的団体　221
民主的（な）婦人団体　175, 198, 200, 201, 207, 222
―― 育成　207
民法改正　26, 32
モントレー民事要員駐屯所　112

## ラ 行

陸軍特別賞（Army Commemoration Ribbon）

26
良妻賢母　　96, 105, 118, 169, 181
　——教育　　129, 133, 134, 135
　——主義　　62, 114, 134, 169, 175, 185, 207
両親学級　　194, 195
臨時教育会議　　169
連合国管理理事会（Allied Control Council）
　　102
労働基準局　　51
労働基準法　　51, 53

労働組合婦人部　　196
労働諸問委員会　　47, 48, 59
　——報告書　　46, 48
労働省設置準備委員会　　52
六・三・三制　　127, 130, 174, 175

## ワ　行

WAAC 設置法案　　9
YWCA　　197
ワークショップ　　203

初出一覧

第1章　「アメリカ合衆国における陸軍女性部隊（Women's Army Corps）の成立とジェンダー，セクシュアリティ」［平成7-9年度科学研究費補助金（基盤研究B（1））研究成果報告書（研究代表者白井洋子）］『戦争と女性—アメリカ史における戦争と女性に関する多文化主義的社会史的研究』1998年

第2章　書き下ろし

第3章　「日本における占領政策と女性解放—労働省婦人少年局の設立過程を中心として」女性学研究会編『女性学と政治実践』女性学研究2号　勁草書房　1992年

第4章　書き下ろし

第5章　「占領政策と男女共学1—アメリカ合衆国の日本占領教育計画を中心として」群馬大学教育学部紀要人文・社会科学編　第54巻　2005年

第6章　「占領政策と男女共学2—第一次アメリカ教育使節団報告書を中心として」群馬大学教育学部紀要人文・社会科学編　第55巻　2006年

第7章　書き下ろし

第8章　「占領期日本における女子高等教育制度の改革とアメリカの女子教育者たち」アメリカ学会編『アメリカ研究』第29号　1995年

第9章　「終戦直後（昭和20-21年）における婦人教育—GHQ占領政策を中心として」国立婦人教育会館『婦人教育情報』14号　第一法規　1986年
『占領政策と婦人教育—女性情報担当官E.ウィードが目指したものと軌跡』（財）日本女子社会教育会　1991年，ほか

第10章　「占領下における地方軍政部の活動—婦人教育活動を中心として」国立婦人教育会館『婦人教育情報』26号　第一法規　1992年

著者略歴
　1942年　富山県に生まれる
　1978年　東京大学大学院社会学研究科博士課程単位取得退学
　1978～97年　国立婦人教育会館勤務
　現　在　群馬大学教育学部教授（生涯学習・ジェンダー専攻）
　主　著　『女性学の再構築』女性学研究第2号（勁草書房，1999年，共著）
　　　　　『ジェンダーと社会教育』日本の社会教育第45集（東洋館出版社，2001年，共著）
　　　　　『講座　現代社会教育の理論Ⅱ　現代的人権と社会教育の価値』（東洋館出版社，2004年，共著）


女性解放をめぐる占領政策　双書 ジェンダー分析16
2007年2月15日　第1版第1刷発行

著　者　上　村　千賀子
　　　　　　うえむら　ちかこ

発行者　井　村　寿　人

発行所　株式会社　勁　草　書　房
　　　　　　　　　　　けい　　そう

112-0005　東京都文京区水道2-1-1　振替 00150-2-175253
（編集）電話 03-3815-5277／FAX 03-3814-6968
（営業）電話 03-3814-6861／FAX 03-3814-6854
本文組版 プログレス・理想社・牧製本

ⓒUEMURA Chikako　2007

ISBN978-4-326-64877-1　　Printed in Japan

JCLS ＜㈱日本著作出版権管理システム委託出版物＞
本書の無断複写は著作権法上での例外を除き禁じられています。複写される場合は、そのつど事前に㈱日本著作出版権管理システム（電話03-3817-5670、FAX03-3815-8199）の許諾を得てください。

＊落丁本・乱丁本はお取替いたします。
http://www.keisoshobo.co.jp

|  |  |  |
|---|---|---|
| 木本喜美子 | 女性労働とマネジメント | 3675円 |
| 矢澤澄子他 | 都市環境と子育て | 2940円 |
| 首藤若菜 | 統合される男女の職場 | 5670円 |
| 目黒依子他編 | 少子化のジェンダー分析 | 3675円 |
| 杉本貴代栄 | 福祉社会のジェンダー構造 | 2835円 |
| 本田由紀編 | 女性の就業と親子関係 | 3255円 |
| 浅倉むつ子 | 労働法とジェンダー | 3675円 |
| 堀江孝司 | 現代政治と女性政策 | 4935円 |
| 山下泰子 | 女性差別撤廃条約の展開 | 3675円 |
| 武石恵美子 | 雇用システムと女性のキャリア | 3465円 |
| 舩橋惠子 | 育児のジェンダー・ポリティクス | 3465円 |
| 陳姃湲 | 東アジアの良妻賢母論 | 3675円 |
| 落合恵美子他編 | アジアの家族とジェンダー | 3675円 |
| 豊田真穂 | 占領下の女性労働改革 | 3675円 |
| 赤松良子 | 均等法をつくる | 2520円 |
| 横山文野 | 戦後日本の女性政策 | 6300円 |
| 江原由美子 | ジェンダー秩序 | 3675円 |
| 山田昌弘 | 家族というリスク | 2520円 |
| 瀬地山角 | お笑いジェンダー論 | 1890円 |
| 落合恵美子 | 近代家族とフェミニズム | 3360円 |

＊表示価格は2007年2月現在。消費税は含まれております。